TA KE TI NA — Der rhythmische Weg zur Bewußtheit

SYNTHESIS VERLAG

DIE VERGESSENE MACHT DES RHYTHMUS

REINHARD FLATISCHLER

TA KE TI NA — Der rhythmische Weg zur Bewußtheit

SYNTHESIS VERLAG

Postfach 143206, D-4300 Essen 14

Fotos: R. Flatischler (Farbteil) und R. Busbach
Coverentwurf: V. Lüdi
Zeichnung der Mandalas: H. Hoffmann
Ausführung der Textgrafik und Cover: I. Breiding
Lektorat: G. Juckoff
Satz: Typografischer Betrieb ZERO, Rheinberg
Druck: Fuldaer Verlagsanstalt, Fulda

ISBN 3-922026-28-1

CIP-Kurztitelaufnahme der Deutschen Bibliothek

Flatischler, Reinhard
Die vergessene Macht des Rhythmus : TA KE TI NA —
d. rhythm. Weg zur Bewussheit / Reinhard
Flatischler. — Essen : Synthesis-Verl., 1984.
ISBN 3-922026-28-1

Meine Eltern haben mich auch in den Zeiten mit Liebe und Verständnis begleitet, in denen es unklar war, was sich in mir entwickeln wollte. Dies ermöglichte mir, in Ruhe den Weg des inneren Rhythmus entdecken zu können.

Meine Verhältnis zu Heidrun ist eine wunderbare Herausforderung, täglich mit den vielfältigen Gefühlen in Kontakt zu sein, die Menschen untereinander verbinden. Was ich in dieser Beziehung lerne, ist die Basis für die Vermittlung meiner Rhythmusarbeit: den Respekt vor den anderen, das Zeigen und Durchleben-Können von Gefühlen, das Bei-sich-Bleiben, ohne den anderen zu verletzen.

In großer Dankbarkeit widme ich Heidrun und meinen Eltern dieses Buch.

Durch die Anregungen von Siegmar Gerken, Wolf Büntig, Franz Ritter, Johann M. Bertl und Jürgen Saupe wurde das Schreiben dieses Buches für mich zu einem aufregenden Erlebnis. Es liegt mir am Herzen, ihnen sowie dem Teil der »Percussionfamily« zu danken, die im Workshop der Übungskassette zu hören sind: Angelina, Kaja, Gaba, Hans, Burkard, Andreas, Uli, Klaus und Andi.

Inhalt

Dieses Buch ergänzt sich mit einer Übungs- und zwei Tonbeispielkassetten (Aufnahmen aus verschiedenen Kulturbereichen der Welt und Kompositionen von Reinhard Flatischler) zu einem vollständigen Kurs in TA KE TI NA — einem rhythmischen Weg zur Bewußtheit.

Aus produktionstechnischen Gründen liegen die Kassetten nicht dem Buch bei. Wenn Sie tiefer in die Rhythmusarbeit einsteigen wollen, werden Ihnen diese eine wertvolle Hilfe sein. Bestellungen richten Sie bitte *direkt* an den SYNTHESIS Verlag.

Die Übungen

Die Tonbeispiele

Nr.	Buch-Seite	Titel	Interpreten, Instrumente, Ursprungsorte
T 1	*38*	Hotsori	Kloster Tongdosa, Korea
T 2	*39*	Der Klang der Oktave	Reinhard Flatischler, Monochord
T 3	*43*	Munmyochereak	Konfuziustempel, Seoul, Korea
T 4a	*51*	Militärmarsch	Musikkorps der Schutzpolizei Berlin
T 4b	*51*	Venceremos	Sergio Ortega, Claudio Iturra
T 5a	*51*	Samba de roda	Brasilien
T 5b	*51*	Samba batucada	Brasilien
T 6	*57*	Gliederung einer Pulsation durch Länge und Kürze	R. F., Tschanggo, Tsching
T 7	*60*	Die Unterteilungsschläge	R.F., Schellen, Klatschen, Stimme
T 8	*62*	Der Doubletime-Offbeat	R.F., Schellen, Klatschen, Stimme
T 9	*64*	Der Trebletime-Offbeat	R.F., Schellen, Klatschen, Stimme
T 10	*69*	Das Pulsationsverhältnis 2 : 3	R.F., Schellen, Klatschen, Stimme
T 11	*72*	Das Wahrnehmen von Pulsationen unterschiedlicher Qualität	R.F., Tsching, Kangogi, Bata
T 12	*73*	Der »Resulting Pattern«	R.F., afrikanische Glocken, Conga, Bata
T 13	*74*	Der Klang verschiedener Intervalle	R.F., Monochord
T 14	*78*	Das Obertonsingen	R.F., Stimme
T 15	*83*	Der Herzschlag von Buk und O Daiko	R.F., Buk Bukspieler eines koreanisches Zenklosters Kodo, O Daiko
T 16	*93*	Bodypercussion	J.M. Bertl A. Steirer R. Flatischler
T 17	*95*	Das Talageben	R.F., Tabla
T 18	*102*	Tablabolas	R.F., Tabla
T 19	*103*	Vokalrhythmen Pakhawaj und Tabla	Arjun Shejwal, Alla Rakha
T 20	*104*	Die Klänge der Tschanggo	R.F., Tschanggo
T 21	*105*	Vokalrhythmen Tschanggo	Kim Suk Jul, Tschanggo
T 22	*106*	Gamamla	R.F., afrikanische Glocken,
T 23	*106*	Samba vocalizado	Brasilien
T 24	*106*	Sprechen durch die Trommel	Kongo
T 25	*107*	Ketschak	Bali
T 26	*145*	Das Pulsationsverhältnis 2 : 5	R.F., Gongs, Surdo

T 27	*147*	Das Pulsationsverhältnis 2 : 7	R.F., Gongs, Surdo
T 28	*149*	Das Pulsationsverhältnis 2 : 9	R.F., Gongs, Surdo
T 29	*153*	Das Pulsationsverhältnis 3 : 7	R.F., Buks, Surdo
T 30	*155*	Das Pulsationsverhältnis 3 : 8	R.F., Buks, Surdo
T 31	*157*	Das Pulsationsverhältnis 4 : 5	R.F., Pakhawaj, Jaltarang, Surdo
T 32	*159*	Das Pulsationsverhältnis 4 : 7	R.F., Pakhawaj, Jaltarang, Surdo
T 33	*161*	Das Pulsationsverhältnis 4 : 9	R.F., Pakhawaj, Jaltarang, Surdo
T 34	*163*	Das Pulsationsverhältnis 6 : 5	R.F., Monochord, Berimbão, Surdo
T 35	*165*	Das Pulsationsverhältnis 6 : 9	R.F., Monochord, Berimbão, Surdo
T 36	*169*	Einheit — Zyklus — Rhythmuskreis	R.F., Tschanggo, Glocke, Tsching
T 37	*171*	Additive und divisive Zyklen und verschiedene additive Gestaltungen in der Komposition Nada-bindu	R.F., All Percussions und Komposition W. Puschnig, Saxophon
T 38	*186*	Rupak und Chautal	R. F., Pakhawaj H. Chaurasia, Flute Z. Hussain, Tabla
T 39	*193*	Jhaptal	Amir H. Khan, Tabla
T 40	*193*	Tau pau lim Che	Samulnori, R.F.; Tschanggo, Tsching, Guengari
T 41	*195*	Ein additiver, zwölfschlägiger Zyklus auf verschiedenen Grundschritten	R.F., Schellen, Klatschen, Stimme
T 42	*199*	Die variierte Rhythmusfigur	R.F., Surdo, Atabaque
T 43	*202*	Afrikanische Guideline und Verarbeitung in der Komposition Gamala	R.F., All Percussions, Conga, Surdo Freddy Santiago, Puerto Rico, Conga J.M. Bertl, Guitar W. Puschnig, Flute
T 44	*203*	Guideline Salpuri	R.F., Tschanggo, Tsching
T 45	*205*	Guaguanco	Munequitos Matanzas, Kuba
T 46	*207*	Lakshmital	Dhrupadmela, Benares
T 47	*207*	Guideline Ijexa	Carnaval Bahia
T 48	*209*	Schamanistische Zeremonie des Dong-Hean O Gui Kut	Korea
T 49	*212*	Caxixi und Televi, Komposition Ayatara	R.F., Calimba, Berimbão, Caxixi Andi Gerber, Televi Voice: A. Simon, J.M. Bertl, A. Steirer
T 50	*215*	Comparsa	Carnaval Santiago de Cuba
T 51	*217*	Bata	Ethnic Percussion Project, Horizonte Berlin
T 52	*219*	Rhythmusmosaik — Komposition in 6 : 9	R.F., Conga, Bata, Kangogi, Caxixi

Geleitwort

Dies ist ein schlichtes Buch, das sich in der Tiefe seiner möglichen Wirkung erst erschließt, wenn man sich ans Üben macht: ein Übungsbuch, kein Lesebuch. Wenn Sie etwas davon haben wollen, müssen Sie etwas geben, müssen Sie etwas tun: Sie müssen üben. Wenn . . ., dann . . .; das ist eine Bedingung. Bedingungen sind ärgerlich, vor allem, wenn Sie die meist seit der Geburt bestehende Ambivalenz noch nicht überwunden haben, ob Sie sich auf diese unparadiesische Welt mit all ihrer Bedingtheit und ihren Bedingungen einlassen wollen oder nicht. Doch das ist ein psychotherapeutisches Problem, kein musikalisches.

Einem altindischen Schöpfungsmythos zufolge war Adam nur schwer dazu zu bringen, das Paradies zu verlassen und sich auf die Erde einzulassen. Erst als der Schöpfer die Musik des Kosmos aufspielen ließ, konnte er Adam dazu bewegen, sich in den Tonklumpen zu bequemen und ihn zu beseelen; denn Adam wollte tanzen, wollte die ihm eigene Musik zum Ausdruck bringen, und das konnte er nur auf der Erde.

Wenn ich etwas können will, muß ich etwas wollen können. Freiheit, auch die des Ausdrucks, verlangt viel Disziplin. Wenn Sie den Film »Von Mao zu Mozart« gesehen haben, wissen Sie, was ich meine. Isaac Stern kann auf der Geige spielen, was er will, denn er hat ein Leben lang geübt. Meine kleine Tochter macht mit der Geige auch, was sie will, doch da ist ein himmelweiter Unterschied, der für jeden hörbar ist; und dennoch: Wenn Musik der Weg ist, auf dem sie ihr Wesen ausdrücken kann, dann wird sie — ihrer inneren Stimme folgend — die Weite des Himmels zu überbrücken suchen und üben.

Ich erinnere mich, wie ich als Student auf dem Balkon meiner Wirtin auf einem Eimer zu trommeln versuchte. Ich war verzweifelt, daß mein Versuch nicht so klang, wie ich innerlich wußte, daß mein Trommeln klingen sollte. Es klang kläglich, und das lag nicht am Eimer. Später spielte ich Flöte, als Dilettant, das heißt zum Vergnügen; ich freute mich jedoch immer weniger, je mehr ich im Konzert und durch Schallplatten hörte, wie Flöte eigentlich klingen kann, bis ich — eher zufällig — eines Tages entdeckte, daß ich nicht übte. Erst heute, dank der Übungen der rhythmischen Körperarbeit Reinhard Flatischlers, bekomme ich Zugang zu rhythmischem Ausdruck, der aus dem Innern und nicht aus der Vorstellung kommt.

Das Buch ist ganz sicher eine wertvolle Hilfe für den Musiker, der Mühe hat, sich spielen zu lassen, d.h., sich vom äußerlich vorgegebenen Takt zu lösen und sich dem mit Atem und Herzschlag verbundenen inneren Rhythmus hinzugeben. Die von Reinhard Flatischler in diesem Buch vorgestellten Übungen zur rhythmischen Selbstentwicklung sind ein Weg zum Ausdruck der Musik in uns. Auf diesem Weg bekommen wir freilich auch zu spüren, wo wir uns dem Fluß der Musik in uns widersetzen, wie wir an den Verspannungen festhalten, mit denen wir uns gegen die alten Wunden aus der Vergangenheit schützen gelernt haben. Wenn wir eine neue Übung nicht können, halten wir erst einmal die Luft an, und die Schultern gehen hoch, der Nacken wird hart, oder wir drücken die Knie durch — wie damals, als wir uns zu Hause oder in der Schule die Gefühle über unsere Beschränktheit verkniffen oder verbissen oder wegdrückten. Doch wir erkennen beim Üben, daß es heute nicht mehr um etwas geht, was wir anderen zuliebe lernen müssen, sondern darum, zu können, was wir wollen: Unser eigenes Lied zu singen, unseren eigenen Tanz zu tanzen, unseren eigenen Weg zu gehen. In diesem Sinn sind die Übungen für Leib und Seele heilsam.

Das Buch ist klar gegliedert und, zusammen mit den Musikbeispielen auf Cassette, eindeutig in den Übungshinweisen. Die einzelnen Begriffe sind verständlich und nachfühlbar formuliert; Verstehen und Fühlen werden gut ausgewogen angesprochen. Die graphische Darstellung von Rhythmusstrukturen durch Mandalas ist ein dem intellektuell überbildeten Mitteleuropäer gegenüber freundlicher — und meines Erachtens gut gelungener — Versuch, das Begreifen der Strukturen zu erleichtern, die der lernende Musiker in den Ursprungskulturen der Rhythmen buchstäblich spielend und ohne den Umweg über die Augen in Fleisch und Blut übernahm. Philosophisches ist auf ein Minimum beschränkt, das notwendig erscheint, um den Übenden dort abzuholen, wo er sich selbst gerade wiederfindet. Da ist wenig Raum für jene unsere beliebteste Gewohnheit, mit deren Hilfe wir unmittelbare Erfahrung vermeiden: das Argumentieren, zum Beispiel darüber, ob dies ein »gutes« Buch sei oder nicht. Das Buch ist so gut, wie Sie üben. Da ist keiner, der beurteilt, was richtig oder falsch sei. Doch es wird spürbar für den Übenden.

Beim Üben gibt es Frust und Freude, immer wieder auch Verzweiflung, und manchmal eine direkte Erfahrung. »Das ist es!« sagte Alan Watts dazu; eines jener Gipfelerlebnisse, wie Maslow sie beschreibt, die uns für einen Moment verwandeln, uns aus dem Leiden an unserer Bedingtheit lösen, uns ein klar gefühltes Wissen über uns und unsere Verbundenheit mit aller Schöpfung vermitteln, unsere Fremdheit uns selbst und den anderen gegenüber aufheben, uns in Verbindung bringen mit unserer inneren Heimat — und uns ermuntern, weiter zu üben. Durch diese Möglichkeit der Hinführung auf einen Weg zu den Quellen, zu einer vertieften Innerlichkeit und der daraus erwachsenden Offenheit für die Aufgaben der Welt ist dieses Buch vielleicht sogar ein spirituelles Buch — für den, der übt.

Ein Psychotherapeut hat dem Wortsinn nach die Aufgabe, Geselle zu sein auf dem inneren Weg und mit den Mitteln der Seele — aber auch des Atems — Heilung zu fördern. Rhythmisches Üben ist ganz sicher ein solches Mittel der Seele. In diesem Sinne empfehle ich Ihnen dieses Buch und wünsche Ihnen viel Freude.

Zist, im August 1984 Wolf Büntig*

* Wolf Büntig ist Mitbegründer des Therapiezentrums ZIST bei München. Mit Reinhard Flatischler leitet er die Ausbildung zum Rhythmustherapeuten.

Kapitel I

Einladung

Die Trommeln, die ich von den Reisen durch zahlreiche Länder mit nach Europa gebracht hatte, erschienen mir zu Beginn meines Rhythmusweges wie die Steine eines Mosaiks, dessen Bild ich noch nicht kannte. Auf jeder einzelnen entfaltete sich die Faszination der Rhythmuswelt, aus der sie stammte. Sosehr ich mich auch bemühte: die Zusammenhänge zwischen ihnen und ihren Bezug zu meinem täglichen Leben in Europa konnte ich nicht finden.

In dieser Zeit begegnete ich einer Geschichte von Gustav Meyrink: »Der Buddha ist meine Zuflucht . . .«. Ich erfuhr darin von einem Musiker, dessen einziger Wunsch es war, nach Indien zu reisen, um die Lehre Gautama Buddhas zu seinem täglichen Leben werden zu lassen. Er war jedoch arm und lebte allein in einer Hütte, die zusehends verfiel. An Feiertagen holte er eine Glasplatte hervor und befestigte sie an seinem Tisch, schüttete Sandkörner darauf, und wenn er mit dem Bogen seines Cellos am Rande des Glases entlangstrich, tanzte der Sand und bildete feine, regelmäßige Sterne. Dies war sein einziges Vergnügen. Die übrige Zeit spielte er mit verschlossenen Sinnen seit Wochen und Monaten, ja vielen Jahren sein Cello in den umliegenden Schenken. So sammelte er allmählich das Geld für seine Reise.

Er war weiß und gebrechlich geworden, da kam der Tag, an dem er die letzten Kreuzer, die ihm noch fehlten, beisammen hatte. Als der Alte jedoch das ganze Geld auf dem Tisch liegen sah, hatte er mit einem Mal vergessen, wofür er es die ganzen Jahre gesammelt hatte. Sein Gedächtnis war erloschen. Da öffnete sich die Türe, und der Geiger, mit dem er zusammen spielte, trat herein. »Wir sammeln heute für die Kinder der Armen«, sagte er leise. Da nahm der Alte all das Geld, das auf dem Tisch lag, und gab es dem Geiger. Als er gegangen war, befestigte der Alte, wie schon so oft zuvor an Feiertagen, die Glasplatte am Tisch und schüttete feine Sandkörner darauf. Er strich mit dem Bogen seines Cellos am Rande des Glases entlang, und der Sand bildete kleine, feine, regelmäßige Sterne.

Und wie die Sterne und Formen entstanden, wuchsen und vergingen und wiederentstanden, gedachte er dumpf der Lehre des Gautama Buddha vom Leiden, von der Leidensentstehung, von der Leidensvernichtung und von dem zur Leidensvernichtung führenden Pfad.

Da begab es sich, daß durch das löchrige Dach des Zimmers eine Schneeflocke herab auf den Tisch fiel, einen Augenblick verweilte und zerging — ein kleiner, feiner, regelmäßiger Stern.

Wie ein Blitz die Finsternis zerreißt, plötzlich — so war da das Licht der Erkenntnis in das Herz des Alten gefallen: *Töne*, unerkannte, unhörbare, jenseitsliegende, sind der Ursprung dieser Flocken, dieser Sterne, sind der Ursprung der Natur, der Ursprung aller Formen, der Wesen und Dinge, sind der Ursprung *dieser* Welt.

Nicht ist *diese* Welt die wirkliche Welt: Klar ward er sich dessen bewußt.

Nicht ist *diese* Welt die wirkliche, nicht entstehende, nicht vergehende, nicht wiederum entstehende: Klar ward er sich dessen bewußt. Und klaren, bewußten Sinnes erkannte er des Weltalls verborgenen Pulsschlag . . .

Da entstand in meinem Inneren ein Hoffnungsschimmer, daß es eine Gemeinsamkeit hinter den verschiedenen Arten von Musik gibt. Daß Rhythmus eine Kraft ist, die alles Lebendige verbindet.

Als ich Jahre später in den Morros von Rio de Janeiro eine Blume fand, in deren Blüte sich mit unglaublicher Gleichmäßigkeit fünf Blütenblätter zu einem Kreis formten, erinnerte ich mich daran, daß ich schon seit langem auf der Suche war, in der Vielfalt brasilianischer Rhythmen die »Fünf« zu entdecken.

In jedem Land, in das mich meine Reisen bisher führten, war mir eine große Vielfalt von unterschiedlichen Rhythmen begegnet. In Brasilien hingegen kannte ich bislang nur zwei verschiedene Rhythmusenergien: die Zwei, die mich in den Klängen des *Samba*, des *Baião* und vieler anderer Rhythmen ständig umgab, und die Zwölf der afro-brasilianischen Rhythmen in den Kulten des *Candomble* und *Macumba*.

Ich erinnere mich noch an die beiden Stimmen, die ich in mir hören konnte, als ich die Blüte von allen Seiten betrachtete. Die eine war die leise Stimme einer Ahnung, die in mir aufstieg: »Wie kann diese Blume in diesem Land wachsen, wenn es nicht auch den Rhythmus hier gibt, den sie verkörpert?« Die andere Stimme aber warnte mich, daß diese Idee lediglich meinem Wunschdenken entsprach und daß ich auf dem besten Weg sein könnte, mir eine Illusion aufzubauen.

Die Ahnung siegte schließlich in mir, und ich machte mich auf die Suche nach diesem Rhythmus. Auf der Reise durch verschiedene Teile Brasiliens wechselten meine Gefühle ständig: Einmal war ich deprimiert, und Zweifel wollten mich umkehren lassen, dann wieder begegnete ich so vielen interessanten Musikern, daß sich die Unbedingtheit meines Suchens auflöste und ich einfach mit der Musik schwingen konnte, die mich gerade umgab. Sobald ich jedoch irgendeinen der Musiker fragte, ob er wisse, wo ich den Rhythmus finden könne, wegen dessen ich die ganze Reise begonnen hatte, erhielt ich stets die gleiche Antwort: »*Não sei* — ich weiß es nicht.«

Immer wieder kam ich an den Punkt des Zweifelns, und oft saß ich stundenlang in den Straßencafés und dachte nach. Ich war innerlich schon im Aufbruch zurück nach Rio de Janeiro, als mir allmählich wieder die Erlebnisse einfielen, die ich auf anderen Reisen bisher gehabt hatte. Wie lange ich gebraucht hatte, um den Tablameister Mohamed Ahmed Khan in den Slums von Bombay zu finden, der mich spüren ließ, was das Spiel seiner Trommeln mit dem Rhythmus meines täglichen Lebens gemeinsam hatte. Welches Zusammentreffen scheinbarer Zufälle mich mit dem Schamanen Kim Suk Jul zusammenbrachte, durch den ich schließlich die Rhythmustradition Koreas kennenlernte. Mir kam wieder in den Sinn, wie unbeirrt diese Menschen glauben, daß die Rhythmen, die sie spielen, in Zusammenhang mit dem stehen, was sie umgibt. Da faßte ich wieder Mut.

Bald darauf begegnete mir im Certão, im Nordeste von Brasilien, der Rhythmus, nach dem ich suchte. In dieser kargen Gegend lebt dieser Rhythmus im verborgenen, ebenso wie die Blume in den Morros in Rio de Janeiro. Bei den Festen, die in den Dörfern dieses Gebietes gefeiert wurden, hörte ich den gleichen fünfschlägigen Rhythmus, der mir zuvor schon in Korea und in Indien begegnet war. Ich fühlte, wie ein unsichtbares Netz eines gemeinsamen Wissens die Menschen dieser Länder verband.

Da entstand in mir Begeisterung darüber, daß sich der gemeinsame Urgrund des Menschen in musikalischen Rhythmen so klar ausdrückt und daß die Blume, die ich so gern mochte, tatsächlich ihren Rhythmus hatte.

Nach einem Konzert, in dem ich zusammen mit koreanischen Musikern in Seoul gespielt hatte, kam ein Mann zu mir, von dem eine große Offenheit ausging. Es war angenehm, seine Ruhe zu fühlen, als er mich ansah. »Ich konnte spüren, was du beim Spielen sagen willst«, sprach er mich schließlich an: »Aber ich glaube, daß es einen Teil in dir gibt, der nicht an das glaubt, was du spielst«, fuhr er fort und wandte sich mit einem Lächeln zum Gehen.

Die Worte des Mannes hatten tief in mir etwas angesprochen. Sie ließen das Gefühl wieder lebendig werden, daß irgend etwas in meinem Spielen nicht so nach außen kam, wie ich es meinte. Es war mir klar, daß ich diesen Mann wiedertreffen mußte, für ihn spielen und von ihm lernen wollte.

Die koreanischen Musiker, mit denen ich in diesem Konzert gespielt hatte, erklärten mir schließlich, daß ich gerade Kim Suk Jul, einem der wenigen noch lebenden Schamanen Koreas, begegnet war. Sie erzählten im folgenden noch vieles von der Musik der koreanischen Schamanen: daß sie einige tausend Jahre alt sei und bereits von dem Volk der Tungusen gespielt wurde. Daß niemand etwas Genaueres darüber wisse und daß in ganz Korea nur noch sechs Schamanen das uralte Wissen über Rhythmus und Musik zur Heilung einsetzen. Daß es viele Monate, ja Jahre dauern würde, bis ein Fremder Zutritt zu ihren Zeremonien und damit zu ihrer Musik bekommen würde.

Ein Jahr später wurde ich von Dr. Lechner, dem Direktor des Goethe-Instituts in Seoul, eingeladen, nach Korea zu kommen, um eine Dokumentation über die Rhythmen schamanistischer, koreanischer Musik zu machen. Dieser Wink war deutlich genug für mich. Ich ließ alles andere sein und fuhr nach Korea.

Bereits am ersten Tag traf ich Kim Suk Jul wieder und er bot mir an, bei ihm zu bleiben. So begann mein Weg in die Welt der koreanischen Rhythmen anders, als ich es mir vorgestellt hatte: Statt die verschiedenen Rhythmen mit einem Tonband aufzunehmen, um sie dann zu Hause in aller Ruhe analysieren zu können, saß ich täglich viele Stunden vor der *Tschanggo,* der wichtigsten Trommel in der Musik koreanischer Schamanen. Beim Erlernen der ersten Schlagfolgen führte mich Kim Suk Jul immer wieder an den Punkt, an dem es spürbar wurde, daß irgend etwas in mir sich an dem ganzen Geschehen nicht beteiligte. Ich begegnete immer deutlicher einem Neinsager in mir, der mir bislang noch nie aufgefallen war. Jetzt aber, als Kim Suk Jul neben mir saß und selber die Trommel spielte, spürte ich deutlich, wie ungehindert sich seine Rhythmen entfalten konnten und dadurch eine andere Reichweite hatten als meine. Etwas von seinem seltsamen Lächeln war darin wiederzufinden, so etwas wie eine tiefe Übereinstimmung mit sich selbst. Ich verzweifelte langsam daran, denn ich konnte mit dem, was mich da im Innersten zu hindern schien, nicht in Kontakt kommen. Es war spürbar da, aber es blieb unerklärlich für mich: Das Spielen machte mir große Freude, und ich hatte einen tiefen Respekt vor der Kraft der Rhythmen, die ich immer wieder erlebte, wenn Kim Suk Jul mich manchmal zu Zeremonien mitnahm. Ihn schien meine zunehmende Unruhe weiters nicht zu stören, und ruhig zeigte er mir einen Rhythmus nach dem anderen. Die Fragen nach der Wirkung dieser Rhythmen jedoch wies er stets mit einem Lächeln zurück.

Kim Suk Jul plante eine Reise, die er zusammen mit mir zu verschiedenen Zeremonien machen wollte, als ich plötzlich krank wurde. Ich bekam hohes Fieber und mußte sowohl auf die Reise als auch auf das Üben verzichten. Ein Arzt stellte Ruhr fest, und obwohl er sofort mit einer intensiven Behandlung begann, verschlimmerte sich mein Gesundheitszustand täglich. Ich dachte an ein Zurückfliegen nach Europa, aber mein Körper war zu schwach geworden.

Als Kim Suk Jul von seiner Reise zurückkam, besuchte er mich sogleich und eröffnete mir, daß er bereits eine Zeremonie für mich vorbereitet habe, zu der er mich morgen holen wolle. Ich brachte kein Wort über die Lippen, und noch bevor ich etwas sagen konnte, ging er wieder.

Ich war wie erstarrt. Ich fühlte mich matt, und meine Glieder schmerzten. Wie sollte ich die Lautstärke dieser Musik, die ich schon so oft erfahren hatte, in diesem Zustand ertragen können? Was konnten koreanische Rhythmen an dem Zustand meiner Krankheit ändern, wenn mir die stärkste Medizin nicht helfen konnte? Mit einemmal kamen mir diese schamanistischen Zeremonien wie finsterer Aberglaube vor, und ich merkte, daß ich im Zustand meiner Krankheit den Glauben an die Wirkung der Rhythmen verloren hatte. Ich hatte Angst.

Als Kim Suk Jul am nächsten Tag kam, um mich mit ein paar Freunden abzuholen, war ich entschlossen, die Zeremonie nicht über mich ergehen zu lassen. Obwohl ich meine Widerstände nicht gleich zeigen konnte, schien er sie zu spüren. Lange stand er neben mir und sprach kein Wort. Irgend etwas ging von ihm aus, was mich spüren ließ, wie sehr ich ihm vertraute.

Doch als wir am Platz der Zeremonie angelangt waren, hatte ich wieder Angst. Kim Suk Jul war verschwunden, und ich fühlte mich allein, mitten in einer Welt dunkler Mächte. Meine Schmerzen wurden ärger, alles kam mir vor wie ein endloser Alptraum.

Tosend setzte die Musik ein und schnitt mit dem schrillen Klang der Instrumente meine Gedanken auseinander. Ich fiel in einen Zustand, in dem ich nicht mehr denken konnte. Ich nahm meine Umgebung wahr, und dennoch befand ich mich in einer völlig anderen Welt. Es war eine Welt voller Gefühle, die ich zuvor noch nie erlebt hatte. Ich spürte, wie sich Teile meines Körpers verschoben, auseinanderfielen und sich wieder zusammensetzten. Ich sah, wie mein Körper verschiedene Farben annahm, und jede dieser Farben löste ein ganz bestimmtes, unbeschreibliches Körpergefühl in mir aus. Zusehends kam ich immer tiefer in einen Zustand, von dem meine Erinnerung nichts mehr weiß. —

Als ich wieder zu mir kam, schien die Sonne in das kleine Zimmer von Kim Suk Juls Haus, in dem ich lag. Ich war sehr müde, aber ich spürte, daß es mir besser ging. Bald fiel ich in einen tiefen, langen Schlaf.

In den nächsten Wochen war ich auf dem Weg der Besserung. Allmählich wurde mir wieder bewußt, daß ich im entscheidenden Moment nicht daran glauben konnte, wonach ich die ganze Zeit gesucht hatte: an die Kraft des Rhythmus. Der Teil in mir, der ständig zweifelte, war offen spürbar geworden. Die Erlebnisse in der Zeremonie aber hatten ihn aufgelöst.

Da entstand in mir das Wissen, daß das Spielen musikalischer Rhythmen tief in unser Inneres einzugreifen vermag. Daß der Rhythmusweg einer der zahlreichen Wege zur Erweiterung unseres Bewußtseins ist. Ein Weg, der nicht beschränkt ist auf einige Länder der Dritten Welt, der nicht festgelegt ist auf Mann oder Frau, auf einen gewissen Bildungsstand oder eine besondere Begabung. Zu einem solchen Weg möchte ich Dich mit diesem Buch einladen.

Rhythmuserlebnisse lassen sich nicht durch Worte vermitteln. Auf dem Weg durch dieses Buch wirst Du daher einer Vielfalt verschiedener Übungen begegnen. Allen diesen Übungen ist gemeinsam, daß Du sie auf *einem* Instrument spielen kannst: auf dem Instrument Deines Körpers.

In der Tradition außereuropäischer Kulturkreise geht der rhythmische Lernprozeß stets von der Erfahrung aus. Das nachträgliche Reflektieren läßt die Rhythmusstrukturen bewußt werden, die der Körper schon längst verstanden hat. Der europäische Weg musikalischer Erfahrung ist meist der umgekehrte: Erst das, was verstandesmäßig erfaßt worden ist, wird in Musik hörbar.

Ich glaube, daß wir unsere Erfahrungsmöglichkeiten ausweiten können, wenn wir lernen, die Unbedingtheit beider Wege aufzugeben und fähig sind, beide in den Übungen so einzusetzen, daß sie sich gegenseitig ergänzen.

Der rhythmische Ausdruck, mit dem sich Deine Stimme am rhythmischen Geschehen der Übungen beteiligt, sind die *Rhythmussilben* und die *Rhythmuswörter*: Mit TA KE TI NA beispielsweise hast Du die Möglichkeit, den rhythmischen Ausdruck der Vier spüren zu können. Ebenso ist es mit allen anderen auch: Mit ihrer Hilfe kannst Du rhythmische Quantitäten ohne den Denkprozeß des Zählens erfassen. Diese Silben sind nicht willkürlich erfunden, sondern existieren seit langer Zeit in verschiedenen Kulturkreisen. Im Kapitel »Der menschliche Körper als musikalisches Instrument« kannst Du Genaueres über ihre Kraft und Funktion erfahren.

Du wirst den Weg mit diesem Buch genießen können, wenn Du nicht an Dich selbst den Anspruch stelltst, eine Übung immer gleich können zu müssen oder den Text im vollen Umfang verstehen zu wollen. Du wirst den gleichen rhythmischen Strukturen und Erscheinungen in verschiedenen Kapiteln immer wieder begegnen und sie dabei von unterschiedlichen Seiten kennenlernen. So werden sie schließlich zur Selbstverständlichkeit und lassen das, was früher unverständlich war, einfach und klar erscheinen.

Kapitel 2

Elementare Rhythmuserfahrungen

Die Begegnung mit Puls, Atmung und Stimme

Nimm Dir für die folgenden Rhythmuserfahrungen Zeit. Bedenke, daß es nicht darum geht, irgendeine Aufgabe zu erfüllen, sondern darum, Erfahrungen mit Deinem Körper zu machen. Suche Dir dafür einen ruhigen Platz und bitte jemanden, dem Du nahestehst, Dir den Text der folgenden Seiten langsam vorzulesen. So kannst Du Dich ganz auf die Reise in die Welt Deiner rhythmischen Körpererfahrungen begeben. Lasse den, der Dir vorliest, Dein eigenes Zeitmaß spüren und fordere ihn auf, langsamer zu lesen, wenn Dein Körper nicht so schnell folgen kann.

Wenn Du die Übungen aber alleine machen magst, kannst Du den Text der Übungen auch selbst, in Deinem eigenen Zeitmaß, auf ein Tonband sprechen. In den Erfahrungen kannst Du dann sehen, wie gut Du Dein eigenes Zeitmaß kennst.

Das Spüren der »inneren Pulsation«

Lege Dich auf den Rücken und versuche einfach, das Liegen zu genießen. Wenn Gedanken kommen, lasse sie ziehen, wie Wolken am Himmel; halte sie nicht fest.

Achte darauf, ob Du irgendwo im Körper Deinen Puls wahrnehmen kannst. Lasse Dir auf dieser inneren Entdeckungsreise Zeit. Wenn Du Deinen Puls noch nicht spüren kannst, bleibe bei der Offenheit, ihn spüren zu wollen.

Sobald Du den Puls in Dir wahrnehmen kannst, bleibe mit Deiner Aufmerksamkeit dabei und lasse Dich von zwei Fragen begleiten: *Wie* fühlst Du ihn, und *wo* fühlst Du ihn?

Gehe in Deinem eigenen Zeitmaß mit einer Hand an eine Pulsstelle des Körpers, die für Dich angenehm zu erreichen ist. Versuche nun, dort mit Deinem Puls in Kontakt zu kommen. Wenn Du ihn fühlen kannst, lasse den Kontakt zwischen Finger und Pulsstelle immer geringer werden, bis Du den Puls gerade noch spürst. Vertraue Dich dabei ganz Deinem Fühlen an, wenn Du an diese Schwelle zwischen *Noch-Fühlen* und *Nicht-mehr-Fühlen* gehst. Kann sich das zarte Gefühl des Pulsierens von der Pulsstelle aus weiter ausdehnen? Versuche wahrzunehmen, ob und wie weit sich das Pulsieren ausdehnen mag, indem Du noch eine Zeitlang beim Fühlen Deiner Pulsstelle bleibst.

Löse schließlich Deine Hand so langsam und behutsam wie möglich von der Pulsstelle, und kehre mit Deiner Aufmerksamkeit zu Deinem ganzen Körper zurück. Hat sich etwas geändert? Fühle nochmals in Deinem Körper, ob Du das Pulsieren Deines Herzens irgendwo wahrnehmen kannst.

Beende in Deinem eigenen Zeitmaß die Übung.

Das Entdecken der »inneren Stimme«

Lege Dich wieder auf den Rücken und versuche zu spüren, wie die Schwerkraft Deinen Körper zu Boden zieht. Welche Körperteile haben Kontakt zum Boden?

Richte Deine Aufmerksamkeit mehr und mehr auf die Begrenzung Deines Körpers zum Boden und zum Raum. Wenn Du Deine Begrenzung spüren kannst, nimm Dir Zeit, irgendein Wort in Dir entstehen zu lassen, das Dir in diesem Moment nahe, vertraut und angenehm ist.

Beginne in Deinem eigenen Zeitmaß das Wort immer wieder zu flüstern, bis sich aus der Wiederholung der Worte ein rhythmischer Fluß ergibt. Spüre, wie sich beim Flüstern Deine Lippen bewegen, wie Deine Worte durch den Mund nach außen strömen und Deine Umgebung füllen. Fühle, wie der Klang aus Deinem Inneren über die Begrenzung Deines Körpers nach außen dringt. Lasse Deine Stimme immer lauter werden und versuche wahrzunehmen, wie sie mehr und mehr den Raum füllt, in dem Du Dich befindest.

Führe Dein Sprechen schließlich wieder zurück zum Flüstern und fühle, wie das Flüstern zum leisen Flüstern wird. Bewege Deine Lippen weiter und nähere Dich der Grenze, an der die innere Bewegung Deines Wortes nach außen unhörbar wird.

Während auch die Bewegungen Deiner Lippen immer kleiner werden, richte Deine Aufmerksamkeit auf die Wahrnehmung, wie sich Deine Stimme durch das Tor des Mundes in Dein Inneres zurückzieht. Wo in Deinem Körper spürst Du die Bewegung Deiner *inneren Stimme*? Versuche, ob es Dir gelingt, auch die innere Stimme immer leiser werden zu lassen, bis sie schließlich einer Stille in Dir Platz macht. Genieße diese einige Zeit und beende die Übung in Deinem eigenen Zeitmaß.

Die Verbindung von Puls und Stimme

Lege Dich wieder auf den Rücken. Richte Deine Aufmerksamkeit auf den Körper und spüre, wie Du liegst. Gehe in Deinem eigenen Zeitmaß mit einer Hand an eine Pulsstelle Deines Körpers. Versuche dort mit dem Gefühl in Kontakt zu kommen, welcher Herzpuls Du gerade bist. Während Du Deinen Puls fühlst, lasse in Deinem Inneren einen Klang entstehen, der den Klang Deines Pulses imitiert. Versuche diesen Klang mit Deiner inneren Stimme zu formen und lasse ihn in Dir immer gleichzeitig mit den Schlägen des Pulses ertönen. Bringe schließlich den Rhythmus Deines Herzens nach außen, indem der Klang Deiner inneren Stimme nach außen hörbar wird. Achte dabei darauf, ob Deine Stimme wirklich gleichzeitig mit dem Schlag Deines Herzens erklingt.

Richte die Aufmerksamkeit darauf, wie Dein Herzrhythmus durch die Stimme nach außen hörbar wird, und laß Dich dabei von der Gleichzeitigkeit der Stimme und des Pulses tragen.

Wenn die Stimme wieder leiser wird, achte darauf, wie sich ihr Klang in Dein Inneres zurückzieht; ist auch Deine innere Stimme wirklich gleichzeitig mit dem Schlag Deines Herzens?

Nachdem Deine immer leiser werdende innere Stimme in Stille übergegangen ist, löse Dich langsam und behutsam vom Fühlen der Pulsstelle. Achte darauf, ob Du irgendwo in Deinem Körper die Pulsation Deines Herzens spüren kannst. Wenn Du ein Pulsieren wahrnimmst, dann frage Dich: *Wie* fühlst Du es und *wo* spürst Du es? Beende dann in Deinem eigenen Zeitmaß die Übung.

Wie Stimme und Puls aufeinanderwirken

Lege Dich wieder auf den Rücken und versuche Dich, wie bei allen Übungen, erst einmal im Liegen einzufinden. Genieße eine Zeitlang die Stille, bevor Du Deine Aufmerksamkeit darauf richtest, ob irgendwo in Deinem Körper ein Pulsieren zu spüren ist. Suche nicht angestrengt in Dir, sondern versuche einfach wahrzunehmen, was jetzt gerade in Dir zu hören und zu spüren ist. Gehe dann mit einer Hand in Deinem eigenen Zeitmaß an eine Pulsstelle Deines Körpers und nimm Dir Zeit, dort in Kontakt mit Deinem Puls zu kommen. Wenn Du ihn deutlich spüren kannst, dann lasse irgendein zweisilbiges Wort in Dir entstehen, dessen Inhalt Dir gerade nahe ist.

Verbinde dieses Wort nun mit dem Puls Deines Herzens, indem Du die Silben mit Deiner inneren Stimme abwechselnd auf jeden Schlag Deines Pulses fallen läßt. Wenn Dir dies nicht mit der inneren Stimme gelingen will, so probiere es mit einem leisen Flüstern.

Achte darauf, ob Dein Puls auf die Verbindung mit den Silben Deiner inneren Stimme reagiert. Wenn Du eine Veränderung Deines Pulses spürst, versuche wahrzunehmen, *wie* sich Dein Puls verändert: Wird er stärker oder schwächer, schneller oder langsamer?

Konzentriere Dich einige Zeit auf das Zusammenfallen der Silben mit den Pulsen. Lasse dann Deine innere Stimme immer leiser werden und zur Stille zurückkehren. Aus dieser Stille läßt Du nach einiger Zeit die gleichen Silben wieder entstehen, diesmal jedoch so, daß die Silben *zwischen* die Pulse Deines Herzens fallen; immer abwechselnd: *Puls — Silbe — Puls — andere Silbe* . . . und so weiter. Achte dabei wieder darauf, wie Dein Puls reagiert. Wieviel Zeitraum gibt es zwischen Deinen Pulsschlägen? Deine innere Stimme wird schließlich leiser und kehrt wieder zur Stille zurück. Lasse es zu, wenn sich der Puls während der Übung Deinem Fühlen entzieht und für einige Zeit verschwindet oder unregelmäßig wird. Dies ist eine natürliche Reaktion Deines Körpers, wenn Dein Bewußtsein die Zwischenräume Deines Pulses noch nicht entdeckt hat. Bleibe noch einige Zeit liegen und genieße die Stille. Lasse schließlich die folgenden Fragen auf Dich wirken:

Wer ist es, der mit der inneren Stimme auf und zwischen die Pulse spricht?

Wer ist es, der die Zwischenräume Deiner Herzpulsation gestaltet und so die Pulsschläge an ihren Platz setzt?

Wer ist es, der das alles wahrnimmt? . . .

Beende die Übung in Deinem eigenen Zeitmaß.

Das Strömen der Atmung

Lege Dich wieder mit dem Rücken auf den Boden und ziehe diesmal die Fersen ein Stück zu Deinem Gesäß, so daß sich Deine Knie anwinkeln und Deine Sohlen mit dem Boden in Berührung kommen. Versuche dabei eine Stellung zu finden, in der Deine Beine weder nach außen noch nach innen fallen und in der Du die Position entspannt genießen kannst.

Richte dann Deine Aufmerksamkeit auf die Nase. Fühle, wie die Luft durch sie in Deinen Körper strömt, und spüre, wie die Luft durch Deine Nase wieder nach außen strömt. Achte dabei auf das Gefühl und das Geräusch, das in Deiner Nase entsteht.

Versuche dann, dem Fluß der aus- und einströmenden Luft zu folgen, indem Du Deine Aufmerksamkeit auf das Strömen der Luft ausdehnst. Spüre, wie Deine Nase ein Tor zwischen innen und außen ist, und folge von diesem Tor aus mit Deiner Aufmerksamkeit dem Strömen der Luft nach innen und außen.

Wenn die Luft in Deinen Körper strömen will, so gib ihr Raum und laß sie zu. Sobald Du spürst, daß sich die Bewegung umkehrt und die Luft wieder nach außen strömen will, genieße, wie Du sie loslassen kannst. Bleibe bei diesem Loslassen, bis Du zu dem Punkt kommst, an dem für einen Augenblick das Strömen zur Ruhe kommt. Wenn die Luft dann wieder in Deinen Körper strömen will, fühle, wie Du nichts zu tun brauchst: wie Du das Strömen der Luft in Deinen Körper *zulassen* kannst und alles andere von selbst geschieht. Spüre, wie Du beim Nach-außen-Strömen der Luft *loslassen* kannst, bis Du wieder an den Punkt kommst, an dem das Strömen Deiner Atmung zur Ruhe kommt. Dies ist der Moment, in dem Du das Strömen Deiner Atmung *sein lassen* kannst.

Bleibe mit Deiner Aufmerksamkeit eine Zeitlang beim Strömen Deiner Atmung und fühle, wie das *Loslassen*, das *Seinlassen* und das *Zulassen* einen Kreis bilden, in dem Du Dich ständig bewegst. Verinnerliche Dir:

das *Loslassen* beim Ausatmen,
das *Seinlassen* im Moment des Nichtatmens,
das *Zulassen* beim Einatmen,

und bleibe mit Deiner Aufmerksamkeit dabei, solange es Dir möglich ist.

Achte schließlich darauf, durch welches Deiner beiden Nasenlöcher mehr Luft strömen kann, durch Dein rechtes oder durch Dein linkes? Sobald Du es spürst, laß Dich in eine Seitenlage gleiten, in der das freiere Nasenloch oben ist. Fühle in dieser Stellung noch einige Zeit Deinen Körper und beende die Übung dann in Deinem eigenen Zeitmaß.

Die Begegnung von Atem und Puls

Nimm für diese Übung wieder die gleiche Stellung ein, in der Du das Strömen der Atmung erfahren hast: Du liegst mit dem Rücken am Boden, Deine Sohlen haben Kontakt zum Boden, und Deine Arme liegen neben Deinem Körper. Gib Dir Zeit, bis das Strömen Deiner Atmung gleichmäßig ist und Du ihren rhythmischen Fluß spüren kannst. Gehe nun mit einer Hand an eine Pulsstelle Deines Körpers, ohne dabei die Aufmerksamkeit vom Strömen der Atmung weggehen zu lassen. Indem Du an einer Pulsstelle mit Deinem Puls in Berührung kommst, wird in Dir eine zweite rhythmische Bewegung spürbar: Versuche, ob es Dir gelingt, den Puls Deines Herzens und das Pulsieren Deiner Atmung zugleich wahrzunehmen. Nimm Dir Zeit, diese beiden Ebenen des Pulsierens in Dir zu spüren. Wenn Du nicht beide zugleich wahrnehmen kannst, dann bleibe dabei, das wahrzunehmen, was Du gerade fühlst. Wenn Du sie spüren kannst, achte darauf, wie beide Pulsationen ihre eigenen Wege gehen und doch in einem Zusammenhang zueinander stehen.

Laß dann Deine Aufmerksamkeit mehr zum Fühlen Deines Pulses gehen, und verbinde die Pulse mit den drei Silben GA MA LA, indem Du sie mit Deiner inneren Stimme auf die Abfolge Deiner Herzpulse sprichst, auf jeden Puls eine Silbe:

GA	MA	LA	GA	MA	LA	GA	...
Puls	*Puls*	*Puls*	*Puls*	*Puls*	*Puls*	*Puls*	...

Lasse die Silben nicht nach außen hörbar werden, sondern sprich sie mit Deiner inneren Stimme auf die Herzpulse. Sobald Du fühlst, daß die Silben ohne Mühe mit Deinem Puls schwingen, versuche das *Zulassen* Deiner Einatmung über ein GA MA LA zu dehnen. Das *Loslassen* Deiner Ausatmung und das *Seinlassen* erstreckt sich über *zwei* GA MA LA. Fühle, ob so das Strömen Deiner Atmung dem Pulsieren Deines Herzen begegnen kann.

Wenn Dir diese Verbindung nicht gelingt, dann versuche nichts zu erzwingen. Entzieht sich der Puls Deinem Fühlen oder werden Puls und Atmung unregelmäßig, dann ist dies ein Zeichen Deines Körpers, daß er im Moment nicht bereit dafür ist. Ich bitte Dich, dieses Zeichen und damit Dich selbst zu respektieren. Bleibe dann einfach beim Fühlen dessen, was im Moment am besten für Dich zu fühlen ist.

Wenn Du spürst, daß die rhythmische Verbindung Deiner Atmung und Deines Pulses in Dir mühelos geschehen kann, dann bleibe dabei, solange Du Spaß daran hast:

Das Zulassen über ein GA MA LA, *das Loslassen und Seinlassen über zwei* GA MA LA.

Wenn Du nach einiger Zeit das Gefühl hast, Deine Atmung noch weiter ausdehnen zu wollen, dann lasse die Abfolge von GA MA LA zu einer Abfolge von MU SAN GA LA werden. Wieder sprichst Du dabei auf jeden Puls eine Silbe.

Dein *Zulassen* dehnt sich jetzt über *ein* MU SAN GA LA, das *Loslassen und das Seinlassen* über *zwei* MU SAN GA LA.

Wenn Du fühlst, daß es genug für Dich ist, löse Dich von der Pulsstelle und lasse Puls und Atem wieder ihre Wege gehen. Vielleicht gelingt es Dir jetzt, Puls und Atem in Deinem ganzen Körper zu spüren.

Achte schließlich wieder darauf, welches Deiner beiden Nasenlöcher freier ist, und lasse Dich in eine Seitenlage gleiten, in der das freiere Nasenloch oben ist. Beende dann die Übung in Deinem eigenen Zeitmaß.

Das Erfahren der Zwischenräume

Das Aufeinanderwirken von Stimme und Klatschen

Die folgende Erfahrung kannst Du im Sitzen oder im Stehen machen. Wähle die Stellung, die für Dich im Moment angenehm ist. Gehe mit einer Hand an eine Pulsstelle Deines Körpers und lasse Dir Zeit zu fühlen, welcher Puls gerade in Dir schwingt. Verbinde dann in Deinem eigenen Zeitmaß die Pulsation Deines Herzens mit dem Sprechen Deiner inneren Stimme: Sprich mit ihr auf jedem Pulsschlag die Silbe TA.

Lasse Deine innere Stimme hörbar werden, indem Du ihr Pulsieren in ein Flüstern führst. Während Deine Stimme lauter wird, löst Du Dich vom Fühlen der Pulsstelle. In Deiner Stimme ist nun eine Pulsation hörbar, die aus einer Abfolge von TA besteht. Beziehe jetzt noch Deine Hände ein, indem Du mit den Silben mitklatschst:

Klatschen *Klatschen* *Klatschen* *Klatschen* *Klatschen* . . .
TA TA TA TA TA . . .

Wenn Du das »Zusammen« von Klatschen und Stimme fühlst, dann lasse Deine Stimme immer leiser werden, so daß nur die Pulsation Deines Klatschens übrigbleibt. Konzentriere Dich jetzt auf die *Zwischenräume* Deines Klatschens und versuche, ob es Dir gelingt, *die Silben genau zwischen die Schläge Deines Klatschens zu sprechen:*

Klatschen TA *Klatschen* TA *Klatschen* TA *Klatschen* . . .

Wenn es Dir gelingt, fühle, welchen Unterschied Du zu vorhin spürst. Lasse schließlich Dein Klatschen immer schneller werden und versuche, das TA dabei immer genau zwischen die Schläge Deines Klatschens zu sprechen. Welche Geschwindigkeit ist Deine Grenze, an der dies für Dich unmöglich wird?

Lasse Stimme und Klatschen nun wieder gemeinsam pulsieren, und gehe zu Deinem ursprünglichen Tempo zurück. Während Deine Stimme und Dein Klatschen leiser werden, richte Deine Aufmerksamkeit zuerst auf die Schläge Deines Klatschens und dann auf die Zwischenräume zwischen diesen Schlägen. Lasse die Stimme wieder unhörbar werden, und sprich die Pulsation mit Deiner inneren Stimme weiter. Auch Dein Klatschen, das noch immer zugleich mit der Stimme pulsiert, wird so leise, daß sich Deine Hände nur noch lautlos berühren. Fühle die Berührung und spüre die Zwischenräume zwischen den Berührungen. Wenn Du die Pulsation in die Stille zurückgeführt hast, beende die Übung in Deinem eigenen Zeitmaß.

Das Aufeinanderwirken von Stimme, Klatschen und Gehen

Stelle Dich aufrecht und locker an einen ruhigen Ort und versuche mit Deinen Füßen den Kontakt zum Boden zu fühlen. Sobald Du Dich im Stehen wohl fühlen kannst, gehe mit einer Hand an eine Pulsstelle Deines Körpers. Lasse beim Fühlen Deines Pulses wieder eine Pulsation Deiner Stimme entstehen, indem Du auf jeden Pulsschlag die Silbe TA sprichst. Sobald die Pulsation Deiner Stimme hörbar wird, löse Dich vom Fühlen Deiner Pulsstelle und beziehe Deine Hände in das rhythmische Geschehen ein, indem Du mit jedem TA Deiner Stimme mitklatschst. Klatschen und Sprechen pulsieren jetzt wieder zusammen:

Klatschen	*Klatschen*	*Klatschen*	*Klatschen*	*Klatschen*	...
TA	TA	TA	TA	TA	...

Laß Dir bei diesem Prozeß Zeit und achte darauf, daß Deine Pulsation nicht schneller wird, nachdem Du Dich vom Fühlen des Pulses gelöst hast. Spüre die gemeinsame Pulsation Deiner Stimme und Deiner Hände, und richte Deine Aufmerksamkeit wieder auf die Zwischenräume. Wenn Du Dich dafür bereit fühlst, dann versuche aus dem Stehen in ein Gehen zu kommen: Setze Deine Schritte genau zwischen die Schläge Deines Klatschens und die Silben Deiner Stimme.

Wenn es Dir gelingt, Deine Schritte genau zwischen die Schläge des Klatschens zu setzen, achte auf das Gefühl des Gehens. Gehe einige Zeit in den Zwischenräumen Deines Klatschens und lasse das entstehende Körpergefühl auf Dich wirken. Kehre dann in Deinem eignen Zeitmaß zum Stehen zurück, ohne Deine Pulsation weiterzuführen. Spüre nochmals in die zwei verschiedenen Rhythmusebenen Deines Körpers: die Hände und die Füße. Beende dann die Übung in Deinem eigenen Zeitmaß.

Wenn es Dir nicht gleich gelingen will, die Schritte zwischen die Schläge Deines Klatschens zu setzen, dann nimm Dir Zeit und lasse die gemeinsame Pulsation von Stimme und Klatschen langsamer werden. Wenn es auch dann nicht gelingt, respektiere diese Grenze Deines Körpers. Durch das Üben mit diesem Buch wirst Du diese Grenzen in Deinem eigenen Zeitmaß spielend überschreiten können.

Das Freiwerden der Stimme

Die nächste Übung kannst Du während eines Spazierganges machen. Nachdem Du einige Zeit gegangen bist, achte darauf, daß sich aus dem Setzen der Schritte ein ruhiges, fließendes Pulsieren ergibt. Das ist die Grundlage für diese Übung. Versuche als nächstes

Deine Hände einzubeziehen, indem Du genau in der Mitte zwischen dem Setzen der Schritte klatschst. Genieße es, einige Zeit so zu gehen, und achte dabei auf das entstehende Körpergefühl.

Wenn Du Dich dafür bereit fühlst, sprich auf jedes Setzen Deiner Schritte ein TA. So pulsieren Stimme und Schritte gemeinsam, das Klatschen fällt in die Zwischenräume.

Lasse auch dies wieder einige Zeit auf Dich wirken, bevor Du versuchst, mit jedem Klatschen gemeinsam ein TA zu sprechen. Wechsle fließend mit Deiner Stimme von dem Setzen der Schritte zu den Schlägen Deines Klatschens. Immer noch ist das ruhige Gehen Deine Basis; das TA Deiner Stimme und das Klatschen Deiner Hände fällt in die Zwischenräume Deiner Schritte. Achte darauf, ob Du so ein anderes Körpergefühl erlebst als zuvor. Setze dann Deinen Spaziergang fort . . .

Kapitel 3

Rhythmuselemente und Rhythmusarchetypen

Das Phänomen der Pulsation

Nachdem Du erfahren hast, welche rhythmische Vielfalt sich in Deinem Körper verbirgt und wie direkt Dein Bewußtsein auf Rhythmus reagiert, stellt sich die Frage: Welche Beziehung gibt es zwischen Deinen Körperrhythmen und den Rhythmen in der Musik? Wie formt sich auf der Basis dieser elementaren Rhythmuselemente die Vielfalt verschiedener Rhythmen?

Vergegenwärtige Dir nochmals die Erlebnisse, die Du bei den Übungen mit den Zwischenräumen gehabt hast. Die Erfahrung, die Du mit Ereignis und Zwischenraum gemacht hast, bildet den Ausgangspunkt für unseren gemeinsamen Rhythmusweg.

Ereignis und Zwischenraum

Du hast den Puls Deines Herzen gespürt — und auch den Zeitraum zwischen seinen Schlägen.

Beim Gehen hast Du das Setzen Deiner Schritte gefühlt und wahrgenommen, daß zwischen ihnen ein Zeitraum ist.

Das Gemeinsame in beiden Vorgängen ist eine Wiederkehr gleicher oder ähnlicher Ereignisse. Wenn solche Ereignisse in gleichen Zeiträumen aufeinanderfolgen, dann entsteht eine Pulsation. Versetzen wir uns in eine Landschaft, in der wir am Ufer eines kleinen Teiches sitzen. Es ist nicht der geringste Windhauch zu spüren, und die Wasseroberfläche liegt wie ein dunkler Spiegel unbewegt vor uns.

Da kommt Wind auf, und die ruhige Oberfläche beginnt sich zu kräuseln. Im Zusammentreffen von bewegter Luft und der ruhigen Wasseroberfläche entstehen kleine Wellen, die gleichmäßig über den Teich ziehen . . .

Dieses einfache Geschehen führt uns symbolhaft zum Beginn rhythmischer Bewegung. Die unbewegte Wasseroberfläche, die in ihrer Bewegungslosigkeit alles ungetrübt widerspiegelt, entspricht dem Zustand der Zeitlosigkeit; denn im Unbewegten, Unveränderlichen ist der Fluß der Zeit nicht wahrnehmbar. Die frei strömende Bewegung des Windes aber läßt in der Berührung mit Wasser eine wellenförmige, ständig wiederkehrende Bewegung entstehen. Im Fluß dieser Wellen folgen unterschiedliche Ereignisse aufeinander: Ein Wellenberg ist der Übergang vom Wachsen zum Abfallen der Welle; ein Wellental läßt das Abfallende in das Wiederentstehende übergehen. Der höchste Punkt einer Welle, der im Fluß eines solchen Überganges liegt, ist als Moment eines Ereignisses erfahrbar, sobald die Welle das Ufer erreicht. Dieses Ereignis wiederholt sich erst dann wieder, wenn der Verlauf durch alle anderen Punkte der Welle vollzogen ist. Vom Eintreten eines Ereignisses bis zur Wiederkehr desselben spannt sich ein Zeitraum, den man bei Pulsationen in der Natur »Periode« nennt.

Wir haben erfahren, daß wir beim Gehen den Moment des Aufsetzens eines Fußes mit einem Laut der Stimme verbinden können. Dieses Ereignis kehrt beim Aufsetzen des anderen Fußes wieder, und alle diese Ereignisse werden getragen vom Fluß unseres Gehens. Auch hier können wir wahrnehmen, wie die Ereignisse durch Zeiträume verbunden sind.

Dreißig Speichen umgeben die Nabe eines Rades:
Das Loch in der Mitte macht es brauchbar.
Forme Ton zu einem Gefäß:
Der leere Raum darin macht es brauchbar.
Füge Türen und Fenster in ein Zimmer:
Die Öffnungen machen es brauchbar.
Daher kommt Besitz aus dem, was ist,
Brauchbarkeit aus dem, was nicht ist . . .

Lao Tse, Tao Te King

Diese Worte und dieser Kreis haben mir geholfen, mehr Zwischenräume in meinem Leben entdecken zu können. Durch das Entdecken und Fühlen von Zeiträumen zwischen Ereignissen in verschiedenen Lebensbereichen ist meine Wahrnehmung vielfältiger geworden.

Richten wir unsere Aufmerksamkeit nochmals auf den Prozeß des Gehens: Wir haben wahrgenommen, daß sich vom Aufsetzen eines Fußes zum Aufsetzen des anderen ein Zeitraum spannt: *Durchleben* wir diesen Zeitraum, indem wir beim Gehen unsere ganze Aufmerksamkeit auf ihn richten, dann erleben wir unser Gehen anders, als wenn wir uns nur auf das Aufsetzen der Füße konzentrieren. Es wird spürbar, daß durch die Wiederkehr *eines* Ereignisses die Polarität *zweier unterschiedlicher Erlebnisse* entsteht: das Setzen der Schritte und das Fühlen der Zwischenräume.

Wir können uns eine *Pulsation* veranschaulichen, indem wir uns eine Bewegung auf einer Kreislinie vorstellen, auf der irgendwo der Punkt des Ereignisses liegt.

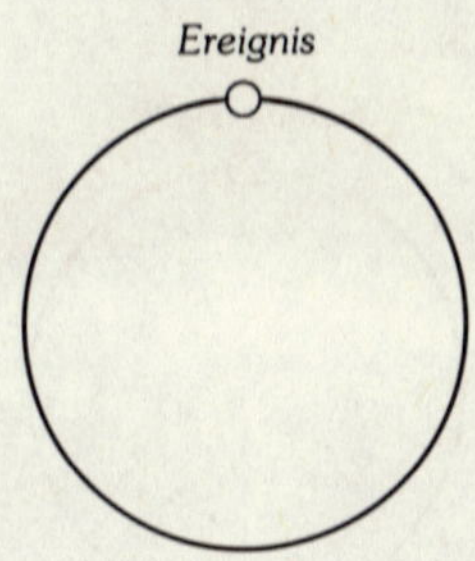

Durch die Bewegung auf dem Kreis erfolgt eine ständige Wiederkehr zum Punkt des Ereignisses. Eine gleichmäßige Bewegung bewirkt das Entstehen gleich langer Zeiträume zwischen den Ereignissen.

Schlag und Gegenschlag – Beat und Offbeat

Das Ereignis einer hörbaren Pulsation ist ein Geräusch oder ein Klang. Wir können uns anhand des kreisförmigen Pulsationsmodells in bildhafter Weise vorstellen, daß sich im Punkt des Ereignisses eine Glocke befindet, die bei jedem Durchlauf erklingt.

Durch eine gleichmäßige Bewegung auf der gleichbleibenden Kreislinie entstehen zwischen den Klängen gleich lange Zeiträume. In einer Pulsation, die die Basis für einen musikalischen Rhythmus bildet, wird das akustische Ereignis des Klangs oder Geräusches »Schlag« oder »Beat« genannt.

So wie ein Gegenstand durch das Vorhandensein von Licht einen Schatten wirft, so bewirkt ein Schlag, durch das Vorhandensein von rhythmischer Bewegung einen *Gegenschlag*. Dieser liegt in der Verbindung durch den Mittelpunkt genau auf der anderen Seite der Peripherie und läßt die Mitte des Zeitraums zwischen zwei Schlägen spürbar werden. Der Gegenschlag, der »Offbeat« genannt wird, ist auch dann, wenn er nicht hörbar ist, durch das Vorhandensein des Schlages stets präsent und spürbar.

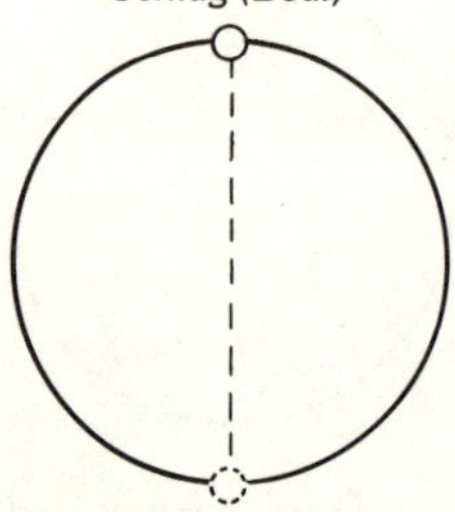

Ü 1 In der folgenden Übung kannst Du zusammen mit einem Partner erleben, wie Beat und Offbeat aufeinander wirken. Sprecht Euch vorher ab, wer von Euch den Beat und wer den Offbeat verkörpern mag.

Setzt Euch einander gegenüber und genießt für einige Zeit die Stille. Derjenige, der den Beat verkörpert, geht nun in seinem eigenen Zeitmaß mit einer Hand an eine Pulsstelle seines Körpers. Sobald er das Pulsieren seines Herzschlages wahrnehmen kann, läßt er, wie schon in den Übungen vorher, seinen Puls mit der Stimme nach außen hörbar werden. Nach einiger Zeit löst er sich von der Pulsstelle und beginnt mit dem Pulsieren der Stimme mitzuklatschen. Dies ist der Beat seiner Pulsation, der gleichzeitig durch Stimme und Klatschen hörbar wird.

Derjenige, der den Offbeat verkörpert, konzentriert sich, sobald die Pulsation des Partners hörbar wird, auf die Zwischenräume der Schläge. Sobald er die Mitte der Zeiträume zwischen den Schlägen spüren kann, versucht er diese durch Klatschen hörbar werden zu lassen. Dieses Klatschen in den Zwischenräumen der Schläge läßt den Offbeat hörbar werden.

Nach einiger Zeit läßt dann der, der mit Stimme und Klatschen den Beat der Pulsation verkörpert, die Pulsation allmählich schneller werden. Der, der den Offbeat klatscht, versucht der immer schneller werdenden Pulsation zu folgen. Fühlt gemeinsam, ob Ihr dabei ins Schwanken kommt, und bleibt solange auf der neuen Geschwindigkeit, bis Beat und Offbeat wieder gleichmäßig miteinander schwingen.

Die Abfolge des Beat wird schließlich immer schneller. Achtet darauf, wie es für denjenigen, der den Offbeat klatscht, schwieriger wird, sein Klatschen in die Mitte der immer kürzer werdenden Zwischenräume fallen zu lassen. Versucht gemeinsam zu erleben, welche Wirkung das Schnellerwerden der Pulsation auf Euch hat.

Eines Tages begegnete ich in einem Buch folgender Frage, die ein Zenmeister seinem Schüler stellte: »Wenn ich mit beiden Händen klatsche, so ergibt dies einen Ton. Kannst Du mir den Klang der *einen Hand* zeigen?« Diese Frage beschäftigte mich lange Zeit.

Jahre später durchwanderte ich mit einem Zenmönch die Berge Zentralkoreas. Viele Tempel lagen in dieser kargen, aber wundersam faszinierenden Landschaft, durch die wir gemeinsam gingen. Abends fanden wir Quartier in den Schlafstätten eines Tempels oder schliefen in einer Einsiedelei. Tagsüber aber wanderten wir schweigend durch Täler oder über Bergrücken, von deren Höhe blickend man meinte, die Reihe der Berg- und Hügelketten würde niemals ein Ende nehmen.

Da fiel mir die Frage wieder ein, und ich erzählte sie meinem Gefährten. Bewegung kam in das sonst fast unbewegte Gesicht des Mönches; er lächelte, aber er sagte kein Wort.

Als wir Tage später wieder in das Kloster kamen, in dem er lebte, führte er mich in ein kleines Zimmer, in dessen Mitte ein uralter Mann mit einer auffallend aufrechten Haltung saß. Die nahezu spürbare Flexibilität seines Körpers und die Klarheit seiner Augen waren für mich die ersten Eindrücke unserer Bewegung. Schweigend saßen wir uns gegenüber, und nach einiger Zeit bedeutete mir mein Gefährte mit einer kleinen Geste, daß es wohl an der Zeit wäre, zu gehen. Verwirrt und mit einer tiefen Verbeugung verließ ich den engen Raum.

»Dieser alte Mann hat auf die Frage nach dem Klang der einen Hand eine Antwort gegeben«, sagte der Mönch zu mir, als wir über den Tempelhof gingen. »Als er von seinem Lehrer aufgefordert wurde, ihm den Klang der einen Hand zu zeigen, gab er ihm als Antwort eine schallende Ohrfeige.«

Am Abend saß ich auf einer Wiese hinter dem Tempel und ließ die Ereignisse des Tages auf mich wirken. Ich spürte, daß ich von der verblüffend einfachen Lösung der Frage auf eigenartige Weise berührt war, und aus meinem Inneren tauchte die gleiche Frage in veränderter Form wieder auf: »Wenn ich mit beiden Händen klatsche, so ergibt dies einen Schlag. Kannst Du mir zu diesem einen Schlag den Gegenschlag zeigen.«

Tausend Gedanken entstanden aus dieser Frage und schwirrten durch meinen Kopf: Wo ist die Pulsation, auf der dieser Schlag liegt? Wie kann es zu einem einzigen Schlag einen Gegenschlag geben? Wenn Schlag und Gegenschlag im Klatschen zusammenfallen, würde die Zeit stillstehen . . . Wenn mein Klatschen den Schlag gestaltet, dann muß es außer meinem Gestaltungswillen noch etwas anderes geben, das gleichsam die Antwort darauf gibt . . .

Ich blickte hoch und sah in der Dämmerung den immer deutlicher werdenden Sternenhimmel Koreas über mir. Und mit einem Mal war mir klar: Rund um mich ist Bewegung, und das, was ich um mich wahrnehme, sind die Erscheinungen unzähliger Pulsationen. Pulsationen von Gestirnen, die mich auch dann umgeben, wenn sie in der Helligkeit des Tages nicht sichtbar sind; die Pulsation der Erde, die auf mich wirkt, auch wenn es eine Zeitlang keinen Bezugspunkt gibt, an dem sie für mich spürbar wird.

Ich glaubte fühlen zu können, wie ich mich inmitten unhörbarer Klänge und Rhythmen befand. Der Schlag meines Klatschens hatte mit einem Mal einen Bezug zu all diesen Pulsationen, die ich vorher nicht wahrgenommen hatte. Auf jeder dieser Pulsationen konnte sich mein Klatschen ereignen, und auf jeder dieser Pulsationen bewirkte mein Klatschen die Antwort eines Offbeat.

. . . kannst Du mir zu diesem einen Schlag den Gegenschlag *zeigen*? Ich kann es bis heute nicht. Die Frage jedoch begleitete mich von da an in meinem Leben. Ich spürte mit der Zeit, daß ich aus der Vielfalt der unhörbar schwingenden Pulsationen eine für meine Rhythmusgestaltung auswählen und mich von ihr tragen lassen konnte, und ich entdeckte, daß es Stellungen meines Körpers gibt, die mich offen für das Wahrnehmen dieser sonst verborgenen Rhythmuswelt machen.

Der Immanenzpuls

Suche Dir für die folgende Übung einen ruhigen Platz, versuche ohne Anspannung aufrecht zu stehen, und schließe die Augen. Sobald Du Kontakt zum Boden spürst, verlagere Dein Körpergewicht immer weiter nach vorne. Die Fußsohlen bleiben stets ganz in Berührung mit dem Boden. Gehe dabei an die Grenze Deines Gleichgewichts, aber achte darauf, daß Du das Gefühl der Verbundenheit zum Boden nicht verlierst. Probiere das gleiche dann nach hinten, nach links und nach rechts, und pendle Dir so eine Stellung aus, in der sich Dein Körper in der Mitte zwischen vorne und hinten, links und rechts befindet. Lasse nun die Bewegung Deines Auspendelns immer kleiner werden. Gehe dabei zu dem Punkt, in dem sich Gerade-noch-Bewegen und Nicht-mehr-Bewegen treffen. Bleibe dort solange, bis Du die Bewegung nur noch als Strömen in Dir fühlst. Versuche zu spüren, daß in diesem Zustand des inneren Strömens alle Pulsationen in Dir schwingen können. Wähle eine aus, die durch Deine Stimme hörbar wird. Gib jedem Puls den Klang der Silbe TA. Dieses TA wächst aus der Stille in ein Flüstern und weiter zu der Lautstärke, die Du ihm geben magst. Richte dabei Deine Aufmerksamkeit darauf, wie die entstehenden Vibrationen Deiner Stimme durch den Körper zum Boden strömen und Dein Körper mit dem Pulsieren der Silben nach unten zu schwingen beginnt. Gib dieser Bewegung nach, so daß Du allmählich mit jedem TA nach unten schwingst, um mit dem Gegenschlag wieder hochzupendeln. Ü 2

So verkörperst Du die Pulsation, die Du aus der Vielfalt der anderen ausgewählt hast.

Lasse schließlich die Bewegung kleiner und die Stimme wieder leiser werden. Nähere Dich dem Punkt, an dem die Stimme nach außen unhörbar wird und in die innere Stimme übergeht. Dein Auf- und Abpendeln lasse so minimal werden, daß Du es gerade noch fühlen kannst. Wenn Du Dich jetzt nicht mehr bewegst, dann bist Du schon zu weit gegangen. Wenn Du aber noch Bewegung spürst, dann bist Du noch nicht genügend weit gegangen. Was Du jetzt an dieser Grenze in Dir weiterschwingen spürst, ist das Pulsieren eines *Immanenzpulses*. Sobald Du Musik hörst, tanzt, trommelst oder auf einem anderen Instrument spielst, beginnt ein Immanenzpuls in Dir zu schwingen, der die Basis des rhythmischen Geschehens ist. Durch ihn wird Musik spürbar. Er ist der fühlbare, aber unhörbare Aspekt in jeder Musik.

Beat und *Offbeat* sind die ständig wechselnden Elemente eines *Immanenzpulses*. Den Wechsel dieser Elemente erleben wir in unserem Inneren als Abfolge von *schwer* und *leicht*. Schwer und leicht sind nur als Gegensatzpaar zu erfahren: Schwer hat seine Qualität im Bezug auf leicht und umgekehrt. Der Beat bewirkt in unserem Körper stets eine Schwere, den Offbeat hingegen empfinden wir als leicht.

In einer ungegliederten Pulsation, wie wir sie bisher erfahren haben, sind alle Schläge gleich schwer. Lassen wir einen Immanenzpuls hörbar werden, wie eben in der Übung, so ist dies bereits die einfachste vollständige Rhythmusgrundlage. Im folgenden Tonbeispiel, T 1 welches ich in einem koreanischen Zenkloster aufgenommen habe, schlägt ein Mönch eine solche Pulsation auf einem Holzblock, der *Moktak* heißt (siehe Bild S. 46). Die Pulsation ist die rhythmische Grundlage von *Hotsori*, einem Gesang, den Zenmönche zweimal am Tag als Übung des Einschwingens mit sich selbst singen.

Sobald wir in einem Immanenzpuls zwei aufeinanderfolgende Schläge als unterschiedlich schwer empfinden, wird aus der ungegliederten Pulsation eine *gegliederte Pulsation*. Denn durch die Wiederholung fassen wir die zwei unterschiedlich schweren Schläge zu einer Einheit zusammen. Die beiden Offbeats dazwischen sind die leichten Elemente auch in dieser gegliederten Pulsation.

In den Abschnitten über die Gliederung einer Pulsation wird dies unser Ausgangspunkt sein und in Übungen wieder erfahrbar werden.

Auf diese Abfolge schwerer und leichter Elemente unseres Immanenzpulses setzen wir nun die Gestaltungselemente des Klatschens, des Trommelns oder des Spielens anderer Musikinstrumente. Auf einer Trommel einen Offbeat zu spielen bedeutet, einen Schlag des Trommelns auf das leichte Element eines Immanenzpulses zu setzen.

Welches Instrument wir auch spielen, stets werden wir beim Musizieren die Intensität der Töne oder Schläge möglichst vielfältig gestalten. Denn durch die Vielfalt unterschiedlicher Betonungen wird die Ausdrucksmöglichkeit größer. Die leichteste Betonung, die wir setzen können, ist ein *Freilassen*, ein *Nichtspielen*. Die stärkste Betonung ergibt sich aus der Begrenzung des Instruments, auf dem wir spielen: Es ist das lauteste Klatschen, das die Hände hervorbringen können, der lauteste Ton, den wir einer Trommel entlocken können, der lauteste Ton, den eine Flöte, ein Klavier oder sonst ein Instrument herzugeben imstande ist.

Setzen wir eine Betonung auf den Beat, so erhält die Schwere mehr Gewicht. Setzen wir eine Betonung auf den Offbeat, wird das leichte Element deutlicher spürbar. Dadurch verändern wir den ursprünglichen Fluß eines Immanenzpulses. Auf seiner Basis werden die Gestaltungselemente lebendig und wirken auf einen Zuhörer, in dem derselbe Immanenzpuls zu schwingen beginnt. Wie kompliziert der Rhythmus einer Musik auch sein mag, der Immanenzpuls, der ihm zugrunde liegt, ist sein körperlicher Bezugspunkt, mit dem wir die Schwerpunkte, die Grundschläge der Musik zu fühlen imstande sind. Ihn spüren zu lernen ist der erste Schritt zu einer Art des Musizierens, in der rhythmische Strukturen von unserem Körper-Bewußtsein verstanden werden können.

Zugleich aber können wir so jede Art von Musik, so »fremd« sie uns auch sein mag, in uns aufnehmen. Auch wenn wir manche rhythmischen Qualitäten noch nicht wahrnehmen können, entsteht damit ein körperlicher Bezug, der eine erste Verbindung zu einer neuen Welt noch unbekannter Musikarten ist.

Die Pulsation im Bereich der Töne

Je weiter die Ereignisse einer hörbaren Pulsation voneinander entfernt sind, desto mehr verschiedene Gestaltungselemente kann der Zeitraum dazwischen fassen. Je enger die Ereignisse jedoch zusammenrücken und je schneller die Pulsation wird, desto mehr nähert sich die Folge der Ereignisse einem *Kontinuum*. Denn unser Ohr kann irgendwann die immer schneller aufeinander folgenden Ereignisse nicht mehr voneinander getrennt wahrnehmen.

In diesem Geschwindigkeitbereich erleben wir hörbare Pulsationen als *Töne*. So entsteht auf einer Pulsation, die im langsameren Bereich die Basis von Rhythmen bildet, durch höhere Geschwindigkeit eine neue Erscheinungsform.

Nehmen wir den Puls des menschlichen Herzens, das im Ruhezustand ungefähr 60mal in der Minute schlägt, zur Basis einer hörbaren Pulsation. Zugleich mit ihr lassen wir eine zweite, doppelt so schnelle Pulsation hörbar werden, die 120 Schläge in der Minute vollführt. Beide Pulsationen liegen in einem Bereich, in dem auf ihnen musikalische Rhythmen gestaltet werden können. Sie stehen im Verhältnis 1:2, die eine schwingt doppelt so schnell wie die andere. Werden nun beide Pulsationen im gleichbleibenden Verhältnis von 1:2 immer schneller, entsteht aus der Abfolge der Ereignisse in beiden Pulsationen irgendwann ein Kontinuum. Hören wir die beiden Pulsationen auf diesen höheren Geschwindigkeitsebenen, so nehmen wir zwei Töne wahr. Auch diese schwingen im Verhältnis 1:2, und wir hören das Intervall einer *Oktave*. Aus einem rhythmischen Verhältnis ist durch das Schnellerwerden einer Pulsation ein Intervall geworden.

Das Verhältnis einer Oktave läßt sich auf einem *Monochord* leicht darstellen. Ein Monochord, übersetzt »Einsaiter«, ist ein einfaches Instrument, das schon im alten Griechenland verwendet wurde. Über einem Holzkasten als Klangkörper ist eine Saite gespannt. Durch Anbringen eines verschiebbaren Steges kann die Saite beliebig in zwei verschiedene Teile geteilt werden. Die Längenverhältnisse von Saiten werden dabei zum hörbaren Klang. Der Grundton des Monochords ist abhängig von Länge, Spannung und Material der Saite. Wird diese angeschlagen, so schwingt sie aus ihrer Ruhelage und erzeugt dabei einen Ton.

Wird ein Steg genau in der Mitte der Saite angebracht, so teilt er die Saite in zwei Teile, die genau doppelt so schnell schwingen wie die ganze Saite. Sowohl das Verhältnis der Saitenlängen als auch das Verhältnis der Schwingungszahlen ist somit 1:2. Hörbar werden zwei Töne, die höher klingen als der Grundton und ihm von allen anderen möglichen Tönen am ähnlichsten sind. Dieses Verhältnis des Grundtons zu einem der höheren Töne nennt man das Intervall der Oktave. Im folgenden Tonbeispiel kannst Du den Klang einer T 2
Oktave hören. Wie Du an der Abbildung siehst, hat das dabei verwendete Instrument

mehrere Saiten. Es ist eine Erweiterung des ursprünglichen Einsaiters; auf ihm können gleichzeitig mehrere Intervalle hörbar werden.

Lasse den Klang der Oktave auf Dich wirken!

Daß die verschiedenen Erscheinungsformen von Rhythmus und Klang aus der gleichen Grundenergie entstehen, findet in der indischen Musikphilosophie folgendermaßen seinen Ausdruck: Der obere Teil des Zeichens für den Urlaut »OM«, aus dem sich nach der indischen Mythologie die gesamte indische Musik, ja das gesamte Universum entwickelt hat, heißt *»Nada-bindu«*, übersetzt soviel wie »Klang-Schlag«.

Der Halbkreis steht dabei für den Klang, den weiblichen Aspekt in der Welt. Dies entspricht in der indischen Mythologie *Shakti*. Der Punkt stellt den Schlag in der Pulsation dar, die Trägerenergie des Rhythmus ist. Er verkörpert das männliche Prinzip und entspricht *Shiva*. Shiva und Shakti waren vor der Schöpfung eine untrennbare Einheit. Sie hatten ihre polaren Erscheinungen noch nicht erkannt und ruhten im Zustand absoluter Stille, der die vollkommene Reduktion der Schwingung darstellt und sozusagen potentielle Schwingung ist. Durch den Akt der Schöpfung jedoch gerieten sie in tatsächliche Schwingung und trennten sich in die verschiedenen Erscheinungsformen. Aus der Energie des Klangs entstanden durch das Vorhandensein mehrerer Klänge Intervalle und durch den Wechsel verschiedener Klänge hintereinander Melodien. Die Pulsation im langsameren Bereich aber wurde zur Trägerenergie und Gestaltungsmaterie aller nur denkbaren Rhythmen.

Die langsamste Pulsation im Bereich des Rhythmus

Während meines ersten Koreaaufenthaltes war ich bei dem Musiker Hwang Byung Ki zum Tee geladen. Es war für mich damals eine Zeit voll neuer Entdeckungen, und ich merkte, wie ich ungeduldig wurde, als die Autobusfahrt zu dem Landhaus Hwang Byung Kis außerhalb Seouls schier kein Ende nehmen wollte. Ich war begierig, Neues zu lernen, und die Wege zwischen den Punkten meiner Reise waren für mich sozusagen ein notwendiges Übel.

Um so erstaunter war ich, als mir Hwang Byung Ki nach einer kurzen freundlichen Begrüßung unvermittelt die Frage stellte: »Was, mein Freund, ist der längste Zeitraum, den wir gemeinsam durchmessen können?« Noch ehe ich darüber nachdenken konnte, was er damit meinte, ging er zu einer Jadeplatte, die in einem reich verzierten Rahmen hing, und schlug sie an. Sobald ihr Ton verklungen war, schlug er sie erneut an und forderte mich auf, stets mit ihm zugleich eine Glocke anzuschlagen, die in einem ähnlichen Rahmen in der gegenüberliegenden Ecke des Zimmers stand. Bald fühlte ich, daß ich meine Aufmerksamkeit nicht auf das Schlagen, sondern auf die ausklingenden Töne richten mußte, wenn ich zugleich mit ihm den nächsten Schlag setzen wollte. Ich tauchte ganz in das Gefühl des Miteinanderschwingens ein und bemerkte nach einiger Zeit, daß das Strömen meiner Atmung genau der Ausdehnung der Töne entsprach.

Als Hwang Byung Ki die Abstände zwischen den Schlägen immer länger werden ließ, war es mir bald nicht mehr möglich, ihm zu folgen. Rasch verflog die Faszination des Einsseins von Spielen und Atmung, und es machte sich in mir eine Unruhe breit, ähnlich wie ich sie vorher schon während der Autobusfahrt empfunden hatte. Es war mir unmöglich geworden, die Zeiträume zwischen den Schlägen zu »durchfühlen«. Die einzelnen Schläge standen für mich mit einem Mal bezugslos hintereinander, und ich konnte ihren Zusammenhang nicht mehr erkennen.

Die Frage, die Hwang Byung Ki mir stellte, ist ebenso einfach wie elementar. Die Frage: »Was ist die langsamste Geschwindigkeit einer Pulsation, auf deren Basis wir Musik erleben können?« führt uns an die Grenze, an der Pulsationen den Bereich der Musik verlassen. Wie das menschliche Bewußtsein diese Grenze setzt, sollen die zwei folgenden Übungen vermitteln.

Ü 3 Wähle für die erste Übung eine Position, in der Du Dich wohl fühlen kannst. Gehe mit einer Hand an eine Pulsstelle Deines Körpers und versuche zu spüren, welcher Puls gerade in Dir schwingt. Lasse ihn mit der Stimme nach außen hörbar werden, indem Du die Pulse mit einer Silbe verbindest, die in Dir entstehen mag. Das rhythmische Strömen Deiner Stimme läßt die Pulsation hörbar werden, die die Basis Deiner weiteren Erfahrung bildet. Löse Dich bald vom Fühlen Deiner Pulsstelle, und bleibe mit der Aufmerksamkeit ganz bei Deiner Stimmpulsation.

Lasse nach einiger Zeit die Pulsation Deiner Stimme *halb so schnell* werden, indem Du nur mehr jeden zweiten Puls der ursprünglichen Pulsation sprichst. Achte darauf, wie sich jetzt die Zwischenräume doppelt so lang dehnen.

Nimm dann von dieser halb so schnellen Pulsation wieder das halbe Tempo und fühle, wie der Zeitraum zwischen den Pulsen wieder gewachsen ist. Lasse so oft die halbe Geschwindigkeit der Pulsation entstehen, bis Du spürst, daß Du die Zwischenräume der Pulsation nicht mehr durchfühlen kannst.

Ü 4 Eine ähnliche Übung kannst Du auch mit anderen zusammen versuchen, um zu erfahren, an welchem Punkt eine Pulsation für eine ganze Gruppe zerfällt: Aus der Stille läßt jemand das Pulsieren der zwei Silben TA und KI entstehen, bis es von den anderen übernommen wird. Ist ein gemeinsames Pulsieren entstanden, wird die Gruppe auf ein Zeichen um die Hälfte langsamer:

TA KI TA KI TA   KI   TA   KI   TA   KI   TA . . .

Läßt die Gruppe gemeinsam die langsamere Pulsation wieder um die Hälfte langsamer werden, so wird nach einigen solchen Schritten einer nach dem anderen aus der gemeinsamen Schwingung herausfallen und die Zwischenräume nicht mehr mit den anderen gemeinsam durchfühlen können.

Um die immer länger werdenden Zwischenräume durchmessen zu können, »verkörpern« wir uns meistens durch eine Bewegung unseres Körpers die ursprüngliche Pulsation: Wir schlagen die Pulse der ursprünglichen Pulsation mit dem Fuß oder nicken sie mit dem Kopf. Dies führt jedoch nach einiger Zeit unweigerlich dazu, die Anzahl der Füllpulse nicht mehr bestimmen zu können, denn mit jedem Verlangsamen auf das halbe Tempo verdoppelt sich ihre Anzahl.

Der Zeitraum zwischen den Schlägen will von uns durchlebt sein. In diesem langsamen Bereich ist uns das nur mit dem Spüren einer Körperpulsation möglich. Derjenige Körperrhythmus, der uns mit seinem Fluß bei der Gestaltung von Rhythmus helfen kann, ist die Atmung. Nur den Zeitraum, den wir mit unserem Atem durchmessen können, erleben wir als *ungeteilten Zeitraum*. Die Atmung ist eine Brücke, die die Verbindung von einem Ereignis zum anderen herstellt.

Noch langsamere Pulsationen verlassen den Bereich, in dem sie Basis für musikalische Rhythmen sind. Pulsationen, auf denen wir musikalische Rhythmen formen können, sind also auf einen bestimmten Bereich begrenzt. Das Begrenzende sind einerseits unsere Sinnesorgane, die Einzelaktionen von einer bestimmten Abfolgegeschwindigkeit an nicht mehr als solche wahrnehmen können. Andererseits ist das Durchmessen einer längeren Zeitdauer von unseren subjektiven Empfindungen abhängig. Albert Einstein sagte einmal scherzhaft: »Wenn man zwei Stunden neben einem netten Mädchen sitzt, kommt einem das wie zwei Minuten vor; wenn man zwei Minuten auf einem heißen Ofen sitzt, erscheint einem das wie zwei Stunden. Das ist Relativität.« An der Grenze, an der die Zwischenräume einer Pulsation so lang werden, daß wir ihre Zeitdauer länger oder kürzer als andere empfinden können, hilft uns das körperliche Spüren des Atemflusses. Machen wir das Strömen des Atems durch ein Instrument hörbar oder gelingt es uns, unseren Atemfluß mit dem der anderen zu verbinden, entsteht auch in diesem langsamen Bereich der Pulsationen ein gemeinsames Schwingen.

Das, was ich zusammen mit Hwang Byung Ki erlebt und gespielt hatte, ist auch die rhythmische Grundlage der einzigen Musikart, die aus dem alten China noch erhalten ist. Es ist eine sakrale Musik, in der die Trommeln nach Himmelsrichtungen aufgestellt sind und die Tonskalen eine genau bestimmte Wirkung auf den Hörer haben. Das folgende T 3
Tonbeispiel vermittelt uns die eigenartige Musikwelt von *Mummyochereak*, die heute ganz selten noch bei Konfuziusfesten in Südkorea zu hören ist.

Zwei Musiker sitzen dabei jeweils vor einem Jadeplattenspiel *(Pyonkyong)* und einem Glockenspiel *(Pyonjong)* (siehe Bildteil).

Beide Instrumente haben die gleiche Stimmung und sind beim Spielen weit voneinander entfernt aufgestellt. Die Musiker spielen zusammen eine Melodie, deren Töne zeitlich so weit auseinanderliegen, daß sie nur beim »Durchatmen« des Zwischenraumes als zusammengehörig erklingen. Der Atemstrom wird durch das Spielen der Blasinstrumente *Hun* und *Chi* hörbar (siehe Bildteil).

Weiterhin gliedert ein Musiker die Zwischenräume, indem er mit einem gespaltenen Bambusstock auf den Rand des Gefäßes *Bu* schlägt (siehe Bildteil), erst in langen Intervallen, dann in kürzer werdenden Abständen bis zum Ende des Zwischenraumes. Auch diese musikalische Geste bedeutet ein Durchmessen der Zeitdauer ohne Unterteilung in »Füllpulse«.

Die Pulsation im Bereich von Rhythmen des Körpers und der Natur

Die Vielfalt der auf unseren Körper wirkenden Rhythmen endet natürlich nicht an dieser Grenze musikalisch verwendbarer Pulsationen. Bleiben wir zunächst bei der Pulsation des Atems. Diese steht im Ruhezustand zum Puls des Herzens in einem flexiblen Verhältnis, welches in etwa einen Spielraum von 1:4 bis 1:8 zuläßt. Das bedeutet, daß eine Periode des Atems etwa vier- bis achtmal so lang ist wie die eines Herzschlages. Verändert sich diese rhythmische Proportion im Ruhezustand über das Maß natürlicher Schwankungen, so ist dies ein Zeichen für Unstimmigkeiten unseres Innenlebens. Diese rhythmische Proportion ist ein Ausdruck unserer inneren Harmonie.

Während der Atmung sind nicht immer beide Nasengänge gleich durchlässig. Stets läßt eine Seite mehr Luft durch als die andere. Der Wechsel erfolgt bei einem in der Natur lebenden, gesunden Menschen alle zwei Stunden. Abwechselnd atmet der Mensch überwiegend durch ein Nasenloch, während sich das Gewebe des anderen leicht ausdehnt — ein Rhythmus unserer beiden Körperhälften.

Nach einer gewissen Zeit der Aktivität braucht der Mensch Ruhe und Schlaf. Sicherlich ist es dabei möglich, die Phasen der Aktivität willentlich zu verlängern. Irgendwann jedoch kommt der lebensnotwendige Punkt, an dem wir unser Wachbewußtsein aufgeben müssen und eine Zeitlang im Zustand des Schlaf- und Traumbewußtseins verbringen. Normalerweise sind wir am Tage wach und schlafen in der Nacht. Untersuchungen über Lebensrhythmen unter der Erde haben erwiesen, daß der Mensch dabei nicht vom Wechsel zwischen Licht und Dunkel abhängig ist. In einer Höhle isoliert, beginnt der menschliche Organismus einen Rhythmus zu leben, der eher den 24,8 Stunden eines Mondtages entspricht als dem 24stündigen Zyklus eines Sonnentages. Es ist dies ein Rhythmus, der annähernd 24 Stunden beträgt und daher »circadian« genannt wird (*circa* = ungefähr, *dies* = Tag). In dem Buch »Körperrhythmen« von Gay Luce heißt es darüber:

> Ließe man uns mit Nahrungsmitteln und Beschäftigung in einem Salzbergwerk allein, so würden wir in einen circadianen Rhythmus von Ruhe und Tätigkeit verfallen, möglicherweise nach anfänglichem Schwanken. Der circadiane Zyklus scheint ein wichtiges Organisationsprinzip unserer Physiologie zu sein. Der Mensch ist sich dessen kaum bewußt, daß sich Körpertemperatur, Blutdruck, Atmung und der Gehalt an Blutzucker, Hämoglobin und Aminosäuren verändern — daß sie in circadianen Zyklen steigen und fallen. Das gleiche gilt für die Hormone der Nebennieren, die Urinmenge und nahezu jede Körperfunktion vom Tempo der Zellteilung bis zur Gefühlslage. Viele Rhythmen vollziehen sich unbemerkt. So ändert sich zum Beispiel die Hauttemperatur vor allem der Hände und Füße in einem circadianen Rhythmus.

Je weiter nun die Ereignisse der uns umgebenden Pulsationen auseinanderrücken, um so schwieriger wird es, sie zu untersuchen oder sie überhaupt als gleichmäßig wiederkehrende Ereignisse zu erkennen. Für jemanden, der auf dem Land lebt, sind die Phasen des

Mondes durchaus noch Wirklichkeit seines täglichen Lebens. Die Periode dieser Pulsation, die 29 Tage, 12 Stunden, 44 Minuten und 2,8 Sekunden lang ist, ist als Zeitraum von Vollmond zum nächsten Vollmond erlebbar. Der Neumond ist mit seiner Dunkelheit das Gegenteil einer hellen Vollmondnacht und entspricht sozusagen dem Offbeat.

Wir erleben die Wirkungen der rhythmisch wechselnden Gravitationskräfte des Mondes als Ebbe und Flut und bemerken, daß das Wachstum der Pflanzen bei zunehmendem Mond mehr in die Verzweigungen, bei abnehmendem Mond hingegen mehr in die Wurzeln geht. So tritt das Pulsieren eines Himmelskörpers, der von uns relativ weit entfernt ist, mit den Rhythmen kürzerer Perioden in und um uns in Verbindung.

Der Planet Saturn braucht, um wieder auf den gleichen Himmelspunkt zurückzukehren, ca. 29 1/2 Jahre. Das ist eine Pulsation, die sich bereits der direkten Erfahrung entzieht. Gibt es dennoch rhythmische Zusammenhänge im Pulsieren unserer Planeten, die wir unmittelbar erleben können?

Die Urkraft hinter den verschiedenen Phänomenen von Klang, Rhythmus und Planetenbewegungen ist das Wirken von Pulsationen. Was in einem Bereich geschieht, spiegelt sich auch in den anderen wieder. Unser Rhythmusweg beschränkt sich nicht auf die rein musikalische Erfahrung. Durch das Kennenlernen rhythmischer Strukturen in der Musik treten wir auch mit den rhythmischen Gesetzmäßigkeiten unseres Planetensystems in Verbindung.

Die Entfaltungsmöglichkeiten einer ungegliederten Pulsation

Ob nun Musik von außen auf uns wirkt oder ob wir selbst musizieren, immer ist es ein in uns anklingender *Immanenzpuls*, der die Basis des rhythmischen Gestaltens ist. Mit dieser spürbaren, in uns schwingenden Pulsation setzen sich die Schwerpunkte, die Grundschläge im Rhythmus einer Musik. Diese können in der Rhythmusgestaltung hörbar werden oder auch durch die Komplexität eines Rhythmus »verschleiert« sein; spürbar sind sie für uns immer.

Eine ungegliederte Pulsation, wie wir sie kennen, entfaltet sich nun in zweifacher Weise:

Die eine Möglichkeit der Entfaltung einer Pulsation ist ihre *Gliederung*. Unser Bewußtsein verändert die gleichmäßige Schwere der Schläge und läßt unterschiedlich schwere Schläge entstehen. In der Abfolge:

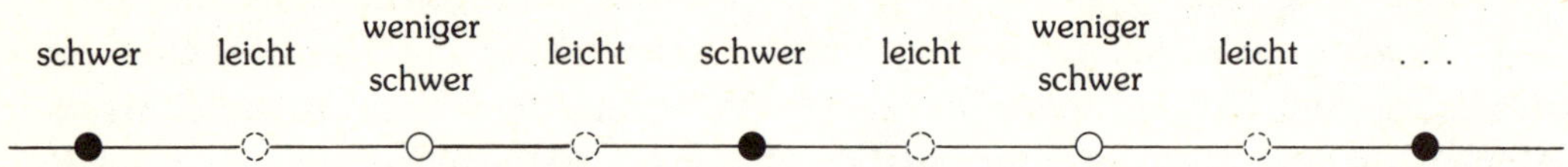

haben zwei aufeinanderfolgende Schläge *unterschiedliches Gewicht*. Die leichten Elemente entsprechen den Offbeats zwischen den Schlägen. Die Wiederholung eines schweren und eines weniger schweren Schlages faßt beide Schläge zu einer erfahrbaren *Einheit* zusammen. Wie die Gliederung einer Pulsation in solche Einheiten zusammengehöriger Schläge entsteht, wird Inhalt des nächsten Kapitels sein.

Die andere Entfaltungsmöglichkeit einer Pulsation besteht darin, den Zeitraum zwischen den Grundschlägen mit weiteren Schlägen, sogenannten *Unterteilungsschlägen*, zu füllen. Die Schwere der Grundschläge bleibt dabei gleich:

Moktak (zum Text S. 38)

Die Gliederung einer Pulsation durch eine zweite Pulsation – das Entstehen gleich großer Einheiten

Die Einheit von zwei Schlägen

In unserem Leben wirkt stets Gegensätzliches aufeinander. Im Miteinanderringen und in einem Einanderergänzen dieser Polaritäten erleben wir die bewegende Kraft unseres Daseins. So wie die Gegensätze von Beat und Offbeat in einem Kreis einander gegenüberliegen, lassen sich in diesem Kreis beliebig viele andere Polaritäten einsetzen:

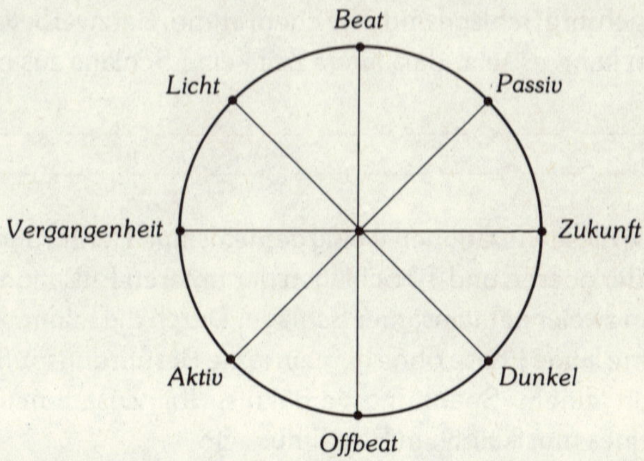

In unserem Körper erleben wir diese Polarität unter anderem im unterschiedlichen Ausdruck der beiden Körperhälften, in der verschiedenen Funktion unserer beiden Gehirnhälften, im Ein- und Ausströmen des Atems und in den Gegensätzen unseres Herzschlags, der Systole und der Diastole. In den Körperübungen der Rhythmusenergien wird für uns klar zu spüren sein, wie die Gegenpole von *oben* und *unten*, von *links* und *rechts* in uns miteinander ringen. Beim Üben jedoch lernen wir ihre Unterschiedlichkeit verstehen und können schließlich zulassen, daß in den Schritten eine andere rhythmische Bewegung spürbar wird als im Klatschen.

Beim Hören und Spüren einer langsamen, ungegliederten Pulsation sind wir durch die wahrnehmbaren Gegensätze von Beat und Offbeat in unserer Polarität befriedigt. Denn auch wenn der Offbeat nicht hörbar ist, spüren wir ihn in der Mitte des Zwischenraumes.

Je schneller eine Pulsation ist und je kürzer damit ihre Zwischenräume werden, desto dominanter werden die Schläge für unser Bewußtsein. Der Offbeat im Zwischenraum entzieht sich sozusagen mehr und mehr unserer Aufmerksamkeit, und wir beginnen die polare Zweiheit wiederherzustellen, indem wir zwei aufeinanderfolgende Schläge in unterschiedlicher Qualität empfinden; aus einer gleichmäßigen Abfolge von TAK TAK TAK TAK . . . lassen wir ein TAK TIK TAK TIK TAK TIK . . . entstehen. Dies gliedert die Pulsation in Einheiten von zwei Schlägen. Dieses Gliedern in Polaritäten ist in unserem Bewußtsein veranlagt.

Wir haben erfahren, daß es ursprünglich in Pulsationen keinerlei Betonung von Schlägen gibt. Da sie alle gleichermaßen »schwer« sind, ist eine Pulsation auch vollkommen ungegliedert. Sie beginnt sozusagen im Unendlichen, läuft durch unser momentanes Erleben hindurch und schwingt dann genauso endlos weiter.

Tritt zu der einen Pulsation eine zweite, so wirken beide aufeinander. Im gleichzeitigen Erklingen überlagern sich ihre Schläge und Zwischenräume. Bei zwei beliebigen sich überlagernden Pulsationen kann es sein, daß lange Zeit keine Schläge zusammenfallen:

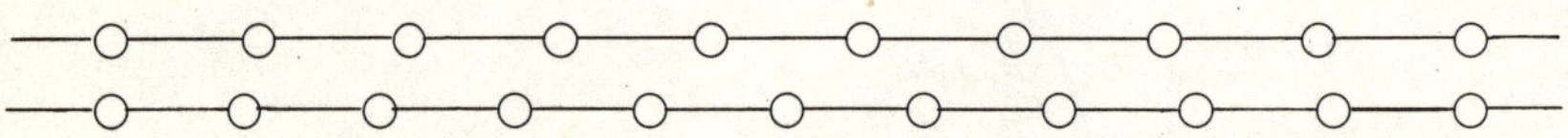

Es ist zu erkennen, daß diese Pulsationen wenig gemeinsame Berührungspunkte haben. Erst nach 9 Schlägen der oberen und 10 Schlägen der unteren Pulsation kommt es zu einem Zusammentreffen zweier gemeinsamer Schläge. Durch die minimale Verschiebung gegeneinander und eine lange Phase ohne gemeinsame Berührungspunkte stehen diese beiden Pulsationen in einem Spannungsverhältnis. Ihr Zusammenklingen könnte schwerlich die Basis eines musikalischen Rhythmus sein.

Bestimmte Pulsationen jedoch haben zueinander ein besonderes Verhältnis. Zwischen ihnen gibt es viele Berührungspunkte, sie stehen spürbar miteinander in Beziehung.

Ein solches Verhältnis besteht zwischen zwei Pulsationen, durch deren Zusammenklingen eine Gliederung in Einheiten von zwei Schlägen entsteht. Tritt zu einer beliebigen Grundpulsation eine andere, die halb so schnell schwingt und mit ihr synchron ist, so verstärkt sich durch das Zusammentreffen der Pulsation jeder zweite Schlag der schnelleren Pulsation:

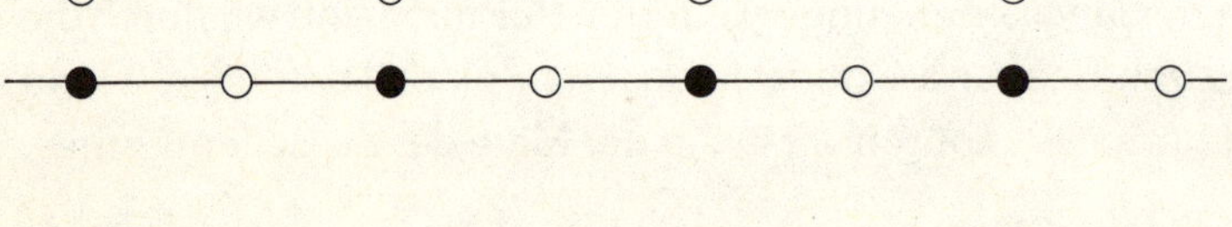

Grundpulsation

halb so schnelle Pulsation

entstehende, gegliederte Pulsation

Durch die Überlagerung der beiden Pulsationen entsteht eine Abfolge unterschiedlich schwerer Schläge. Durch das Aufeinanderfolgen eines schweren und eines weniger schweren Schlagen entstehen *Einheiten von zwei zusammengehörigen Schlägen*. Dabei wird der Fluß folgender Schwereverhältnisse spürbar:

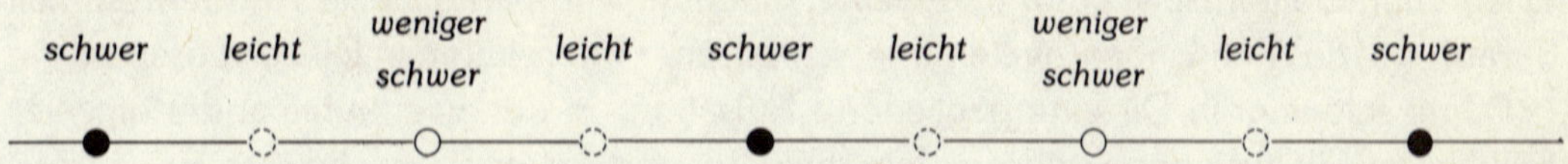

Die leichten Elemente, die in der Mitte der Zwischenräume spürbar werden, entsprechen den beiden Offbeats in einer zweischlägigen Einheit.

Wir wir den Fluß dieser Einheiten mit dem Körper erfahren und ausdrücken können, ist der Inhalt folgender Übung.

Versuche ohne Anstrengung aufrecht zu stehen und schließe die Augen. Sobald Du Ü 5
den Kontakt zum Boden spürst, komme in ein Pendeln zwischen links und rechts, vorne und hinten. Versuche wieder mit dem Zustand des inneren Strömens in Kontakt zu kommen, indem Du die Bewegung Deines Auspendelns immer kleiner werden läßt und so an die Grenze kommst, an der die äußere Bewegung in ein inneres Strömen übergeht. Wenn Du das Schwingen einer Pulsation in Dir spüren kannst, lasse es in Deinem eigenen Zeitmaß nach außen hörbar werden, indem Du jeden Puls mit der Silbe TA verbindest. Das Pulsieren Deiner Stimme wächst aus der Stille in ein Flüstern und weiter zu der Lautstärke, die Du ihm geben magst. Richte dabei Deine Aufmerksamkeit darauf, wie die entstehenden Vibrationen der Stimme durch Deinen Körper zu Boden strömen und dein Körper mit dem Pulsieren der Silben nach unten zu schwingen beginnt. Gib dieser Bewegung nach, so daß Du mit der Zeit mit jedem TA nach unten schwingst, um mit dem Gegenschlag wieder hochzupendeln. Dein Körper führt nun mit jedem TA eine leichte Abwärtsbewegung aus, wobei sich Deine Knie leicht beugen. So wird der in Dir spürbar gewordene *ungegliederte Immanenzpuls* in der Bewegung sichtbar und im Pulsieren der Silben hörbar.

Lasse nun aus der unveränderten Abfolge von TA ein Abwechseln der beiden Silben TA und KI entstehen:

. . . TA TA TA TA TA TA KI TA KI TA KI TA . . .

Zugleich wird die Abwärtsbewegung Deines Körpers bei TA intensiver als bei KI. Das TA bekommt so mehr Gewicht. Versuche die beiden verschieden intensiven Abwärtsbewegungen zu fühlen und spüre, wie Dein Körper dazwischen wieder nach oben pendelt. Du »verkörperst« jetzt eine *gegliederte Pulsation*. In ihr folgen Einheiten zweier zusammengehöriger Schläge aufeinander.

Lasse Deine Bewegungen schließlich immer kleiner und Deine Stimme leiser werden, und führe beides zu dem Punkt, an dem sich *außen* und *innen* berühren: Die Stimme wird nach außen unhörbar und schwingt als Deine innere Stimme weiter; Deine Bewegungen lasse so reduziert werden, daß Du sie gerade noch spüren kannst. Bleibe auch jetzt bei der Gliederung Deiner Bewegung und Deiner Stimme, und richte Deine Aufmerksamkeit darauf, wie das Schwingen zweier unterschiedlicher Intensitäten in Dir zu spüren ist.

Damit schwingt in Dir eine gegliederte Pulsation, in der zwei aufeinanderfolgende Schläge jeweils zusammengehören: ein schwerer und ein weniger schwerer. Es gibt verschiedene Möglichkeiten, diese gegliederte Pulsation auf einem Instrument hörbar werden zu lassen:

Eine besteht darin, die Abfolge von schwer und weniger schwer so nach außen zu bringen, wie sie in uns abläuft: Wir setzen eine starke Betonung auf den ersten Schlag und eine weniger starke auf den zweiten. Durch das Betonen der Schwere bekommt diese mehr Gewicht, und durch die geringe Betonung des leichteren Elementes wird dieses weniger spürbar.

Die andere Möglichkeit ist die Umkehrung, die Polarisierung dessen, was in uns schwingt. Wir setzen eine geringe Betonung auf das schwere Element und betonen dafür den zweiten Schlag. Durch die geringe Betonung der Schwere wird diese weniger fühlbar, das leichtere Element hingegen rückt durch die Betonung mehr in den Mittelpunkt unseres Fühlens.

So wie die ungegliederte Pulsation bereits vollwertige Basis für musikalische Rhythmen ist, ist es auch die gegliederte Pulsation. Spielen wir die beiden oben genannten Möglichkeiten auf einer Baßtrommel, so entstehen die Rhythmusgrundlagen zweier konträrer Rhythmen: Durch die Betonung des schweren Elementes entsteht die Basis eines *Marsches*. Durch die Betonung des leichteren Elementes entsteht die Basis für *Samba*.

Die im Marsch verwendete Baßtrommel, auch »große Trommel« genannt, ist eine zylindrische Holztrommel mit zwei Fellen, eines davon wird mit einem Schlegel so angeschlagen, daß das Fell ungedämpft schwingen kann und durch die Resonanz das andere mitvibriert. Der entstehende Baßton wird auf das erste, schwere Element der Pulsation gespielt und bewirkt, daß die Schwere im Marsch überhandnimmt. Der Marsch ist ein Rhythmus, der den eigenen Standpunkt betont. Dies wird auch in den Bewegungen deutlich, die ein Marsch entstehen läßt: Beim Marschieren setzen sich die Schritte nicht fließend, wie etwa beim Spazierengehen, sondern die Füße werden mit Nachdruck auf den Boden gesetzt. Auch wenn wir uns zum Marsch nicht bewegen, fühlen wir seine Bewegung in uns. Die innere Bewegung, die er in uns auslöst, ist ein Fluß nach unten. Der Ausdruck ist vielfältig und reicht vom körperlichen Ausdruck des Imponierenwollens bis zum Vorbringen eines Anliegens, welches mit Nachdruck vertreten sein will.

Im folgenden Tonbeispiel hörst Du zwei Märsche, die zwei konträren politischen Weltanschauungen entsprechen. Der erste Marsch ist der Radetzkymarsch. Der zweite ist das Lied »*Venceremos*« aus der Musik der chilenischen Freiheitsbewegung. Die rhythmische Basis dieses Liedes ist gleichfalls ein Marsch. Lasse beide Märsche auf Dich wirken und achte darauf, welche Gefühle sie in Dir auslösen: Komme dabei auch in die Bewegung des Marschierens, bleibe aber auf einer Stelle. Marschiere auch dann noch weiter, wenn die Märsche zu Ende sind, und spüre, welches Körpergefühl Deine Bewegungen in Dir auslösen: Wie erlebst Du die Bewegung des Gehens beim Marsch? T 4

Die Baßtrommel des Samba ist der *Surdo* (siehe Bildteil) Er ist eine zylindrische Metalltrommel und hat ebenfalls zwei Felle. Das obere wird auf dem schweren Element der Pulsation leicht und gedämpft angeschlagen, auf dem leichten Element hingegen so, daß das freischwingende Fell den vollen Klang der Trommel entfalten kann. Dabei wird ein in uns schwingender, gegliederter Immanenzpuls polarisiert. Wie in weiteren Übungen noch spürbar werden wird, beginnt ein Strom der Energie zu fließen, sobald zwei rhythmische Polaritäten miteinander in Beziehung treten. Daher bewirkt auch die Polarisierung des Immanenzpulses eine Vitalisierung unseres Körpers; Samba läßt eine kräftige Leichtigkeit entstehen.

Auch beim Samba ist die einfachste Bewegung das Gehen. Versuche im folgenden Tonbeispiel, in dem die Welt des Samba lebendig wird, eine Art des Gehens zu finden, die für Dich dem Feeling des Samba entspricht. Der erste Samba ist ein *Samba de roda* (spr. »hoda«). Er ist eine ursprüngliche Form des Samba aus Salvador/Bahia. Außer dem *Surdo*, der stets den zweiten Schlag einer Einheit betont, hörst Du noch eine *Caixa* (spr. »Kascha«), die eine gewöhnliche Snaredrum ist, und einen Musikbogen, *Berimbão* genannt. T 5

Der Gesang läßt Dich stets fühlen, wo der erste Schlag ist. Erst im Kontext mit einem zweiten Element wird der *Surdo* wirksam. Denn unser Bewußtsein würde sonst nach kurzer Zeit den Rhythmus umgekehrt hören und den ersten Schlag dort fühlen, wo der *Surdo* die Betonung spielt. In der zweiten Aufnahme hat diese Funktion eine Reibetrommel, *Cuica* genannt, die mit ihrem Sprechen immer wieder den ersten Schlag anspielt. In einer *Samba batucada* hörst Du die Sambaschule Padre Miguel.

Im Marsch und im Samba ist die Baßtrommel nicht durch andere Instrumente zu ersetzen. Sie trägt in beiden Rhythmen die unterschiedliche Basis. Eine Abfolge von zweischlägigen Einheiten kann jedoch auch auf anderen Instrumenten hörbar und spürbar gemacht werden oder als Zusammenklang mehrerer Instrumente entstehen. Auch so ist sie die erfahrbare Grundlage eines zweischlägigen Rhythmus.

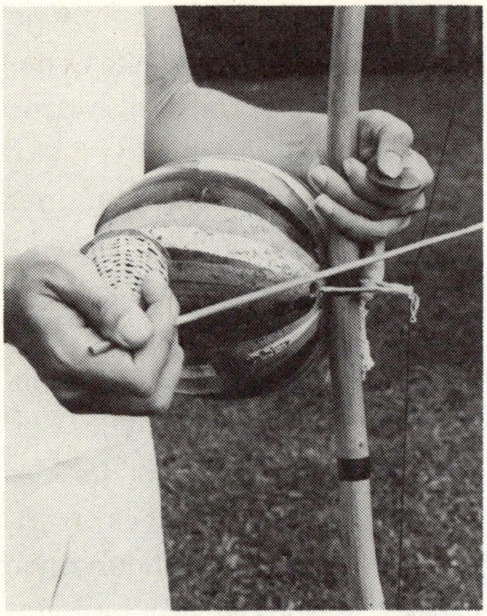

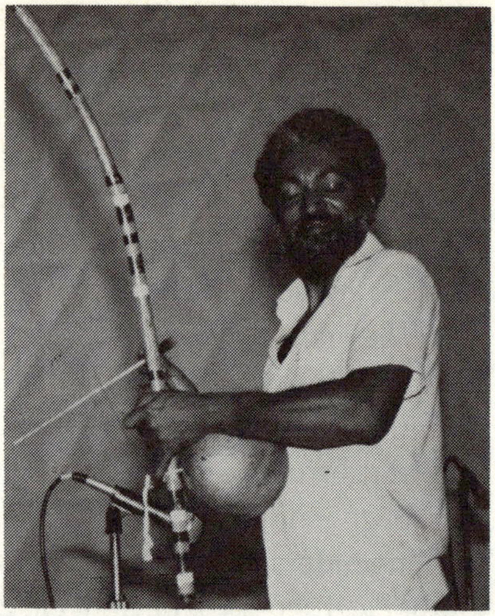

Der Berimbão ist ein Musikbogen aus Brasilien. Eine Saite *(corda)* ist über einen Stecken *(vara)* gespannt, und ein Kürbis *(cabaça)* ist als Resonator mit einer Schnur daran befestigt. Angeschlagen wird die Saite mit einem dünnen Stab *(vaqueta)*. In der gleichen Hand hält der Spieler die Rassel *Caxixi*. Zwischen dem Daumen und dem Zeigefinger der linken Hand hat der Spieler einen Stein *(lapis)* oder eine Münze *(dobrão)*, mit der er den Klang der Saite variieren kann.

Der Ursprung des Berimbão liegt in Afrika, von dort kam er mit den Sklaven zuerst navch Salvador/Bahia, als erstes Hauptinstrument des *Capoeira*, einer Verbindung von Tanz, Poesie, Musik und Selbstverteidigung, die den Schwarzen im System des Kolonialismus das Überleben ermöglichte: durch Ausdruck ihrer Gefühle, aber auch durch die Verteidigung ihres Körpers.

Die Einheit von drei Schlägen

Der beschriebene Prozeß, daß unser Bewußtsein in einer immer schneller werdenden Pulsation schließlich zwei aufeinanderfolgende Schläge zusammenfaßt, soll uns eine Tendenz bewußt machen, die in uns vorhanden ist. Das Zusammenfassen von Zweiheiten ist ein Spiegel unserer Polarität. Natürlich ist es für jemanden, dessen rhythmisches Körperbewußtsein entwickelt ist, auch möglich, eine langsame Pulsation in zweischlägige Einheiten zu gliedern und eine schnelle Pulsation als ungegliedert zu empfinden.

Auch der Schritt zur Dreiheit ist ein Spiegel dessen, was uns ständig umgibt. Denn in der Polarität der Zweiheit ist die Dreiheit bereits enthalten. In der Dreiheit findet die Polarität ihre Vervollkommnung: Zwischen der Ein- und der Ausatmung liegt der Moment der Nichtatmung, und zwischen Vergangenheit und Zukunft liegt die Mitte der Gegenwart. Das dazukommende dritte Element ist der verbindende Punkt der Mitte zwischen zwei Polaritäten.

Auch im Bereich musikalischer Rhythmen entsteht mit dem dazukommenden dritten Element eine neue Rhythmusenergie. Das auf uns wirkende Verhältnis von schwer und leicht ist ein anderes: Einem schweren Schlag folgen zwei weniger schwere. Eine Gliederung in Einheiten von drei Schlägen entsteht, wenn eine Grundpulsation mit einer zweiten Pulsation in Beziehung tritt, die dreimal so langsam schwingt wie sie und mit ihr synchron ist. Dadurch entsteht auf jedem dritten Schlag der Grundpulsation eine größere Schwere:

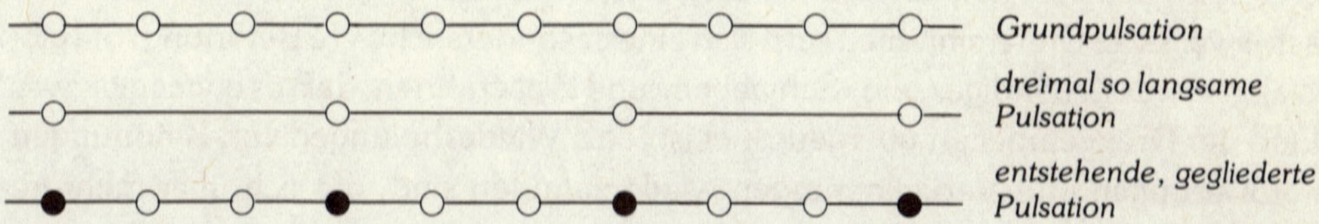

Damit entsteht ein Fluß folgender Schwereverhältnisse:

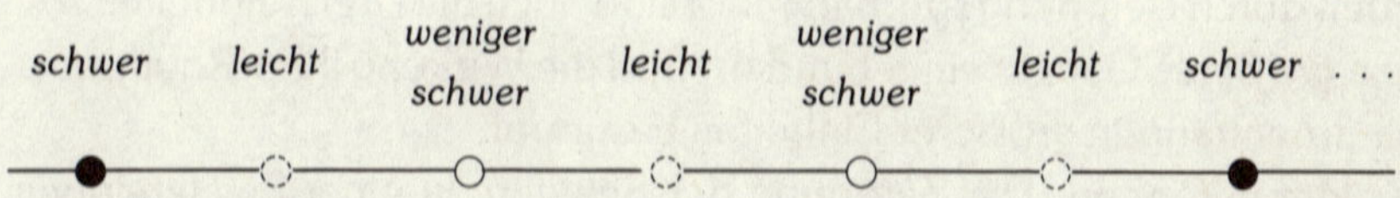

Wir sehen, wie die leichten Elemente der Offbeats zwischen den drei Schlägen einer Einheit liegen. Die Wiederholung eines schweren und zweier darauffolgender, weniger schwerer Schläge läßt erfahrbare Einheiten von drei zusammengehörigen Schlägen entstehen.

Erfahrbar wird der Fluß der Dreiereinheiten auf der Ausgangsbasis derselben Übung, Ü 6
in der wir die Zweiereinheiten erlebt haben. Sobald sich das Pulsieren Deiner Stimme wieder mit einer Ab- und Aufwärtsbewegung des Körpers verbunden hat, lasse die gleichmäßige Aufeinanderfolge von TA in ein Abwechseln der drei Silben GA, MA und LA übergehen:

. . . TA TA TA TA TA GA MA LA GA MA LA GA MA LA . . .

Setze nun bei der Abwärtsbewegung auf GA eine starke Bewegungsbetonung, und lasse die Abwärtsbewegung auf MA und LA ein leichtes Nachfedern sein. Du verkörperst jetzt eine *gegliederte Pulsation*, in der drei aufeinanderfolgende Schläge eine Einheit bilden. In der jeweils dazwischenliegenden Aufwärtsbewegung spürst Du die drei möglichen Offbeats.

Lasse Deine Bewegungen schließlich kleiner und Deine Stimme leiser werden. Führe beides wieder zu dem Punkt, an dem Du Dir den Fluß der Dreiereinheiten verinnerlichen kannst.

Wird dieser als Basis eines musikalischen Rhythmus hörbar, so entsteht aus den Möglichkeiten der Gestaltung nicht die klare polare Trennung in zwei konträre Rhythmusenergien, wie dies bei den Zweiereinheiten der Fall ist.

Bringen wir die Abfolge von schwer und weniger schwer so nach außen, wie sie in uns abläuft, so hören wir die rhythmische Basis eines *Walzers*. Wenn wir uns einen Walzer aufmerksam anhören, dann werden wir bemerken, daß nicht jeder erste Schlag einer Dreiereinheit dieselbe Schwere hat, obwohl in jeder Dreiereinheit der erste Schlag der schwerste ist: Nach jeweils vier Dreiereinheiten setzt sich eine besonders schwere Betonung. Sie gibt dem Walzer etwas Lebendiges, ein »Schweben« und läßt erahnen, daß es etwas gibt, was dem Fluß der Dreiereinheiten übergeordnet ist, daß Wiederholungen von Betonungen in Vergrößerungen und Verkleinerungen wiederzufinden sind, die sich über mehrere Einheiten erstrecken.

In zahlreichen Rhythmen außereuropäischer Kulturen gibt es die genaue Umkehrung des Walzers: Das schwere Element wird wenig betont oder freigelassen, die beiden leichteren hingegen werden durch Betonung spürbar. Meist sind auch die Dreiereinheiten solcher Rhythmen in ein größeres Ganzes eingebunden, und die Wirkung ihrer Rhythmusenergie ist von Zusammenhängen größerer Einheiten bestimmt.

Eines können wir klar erkennen: Die Betonung der Schwere in einer Zweiereinheit wirkt anders als ihre Betonung in einer Dreiereinheit. Die rhythmische Grundenergie eines Marsches ist anders als die des Walzers. Das bezieht sich nicht nur auf diese beiden Rhythmusformen, sondern wird in jeder Musik spürbar, der zwei- oder dreischlägige Pulsationen zugrunde liegen.

Die Gliederung einer Pulsation durch Länge und Kürze – das Entstehen verschieden großer Einheiten

Länge und Kürze – rezitative Rhythmen

In allen Betrachtungen war bisher eine Pulsation die Grundlage und der Ursprung rhythmischer Bewegung. Nicht allen Erscheinungsformen unseres Lebens liegt jedoch die Energie einer Pulsation und das in gleichen Zeiträumen Wiederkehrende zugrunde.

Beim täglichen In-Kontakt-Treten mit der Umwelt sprechen wir mit anderen Menschen und verdeutlichen unsere Sprache mit den Gesten des Körpers. Unser Gegenüber nimmt dabei nicht nur den logischen Sinngehalt unserer Worte wahr, sondern reagiert auch auf die Rhythmusgestaltung unseres Sprechens und der Gestik, auf den »Tanz«, den wir dabei vollführen.

Der rhythmische Ausdruck unserer Worte ist nicht von einem regelmäßigen Pulsieren getragen, sondern gestaltet sich aus der Aufeinanderfolge von Elementen unterschiedlicher Zeitdauer. Das Nebeneinander von *Längen* und *Kürzen* entspringt dem inneren Wesen der Worte. Sprechen wir das Wort »Blume« so aus, daß zwei Kürzen aufeinanderfolgen, wird es nahezu unverständlich. Die Aufeinanderfolge von einer Länge und einer Kürze kennzeichnet den Rhythmus dieses Wortes, der ein Teil der Information ist, die das Wort vermitteln will.

Weder die Dauer einer Länge noch die Dauer einer Kürze hat jedoch einen bestimmten Zeitwert. Beide sind nur als Gegensatzpaar erfahrbar und erhalten erst durch das Vorhandensein des anderen ihren Zeitwert: Eine Länge ist lang in bezug auf die Kürze und umgekehrt. Es ist die Aufeinanderfolge zweier Zeitelemente von spürbar unterschiedlicher Dauer.

Das koreanische Wort für Rhythmus ist »*Tschangdan*«. Wörtlich übersetzt heißt *Tschangdan* soviel wie *lang-kurz*. Diese rhythmische Geste findet sich in der Sprache, dem Tanz und der Musik Koreas wieder und findet ihren Ausdruck in den beiden Lauten: *Kung* und *Tok*. Der Begriff *Tschangdan* stellt sich in der Kultur Koreas graphisch folgendermaßen dar:

Kung *Tok*

Diese beiden Laute sind Ursprung einer Rhythmussprache, mit der sowohl freie Gesten im Tanz als auch Längen und Kürzen in der musikalischen Rhythmik dargestellt werden.

Diese »freie« Form der Rhytmusgestaltung, der keine Pulsation zugrunde liegt, können wir als *rezitative Rhythmen* bezeichnen. Denn ihr Grundkonzept von Länge und Kürze ist im Rhythmus des Sprechens ständig präsent.

Das Zusammentreffen von Längen und Kürzen mit einer Pulsation

Sobald der rhythmisch freie Ausdruck von *Kung-Tok*, von *lang-kurz* in den rhythmischen Sog einer Pulsation kommt, entstehen durch das Zusammentreffen von beiden unterschiedliche Betonungen im Fluß der Pulsation. Länge und Kürze gliedern die Pulsation in ein Betonungsmuster. Dabei dehnt sich die Länge über mehr Schläge als die Kürze. Da Länge und Kürze aber keinen bestimmten Zeitwert haben, hängt es von unserer Gestaltung ab, über wie viele Schläge sich die Länge und über wie viele Schläge sich die Kürze erstreckt. Stets entstehen zwei verschieden große Teile, die durch ihre Wiederholung als zusammengehöriges Ganzes spürbar werden.

Im einfachsten Fall umfaßt eine Länge zwei Schläge, und eine Kürze füllt die Dauer eines Schlages. Durch die Wiederholung dieser Abfolge entsteht die Empfindung, daß ein »Muster«, welches drei Schläge zusammenfaßt, immer wiederkehrt.

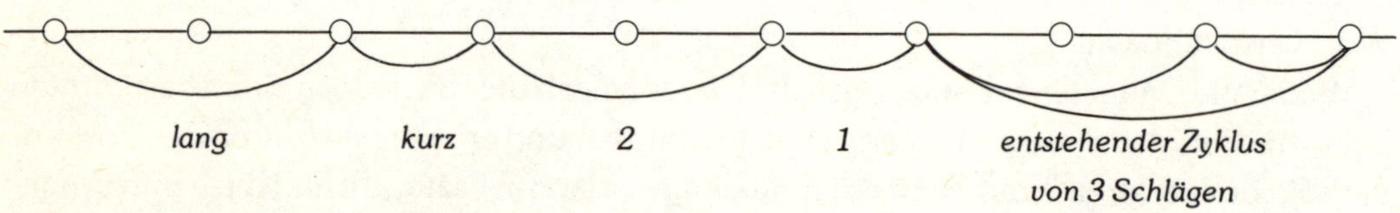

Die zwischen den Schlägen liegenden Offbeats sind in den weiteren Darstellungen der Übersichtlichkeit wegen weggelassen.

Wir können diesen Fluß mit dem Sprachrhythmus

TA KI TIT TA KI TIT TA KI TIT TA KI TIT TA . . . ausdrücken.

Dabei werden auch die Betonungen spürbar, die durch die Aufeinanderfolge von Länge und Kürze entstehen:

TA hat die größte Betonung, mit ihm beginnt sowohl die Länge als auch der gesamte dreischlägige Zyklus. KI hat als zweiter Schlag in der Länge weniger Betonung. Mit dem TIT setzt sich eine weitere Betonung, die durch das Zusammentreffen der Kürze mit einem Schlag der Pulsation entsteht. Im Fluß der Pulsation werden folgende Betonungen spürbar:

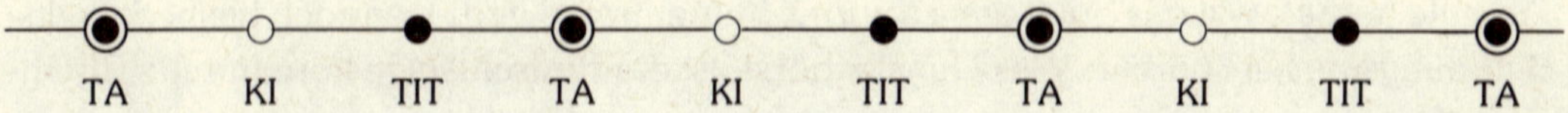

Erweitern wir diese elementare Gliederung, indem wir in die Abfolge noch eine Länge einfügen, dann ergibt sich:

Länge — Kürze — Länge — Länge — Kürze — Länge — Länge . . .

und wenn wir es wieder mit einem Sprachrhythmus ausdrücken:

TA KI TIT TA KI TA KI TIT TA KI TA KI TIT TA KI TA . . .

In der Wiederholung dieser Abfolge werden fünf zusammengehörige Schläge spürbar, die sich ständig wiederholen. Es ist ein Zyklus von fünf Schlägen entstanden.

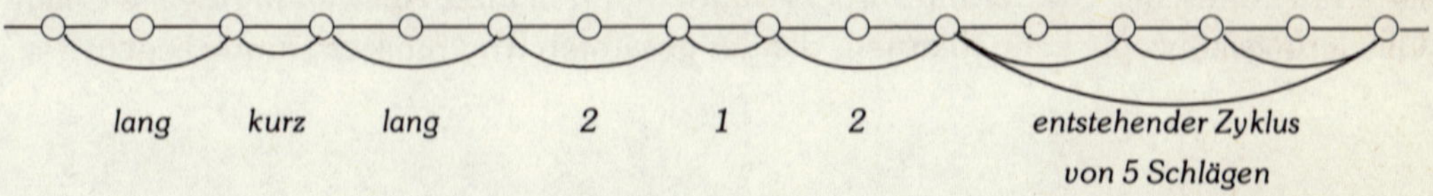

Eine Betonung entsteht wieder auf jedem Schlag, der mit dem Beginn einer Länge zusammenfällt. Ebenso bewirkt das Zusammentreffen einer Kürze mit einem Schlag eine Betonung. Die größte Betonung aber trägt wieder der erste Schlag, der den Beginn eines neuen Zyklus spürbar werden läßt. Daraus ergibt sich das Betonungsmuster:

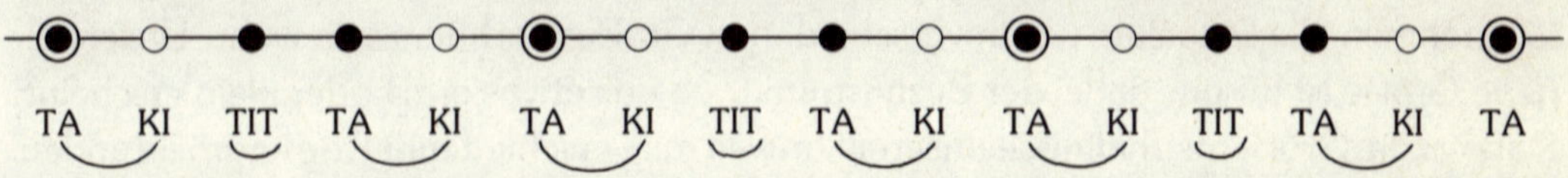

Im folgenden Tonbeispiel kannst du die rhythmische Gliederung durch Länge und Kürze hören. Am Beginn steht die Verbindung: *Kung-Tok*, gespielt auf der *Tschanggo*, einer koreanischen Trommel. Dann entwickelt sich diese Schlagfolge in die Gliederung einer Pulsation durch Länge und Kürze: T 6

TA KI TIT TA KI TIT TA KI TIT TA . . .

Versuche mit der Trommel diesen Sprachrhythmus mitzusprechen.

Der Rhythmus der Trommel bezieht später eine weitere Länge ein, und es entsteht:

TA KI TIT TA KI TA KI TIT TA KI TA . . .

Sprich auch diesen Sprachrhythmus mit und versuche auf den ersten Schlag einer jeden Länge und Kürze zu klatschen:

(TA) KI (TIT) (TA) KI (TA) KI (TIT) (TA) KI (TA) KI (TIT) (TA) KI (TA) . . .

Achte darauf, wie das Spiel der Trommel immer freier wird. Dennoch bleibt dasselbe Betonungsmuster spürbar. Was Du jetzt hörst, ist der fünfschlägige koreanische Rhythmus »*Ut tschung mori*«.

Das Setzen von Längen und Kürzen bewirkt in einer ungegliederten Pulsation die Veränderung von schwer und leicht. Diese Art, eine Pulsation zu gliedern, ist prinzipiell verschieden von der, die aus der Überlagerung zweier Pulsationen entsteht.

Denn durch die Überlagerung zweier Pulsationen entsteht immer eine Gliederung in *gleiche Teile*. Die Gliederung durch Länge und Kürze aber läßt in der Aufeinanderfolge *verschieden großer Teile* größere Zyklen entstehen.

Sowohl Längen als auch Kürzen können auf beliebig viele Schläge erweitert werden. Das Gleichbleibende ist auch dann die Aufeinanderfolge verschieden großer Teile, aus deren Wiederholung ein größeres Ganzes entsteht. Wir werden später auf diese beiden Arten rhythmischer Gliederung zurückkommen und in ihrer Ausweitung zwei wichtige Gliederungskonzepte kennenlernen, die der gesamten Rhythmik zugrunde liegen.

Die Unterteilung der Zeiträume zwischen den Schlägen einer Pulsation

Wir nehmen alle Dinge um uns in verschiedenen Größenverhältnissen wahr. Unsere eigene Größe ist für uns dabei der Bezugspunkt, ob uns etwas groß oder klein erscheint. Daß wir die Größenverhältnisse unserer Umwelt mit verschiedener Körpergröße anders erleben, wird uns bewußt, wenn wir uns erinnern, wie groß ein Zimmer und sein Mobiliar für uns als kleines Kind war. Vergessen wir den Bezugspunkt der eigenen Größe für einen Moment, so können wir einen Steingarten als Gebirgslandschaft erleben oder eine kleine Wasserlache als großen See.

Wir selbst sind also der Maßstab, der die Welt des Kleinen von der Welt des Größeren abgrenzt. So befinden wir uns mit unserem Körper in der Mitte zwischen Mikro- und Makrokosmos.

Nicht anders ist es in der Rhythmik auch: Das Schwingen unseres Immanenzpulses, das wir als Grundlage einer Musik empfinden oder als Basis unserer Rhythmusgestaltung wählen, ist die Bezugsebene, welche die Schwerpunkte des Rhythmus setzt. Diese Grundpulsation liegt in der Mitte zwischen einem rhythmischen Geschehen, welches sie in Einheiten und große Zyklen gliedert und ihr sozusagen übergeordnet ist, und einem anderen Rhythmusgeschehen, welches die Zeiträume zwischen den Schlägen der Grundpulsation in noch kleinere Elemente unterteilt. Diese Grundpulsation ist somit die Berührungsebene zwischen der Welt eines rhythmischen Mikrokosmos und der eines rhythmischen Makrokosmos.

Beim Gehen entsteht aus dem Setzen der Schritte eine Pulsation. Wir erleben das Setzen des linken Fußes als etwas anderes als das Setzen des rechten; dennoch ist die Intensität beider Schritte gleich. Das bedeutet, daß die beim Gehen entstehende Pulsation an sich *ungegliedert* ist. Links und rechts ist für uns etwas anderes, die Schwere der Schritte aber ist dieselbe. Kommt zum Fluß des Gehens noch ein zweites Element dazu, ein gliedernder Sprachrhythmus etwa oder ein gespielter Rhythmus, so tritt zu der unterschiedlichen Erlebnisqualität der beiden Seiten auch eine unterschiedliche Schwere. Im Samba und im Marsch beispielsweise können wir unser Gehen auch als Bewegungsgrundlage einer gegliederten Pulsation empfinden.

Komme in ein ruhiges Gehen und achte auf die Pulse, die aus dem Setzen Deiner Schritte entstehen. Verbinde dann die Schritte Deines Gehens mit Deiner Stimme, indem Du gleichzeitig mit dem Setzen eines jeden Schrittes die Silbe TA sprichst. Lasse dabei Deine Stimme aus der Stille kommen. Die Pulsation deiner Schritte und die Pulsation Deiner Stimme schwingen jetzt gleich schnell. Ü 7

Gehe im gleichen Zeitmaß weiter und versuche nun, mit der Stimme eine doppelt so schnelle Pulsation zu sprechen, wie Du sie in den Füßen fühlst. Laß dabei aus der einen Silbe TA die beiden Silben TA, KI entstehen.

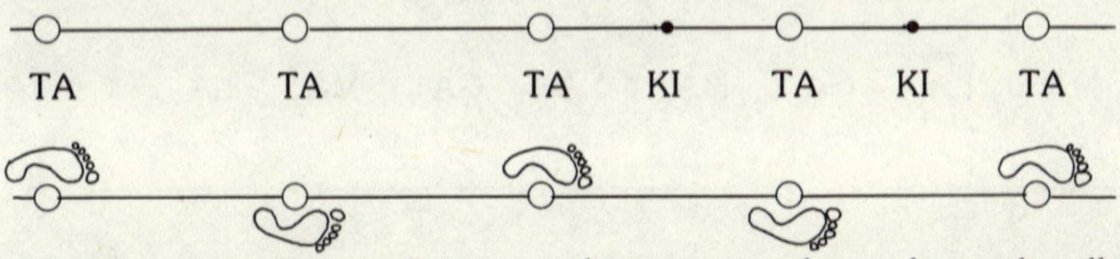

Pulsation der Stimme

Pulsation des Gehens

Die Pulsation Deiner Stimme schwingt jetzt doppelt so schnell wie die Deiner Schritte. Die Stimmpulsation steht zur Pulsation Deiner Füße im Verhältnis der *Doubletime*. Dein Gehen hingegen ist halb so schnell wie Deine Stimmpulsation. Es pulsiert im halb so schnellen Tempo und steht mit der Pulsation Deines Sprachrhythmus im Verhältnis der *Halftime*.

In dieser Übung ist die Grundpulsation aus dem Gehen entstanden. Ihre Schläge, die Du dann als Bezugspunkte für Deinen Sprachrhythmus genommen hast, sind die Grundschläge. Durch die doppelt so schnelle Pulsation Deines Sprechens teilt sich der Zeitraum zwischen den Grundschlägen in zwei halb so große Zeiträume. Die Schläge der schnelleren Sprachpulsation heißen daher *Unterteilungsschläge*. In der Übung hast Du also statt eines Grundschlages zwei Unterteilungsschläge gesetzt. Gleichgültig aber, wie viele Unterteilungsschläge Du statt eines Grundschlages setzt, stets bleibt die Pulsation der Grundschläge in einem Rhythmus Deine rhythmische Orientierung.

T 7 Im folgenden Tonbeispiel hörst Du, wie die Pulsation des Gehens durch Fußschellen lebendig wird. Versuche der Pulsation zu folgen und in den gleichen Fluß des Gehens zu
Ü 8 kommen. Achte darauf, ob Du die Schritte wirklich gleichzeitig mit den Schellen setzt. Sobald im Tonbeispiel ein Sprachrhythmus dazukommt, sprich ihn mit. Beim Wechsel des Sprachrhythmus halte inne, und laß den neuen Rhythmus auf Dich wirken. Spüre, wie Dich jeder Wechsel in eine »neue Welt« versetzt, in der Du Dich erst zurechtfinden mußt. Nimm Dir dafür Zeit.

Laß Dich in der Übung ganz vom Geschehen des Tonbeispieles führen. Erst nachdem Du die Veränderungen Deines Sprachrhythmus gegenüber Deinem Gehen *erlebt* hast und die Unterschiede der verschiedenen Sprachrhythmen *spürbar* geworden sind, schau Dir folgende graphische Darstellung an:

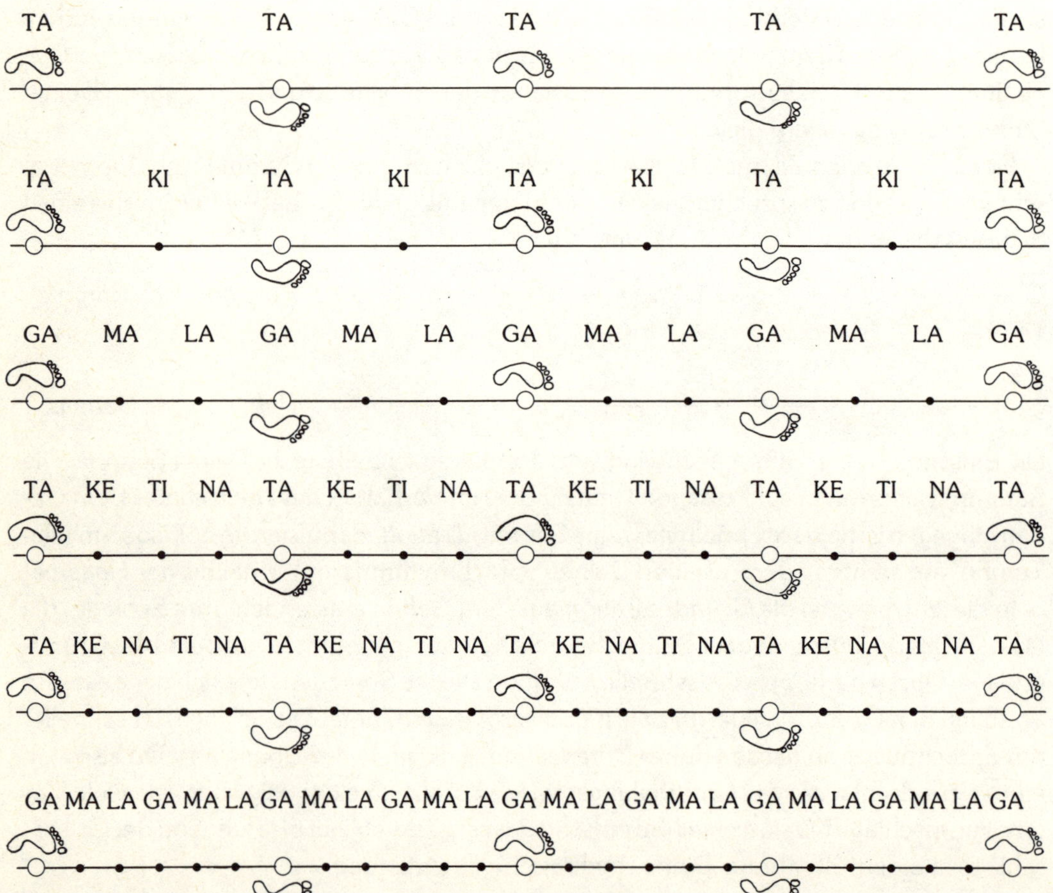

Es ist leicht zu erkennen, daß wir mit jedem Wechsel des Sprachrhythmus mehr Silben in die Zwischenräume der Grundpulsation füllen. Was in der graphischen Darstellung wie die mathematische Teilung von Strecken aussieht, haben wir soeben in der Übung als unterschiedliche Rhythmusqualität erlebt. Im Fluß der verschiedenen Rhythmuswörter TA KI, GA MA LA, TA KE TI NA , TA KE NA TI NA und GA MA LA GA MA LA haben wir die zunehmende *Quantität* der Unterteilungsschläge als unterschiedliche *Erlebnisqualitäten* erfahren. Das bedeutet, daß die Energie eines Rhythmus nicht nur davon abhängig ist, wie wir seine Grundpulsation in Einheiten und Zyklen gliedern, sondern auch davon, ob wir eine Unterteilung der Grundpulsation in TA KI oder GA MA LA setzen oder aber die Zwischenräume der Pulsation ungeteilt lassen.

Der Doubletime-Offbeat

Die unterschiedliche Wirkung, die eine Pulsation durch eine verschiedene Anzahl von Unterteilungsschlägen auf uns hat, wird auch im Bereich ihrer Offbeats spürbar.

Gehen wir nochmals zum kreisförmigen Modell einer Pulsation zurück:

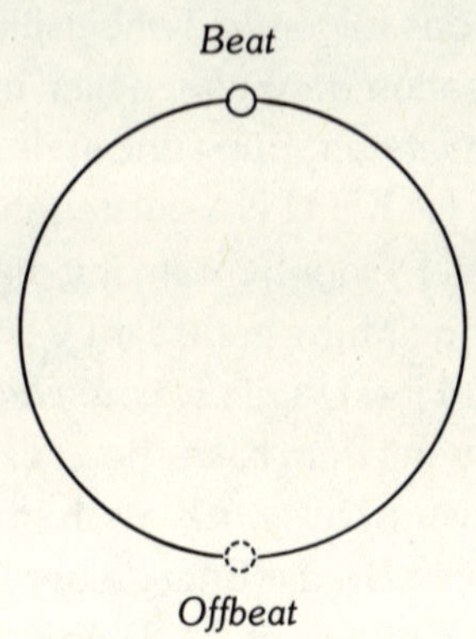

In einer linearen Zeitlinie entsteht daraus folgendes:

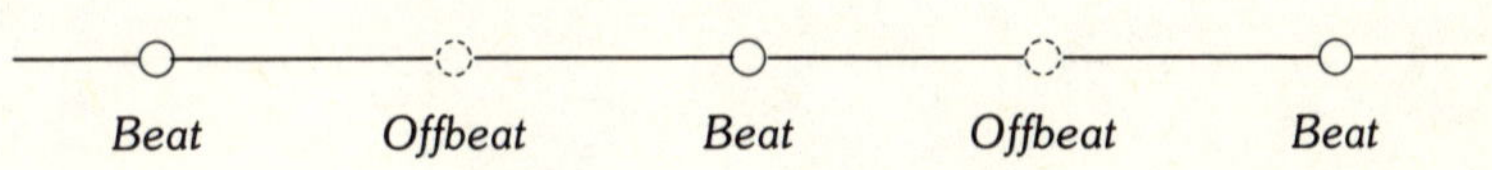

Tritt zu einer Grundpulsation eine zweite Pulsation im Verhältnis der Doubletime, so entsteht die einfachste Unterteilung der Grundpulsation. TA KI teilt den Zwischenraum der Grundpulsation in zwei gleiche Teile. KI fällt dabei genau auf den Offbeat der Grundpulsation:

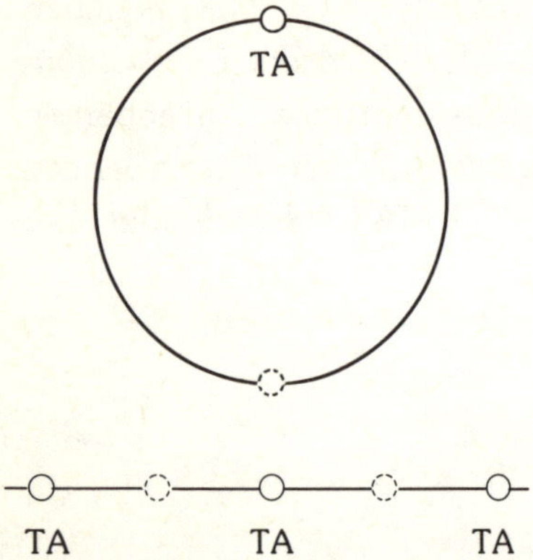

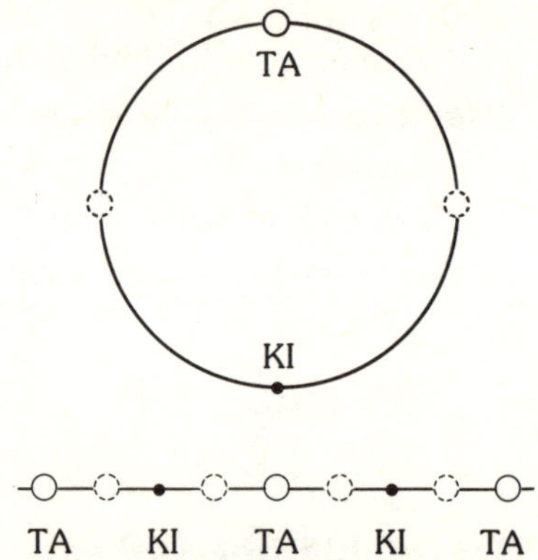

Die Offbeats der Unterteilungsschläge fallen in die Mitte der jetzt halb so langen Zwischenräume. Auf die Grundschläge der Grundpulsation bezogen sind sie die Offbeats der Doubletime, die *Doubletime-Offbeats*.

T 8 Die folgende Übung soll spürbar machen, wie unterschiedlich Offbeat und Doubletime-Offbeat auf uns wirken. Nimm das folgende Tonbeispiel wieder als Übungsgrundlage.
Ü 9 Versuche die darin hörbare Pulsation der Fußschellen im Gehen aufzunehmen. Sobald Du die Grundpulsation in Dir schwingen spürst und sie im Gehen verkörpern kannst, versuche eine Sprachpulsation mit TA KE TI NA entstehen zu lassen, indem du jeden Zwischenraum zwischen dem Setzen Deiner Schritte mit diesen vier Silben füllst. Erst wenn Schritte und Sprachpulsation ohne Mühe in diesem Verhältnis schwingen können, klatsche zunächst auf jedes TI. So erlebst Du die Energie des *Offbeats*.

Nach einiger Zeit wechselst Du mit dem Klatschen auf KE. Versuche dabei den Unterschied zu vorher zu spüren. Erst wenn Du beim Klatschen auf KE sicher bist, nimm schließlich noch das NA dazu. Jetzt spürst Du die Energie der *Doubletime-Offbeats*.

Dein Gehen pulsiert zusammen mit jedem TA. Dein Klatschen hingegen fällt auf die beiden Silben KE und NA. Versuche die beiden Ebenen zu spüren, in denen sich Dein Körper jetzt bewegt.

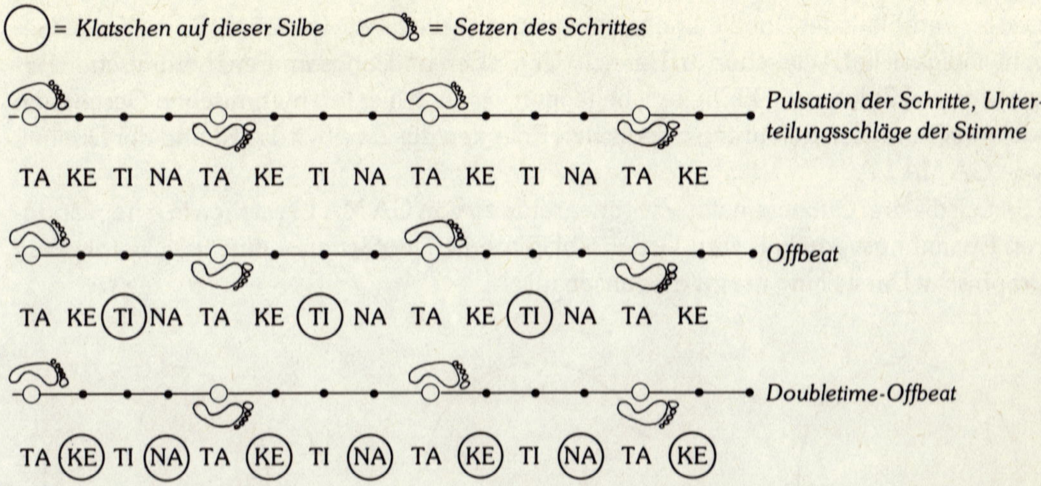

Während Dein Klatschen hörbar bleibt, läßt Du den Sprachrhythmus von TA KE TI NA schließlich immer leiser werden, bis Du ihn nur mehr mit der inneren Stimme sprichst. Wenn Du das TA KE TI NA in die Stille geführt hast, versuche mit Deiner Stimme die beiden Doubletime-Offbeats zu betonen, indem Du zusammen mit dem Klatschen die beiden Silben TIN-GO sprichst. Achte darauf, ob Deine Basispulsation des Gehens noch immer dieselbe ist wie vorher. Fühle, daß sie nach wie vor Dein Bezugspunkt ist, auch wenn die Silben, die Du sprichst, zusammen mit dem Klatschen den Doubletime-Offbeats mehr Gewicht geben.

Der Trebletime-Offbeat

Wenn eine Grundpulsation mit einer anderen im Verhältnis der *Halftime* schwingt, so gliedert sie diese in *Einheiten von zwei Schlägen*. Ist die zweite Pulsation jedoch doppelt so schnell, so daß sie mit der Grundpulsation im Verhältnis der *Doubletime* steht, so füllen sich die Zwischenräume der Grundpulsation mit *zwei Unterteilungsschlägen*. Bei gleichbleibender Geschwindigkeit der Grundpulsation ist eine Ebene kleinerer Einheiten entstanden.

Mit dem Wechsel der Unterteilung von TA KI auf GA MA LA begeben wir uns in eine neue Welt. Das Füllen der Zwischenräume mit den drei Unterteilungsschlägen GA MA LA nehmen wir mit unserem Körperbewußtsein als andere Rhythmusenergie wahr als das Unterteilen der Zwischenräume in TA KI. Es hat also auf unser Nervensystem einen spürbaren Einfluß, ob die Grundpulsation unseres Immanenzpulses mit einer zweiten Pulsation im Verhältnis der Doubletime schwingt oder ob die zweite Pulsation die dreifache Geschwindigkeit hat. Wie schon im Bereich der großen und langsameren rhythmischen Bewegung von Zyklen und Einheiten, begegnen wir auch hier im rhythmischen Geschehen kleinerer Einheiten den unterschiedlichen Energien der Zweiheit TA KI und der Dreiheit von GA MA LA.

Auch die drei Offbeats in den Zwischenräumen von GA MA LA stehen in einem anderen Spannungsverhältnis zum Grundschlag als die Doubletime-Offbeats. Die folgende graphische Darstellung macht dies anschaulich.

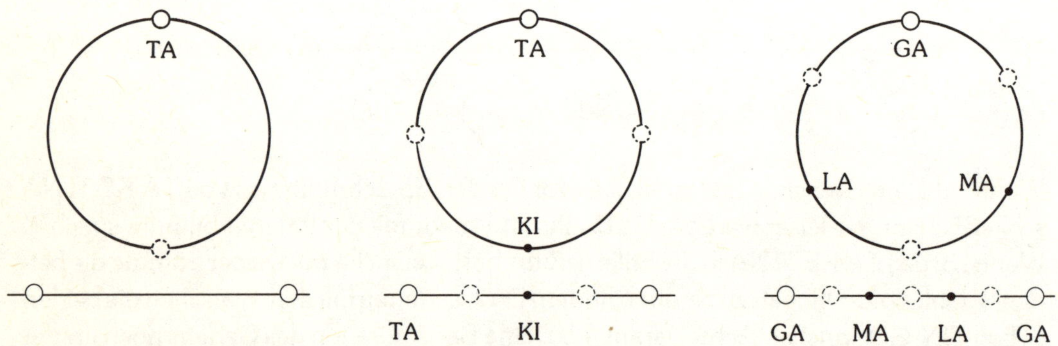

Ungeteilte Grundpulsation — *Grundpulsation geteilt in TA KI* — *Grundpulsation geteilt in GA MA LA*

Die Offbeats in den Zwischenräumen von GA MA LA sind, auf den Grundschlag bezogen, die Offbeats einer dreimal so schnellen Pulsation. Sie heißen *Trebletime-Offbeats*.

T 9 Auch der folgenden Übung, in der die *Trebletime-Offbeats* in unserem Körper spürbar werden, liegt wieder ein Tonbeispiel zugrunde. Auch zu Beginn dieser Übung: Nimm Dir
Ü 10 Zeit, das Schwingen der Grundpulsation aufzunehmen, welche Du von den Fußschellen des Tonbeispiels hörst. Sobald Du spürst, wie auch in Dir das Schwingen entsteht, verkörpere es Dir wieder in einem fließenden Gehen. Laß dann aus der Stille die Sprachpulsation der drei Silben GA MA LA entstehen: Die drei Silben unterteilen die Zwischenräume Deines Gehens in drei gleich große Zeiträume. Wann immer die Abfolge der drei Silben ruhig fließt und Du die Verbindung von Stimme und Schritten fühlst, setze anstelle *jeder Silbe*, die Du sprichst, *ein* TA KI. Höre und spüre, wie in jedem Zwischenraum Deiner Schritte *dreimal* das TA KI schwingt.

Ein Klatschen auf jedem KI macht Dir die Rhythmusenergie der Trebletime-Offbeats spürbar: Begnüge Dich jedoch vorerst mit dem Klatschen von einem KI und achte darauf, daß Dir die Bezugsbasis Deiner Schritte nicht verlorengeht. Erst nach und nach versuche das Klatschen mehrerer KIs und gehe dabei so weit, wie es Dein Körper zulassen mag.

Das Aufeinanderwirken zweier Pulsationen unterschiedlicher Qualität

Meine Beschäftigung mit außereuropäischer Rhythmik begann in Indien. Ich fand in der Zeit, die ich in Indien verbrachte, Lehrer und Meister, denen es nicht nur um die Vermittlung verschiedener Rhythmen ging, sondern die, aus welchem Grund auch immer, zu wissen schienen, was mein Inneres gerade beschäftigte.

Auch während des Lernens bei dem Tablameister Ustad Mohamed Ahmed Khan bemerkte ich bald, daß seine Art zu unterrichten mich in einen Strudel innerer Erlebnisse zog. Ich besuchte ihn jeden Abend, und wir saßen beim Unterricht zusammen. Manchmal ließ er mich viele Stunden lang nur einen bestimmten Schlag auf der Tabla spielen und war auch dann noch nicht zufrieden, als ich selbst beim besten Willen keinen Unterschied mehr zum Klang seines Schlages hören konnte. Ein anderes Mal wieder spielte er mir lange Rhythmuskompositionen vor und forderte mich auf, sie nachzuspielen. Ich aber konnte sie nicht verstehen und erhielt von seiner Seite auch nicht die geringste Erklärung, die mir hätte helfen können, Strukturen in seinem Spielen zu erkennen.

Es schien mich jedoch wesentlich mehr zu beunruhigen als ihn, daß ich manchmal über Stunden nicht in der Lage war, auch nur den Anfang dessen zu erfassen, was er mir soeben vorgespielt hatte. Denn mit einem ruhigen Lächeln spielte er mir immer wieder dasselbe vor. Die einzige Orientierung, die mir manchmal blieb, war das Zählen der Grundschläge. So konnte ich zumindest herausbekommen, in welchen Zyklen sich die rhythmischen Figuren seines Tablaspiels wiederholten. Doch kaum entdeckte Mohamed Ahmed Khan mein Zählen, lachte er und spottete: »Why you don't use a computer?«

Eines Abends eröffnete er mir, daß ich nun genug Übung hätte, um eine längere Rhythmuskomposition zu lernen. Er wolle mir einen *Quayada* in *Teental* — einer Rhythmuskomposition in einem 16schlägigen Zyklus beibringen. Er begann zu spielen, und ich versuchte aufmerksam, alles auf mich wirken zu lassen. Ich war ganz in sein Spielen vertieft, als ich nach einiger Zeit bemerkte, daß sich seine Tablafiguren nach 12 Schlägen wiederholten. Das verwirrte mich, und ich wußte nicht, ob Mohamed Khan mich prüfen wollte oder ob ich bloß den Zusammenhang der 16 Schläge nicht verstehen konnte. Schließlich mußte ich meine Verwirrung zum Ausdruck bringen: »I don't understand your composition, Baba; what I hear is a 12-beat-cycle and I can't find any 16-beat-cycle in what you play«, unterbrach ich sein Tablaspiel.

Da schaute er auf, blickte mich fragend an und sagte: »What do you mean? . . . *Twelve IS sixteen!*« Damit entließ er mich an diesem Abend.

Ich war auf dem Weg zu meinem kleinen Zimmer in der Nähe der Bombay Central Station, vorbei an all den Menschen, die sich bereits ihr Nachtlager auf der Straße eingerichtet hatten. Aber ich nahm sie kaum wahr. Alles was ich fühlen konnte, war eine Verzweiflung, nicht zu verstehen. Es war mir klar, daß irgendwas an dem stimmte, was Mohamed Ahmed Khan mir gesagt hatte, aber stets stand das gleiche Bild vor meinen Augen:

1 2 3 4 5 6 7 8 9 10 11 12 =

1 2 3 4 5 6 7 8 9 10 11 12 13 14 15 16

12 = 16 . . . . . 12 = 16 . . . . . 12 = 16 . . . .

Es war mir unmöglich einzuschlafen, und ich setzte mich vor meine Tabla. Wo sollte ich anfangen, und welchen Sinn hatten die ganzen Tablaübungen, wenn ich sie nicht zu einem sinnvollen Ganzen verbinden konnte? Ich strich über die Felle der Tabla, schlug sie an, wollte sie einfach klingen hören . . . Da entstand aus diesem »Spielen« der einfachste Fluß von 16 Schlägen, den ich gelernt hatte:

DHA DHIN DHIN DHA DHA DHIN DHIN DHA DHA TIN TIN TA TETE DHIN DHIN DHA . . .

Immer wieder formte sich in meinem Spielen der Fluß dieser 16 Schläge. Mein Denken wurde ruhiger und versiegte schließlich ganz, als die rhythmische Bewegung, die auf der Tabla hörbar wurde, mich mehr und mehr in ihren Bann zog. Immer deutlicher spürte ich die Wiederkehr zu dem einen Schlag, mit dem ich begonnen hatte. Da bemerkte ich in mir die Bewegung eines Kreises, die nach und nach immer stärker fühlbar wurde. Sie bewirkte in mir ein eigenartig erregendes Gefühl, das ich zuvor noch nicht erlebt hatte. Im Weiterspielen jedoch wurde ich immer müder und schließlich fiel ich in einen tiefen Schlaf . . .

Ich stand in einer endlosen Ebene und sah, wie seltsame Zahlenwesen in langen Kolonnen an mir vorbeimarschierten. Sie hatten unterschiedliche Gesichter, ihre Blicke waren traurig und erschöpft. Sie trugen schwere Lasten mit sich, und das Gefühl von Hoffnungslosigkeit ging von ihnen aus. Ich konnte nicht erkennen, woher sie kamen, und es war unklar, wohin sie gingen. Nie nahm irgendeines dieser Wesen Kontakt zu einem anderen auf, nie schauten sie einander an. Dennoch zogen sie in endlosen Reihen hintereinander einem unbekannten Ziel entgegen.

Ich fühlte mich einsam, hatte Angst und wollte schreien — aber ich konnte nicht. Ich wollte fortlaufen, in eine andere Welt — aber ich konnte mich nicht bewegen.

Langsam leerte sich die Ebene, und eine Zahlenkolonne nach der anderen verschwand am Horizont. Dort, wo die Ebene und die Unendlichkeit einander zu berühren schienen, entzogen sie sich meinem Blick. An dieser Linie des Horizontes blieb meine Aufmerksamkeit hängen. Bald glaubte ich, die Distanz dorthin mit wenigen Schritten durchmessen zu können, dann aber wieder schien es mir bis dahin so unendlich weit, daß ich meinte, dieser Horizont sei viele Lichtjahre von mir entfernt. Während ich so mit meinen Blicken zwischen mir und dort hin und her wanderte, sah ich, wie sich ein winziger Punkt aus der Linie löste, an der sich Ebene und Himmel berührten. Langsam kam dieser Punkt auf mich zu und dehnte sich zur Form eines Kreises. Mit meinem Fühlen konnte ich ihn klar wahrnehmen, mit meinen Augen aber vermochte ich ihn nicht zu sehen: Er bestand aus keiner festen Materie, sondern war ein spürbares Schwingen. Er war schon nahe bei mir und hatte riesige Ausmaße angenommen, als ich dort, wo ich sein Vibrieren fühlte, plötzlich den Kreis einer riesigen Blüte sah. Ihre fünf Blütenblätter waren transparent, und das Licht zerlegte sich in ihnen in ein wundervolles Farbspektrum. Immer mehr Dinge füllten das Schwingungsfeld dieses immer noch unsichtbaren Kreises: Eiskristalle, die leuchtende Sechssterne bildeten, seltsame geometrische Figuren wie ineinander verschlungene Drei- und Vierecke, eine Kugel, die aus einer schwarzen und einer weißen Hälfte bestand, alles hatte den gleichen Mittelpunkt, alles konnte in diesem Kreis leben und sich miteinander zu einem Ganzen verbinden. Alles im Kreis teilte harmonisch den Platz, und es entfaltete sich vor mir ein Muster, das ich noch nie zuvor gesehen hatte. Jedes Ding im Kreis hatte seinen Rhythmus und konnte doch so wundervoll mit den anderen Rhythmen zusammenschwingen. In meiner Bewegtheit versuchte ich zu dieser Erscheinung hinzulaufen. . . . Da wachte ich auf und fand mich neben meiner Tabla am Boden liegend.

Als ich wieder das enge Zimmer betrat, in dem Mohamed Ahmed Khan wohnte, saß er vor seiner Tabla und spielte. Nach meiner Verbeugung war ein langer tiefer Blick unsere Begrüßung. Er schien sofort bemerkt zu haben, daß ich Tiefgreifendes erlebt hatte. Nachdem ich ihm, so gut es eben möglich war, von meinen Erlebnissen erzählt hatte, ließ er mich jenen einfachen Fluß von 16 Schlägen spielen, den er mich am Anfang unserer gemeinsamen Zeit gelehrt hatte und der an jenem Abend aus meiner »Spielerei« heraus zu schwingen begann:

DHA DHIN DHIN DHA DHA DHIN DHIN DHA DHA TIN TIN TA TETE DHIN DHIN DHA . . .

Als Mohamed Khan spürte, daß mein Spielen im Fluß war, spielte er mir auf seiner Tabla alle 16schlägigen Kompositionen vor, die ich schon kannte. Ich fühlte, wie das, was er spielte, mit meinem einfachen Rhythmuskreis in Beziehung trat, und ich genoß unser gemeinsames Schwingen. Da wechselte Mohamed Khan in den 12schlägigen Zyklus jener Komposition, die mich das letzte Mal so verwirrte. Mein Körper reagierte sofort, und ich merkte, wie mein Rhythmusfluß ins Wanken kam. Ich spürte, wie meine Hände Schwierigkeiten hatten weiterzuspielen, und ich war dabei aufzuhören . . .

Aber ich spielte weiter, und mein Körper nahm die neue Energie an, die von Mohamed Khans Tabla ausging. Seine 12 und meine 16 Schläge trafen sich in einem *gemeinsamen Rhythmuskreis*.

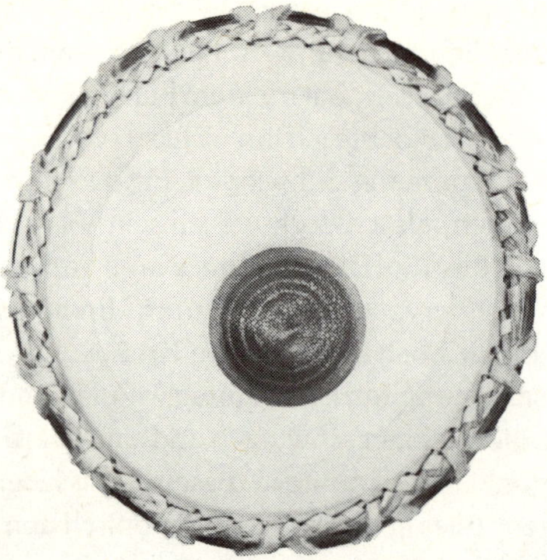

Die körperliche Erfahrung von Pulsationen unterschiedlicher Qualität

Die folgende Übung wird es Dir ermöglichen, den *gemeinsamen Rhythmuskreis* zweier verschiedenartiger Pulsationen zu spüren. Wieder geht es dabei nicht um ein rationales Erfassen von Rhythmusstrukturen, sondern um das Spüren zweier unterschiedlicher Körpergefühle, die von den beiden Pulsationen ausgelöst werden.

TA KI und GA MA LA haben wir auf unserem bisherigen Weg als solche »verschiedenen Welten« erlebt. Sowohl bei der Gliederung einer Pulsation in zwei- oder dreischlägige Einheiten als auch bei der Unterteilung von Zwischenräumen einer Grundpulsation in TA KI oder GA MA LA bewirkt der Übergang von einem zum anderen ein unterschiedliches Körpergefühl. Bisher wurden die verschiedenen Wirkkräfte von TA KI und GA MA LA stets hintereinander spürbar. In der folgenden Übung jedoch können wir durch Klatschen und Gehen erleben, wie beide zugleich in unserem Körper lebendig werden.

Die Basis der Übung ist wieder ein Tonbeispiel: Lasse Dich von dem, was Du hörst, Schritt für Schritt durch die Übung führen, und richte Deine Aufmerksamkeit auf das, was in Dir spürbar wird. Bevor Du mit der Übung beginnst, lies Dir den folgenden Text langsam und aufmerksam durch, und verinnerliche Dir so den Übungsverlauf. So wird es Dir leichter fallen, dem zu folgen, was im Tonbeispiel hörbar wird.

Mit den Fußschellen des Tonbeispiels wird eine Pulsation hörbar: Nimm Dir Zeit, ihr Schwingen in Dich aufzunehmen. Sobald Dein Körper diesem Schwingen folgen kann, verkörpere Dir die Pulsation durch ein fließendes Gehen. Deine Schritte fallen dabei genau mit dem Erklingen der Fußschellen zusammen. Ü 11 T 10

Laß nun im Gehen die Sprachpulsation der drei Silben GA MA LA enstehen, indem Du auf jeden Schritt einmal GA MA LA sprichst. So unterteilen die drei Silben die Zwischenräume Deines Gehens in drei gleich große Zeiträume.

Richte jetzt Deine Aufmerksamkeit darauf, wie im Tonbeispiel das *Klatschen* dazukommt: Ein Klatschen fällt mit jedem zweiten Schritt Deines Gehens zusammen:

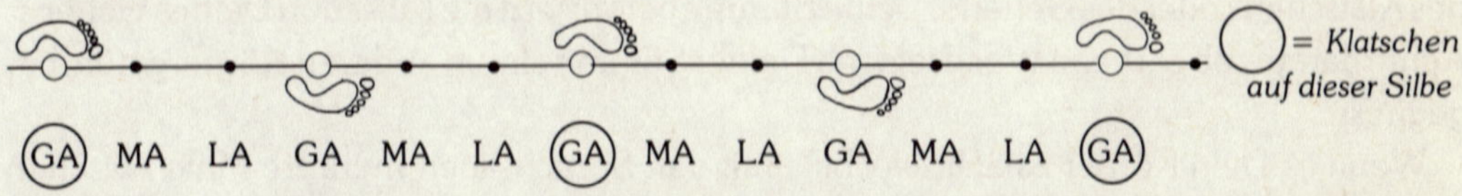

Sobald Du im Tonbeispiel ein zweites Klatschen auf der Silbe LA wahrnimmst, versuche auch dieses in Deinen Bewegungsfluß aufzunehmen. So kommt zum Fluß Deines Gehens und zur Abfolge der Silben GA MA LA ein zweites Klatschen hinzu:

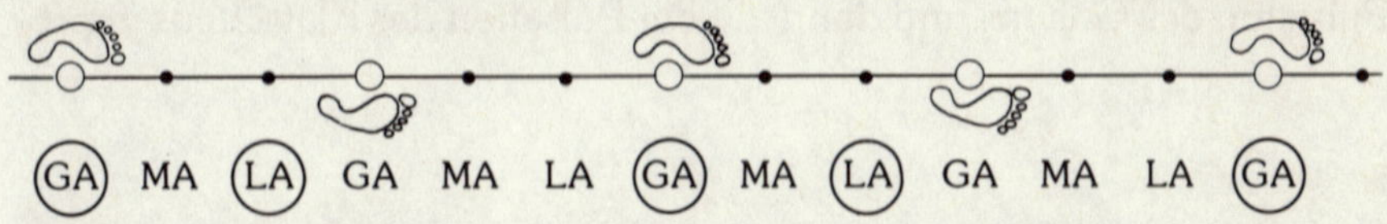

Durch ein drittes Klatschen auf der Silbe MA entsteht im Klatschen Deiner Hände eine Pulsation, die verschieden ist von der Deines Gehens. Versuche in Deinem eigenen Zeitmaß in den Fluß dieses Klatschens zu kommen:

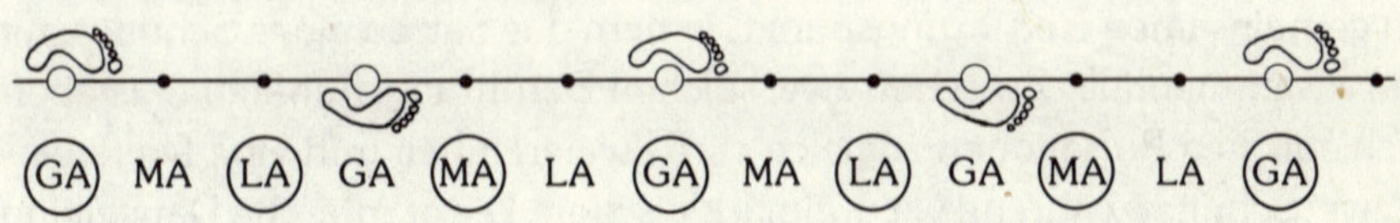

Achte während der Übung stets darauf, daß Deine Schritte genau mit den Fußschellen des Tonbeispiels zusammen sind. Erinnere Dich daran, daß sich jede Übung vom Einfachen zum Komplexeren langsam aufbaut, und nimm vom Angebot der Übung nur soviel, wie Dein Körper bereit ist, »spielend« aufzunehmen.

Wenn es Dir keine Schwierigkeiten bereitet, für einige Zeit die Pulsation des Gehens mit der Pulsation des Klatschens schwingen zu lassen, dann folge dem Wechsel des Sprachrhythmus, den Du als nächstes im Tonbeispiel hörst: Du änderst den Fluß von GA MA LA in eine Abfolge von TA KI:

Du sprichst jetzt mit jedem Klatschen einmal TA KI. Laß schließlich in jedem TA KI das KI einfach weg, so daß nur noch das TA hörbar ist. Jedes TA und alle Schläge des Klatschens fallen zusammen:

TA KI TA KI TA KI TA TA TA TA TA

Deine Stimme betont jetzt die Pulsation Deines Klatschens. Die Silben Deines Sprechens ändern sich noch ein weiteres Mal: Laß das TA, das Du mit jedem Klatschen mitsprichst immer leiser und schließlich unhörbar werden. Sobald Du Dich dafür bereit fühlst, sprich ein GA auf das Setzen eines jeden Schrittes. Nichts ändert sich am Bewegungsvorgang des Klatschens oder des Gehens. Deine Stimme betont jetzt die Pulsation Deines Gehens. Achte darauf, ob Du beim Wechseln mit Deiner Stimme einem anderen Körpergefühl begegnest.

Wenn es Dein Körper zuläßt, wechsle mit den Sprachsilben mehrere Male zwischen Klatschen und Schritten hin und her, indem Du einmal auf jedem Klatschen ein TA sprichst und dann wieder mit dem Setzen eines jeden Schrittes ein GA. Bleibe in Deinem unveränderten Gehfluß, wenn Du am Schluß des Tonbeispieles hörst, wie die Stimme einmal auf der Pulsation des Gehens und dann auf der Pulsation des Klatschens improvisiert.

Der gemeinsame Rhythmuskreis

Die beiden unterschiedlichen Pulsationen von Gehen und Klatschen treffen sich immer wieder in einem gemeinsamen Berührungspunkt, in dem das Setzen eines Schrittes mit einem Klatschen zusammenfällt. Zwischen zwei solchen Berührungspunkten entstehen auf zwei unterschiedlichen Pulsationen zugleich eine Zweiereinheit und eine Dreiereinheit: Wir setzen zwei Schritte, während wir dreimal klatschen. Die graphische Darstellung des *gemeinsamen Rhythmuskreises* veranschaulicht das Verhältnis der beiden unterschiedlichen Pulsationen:

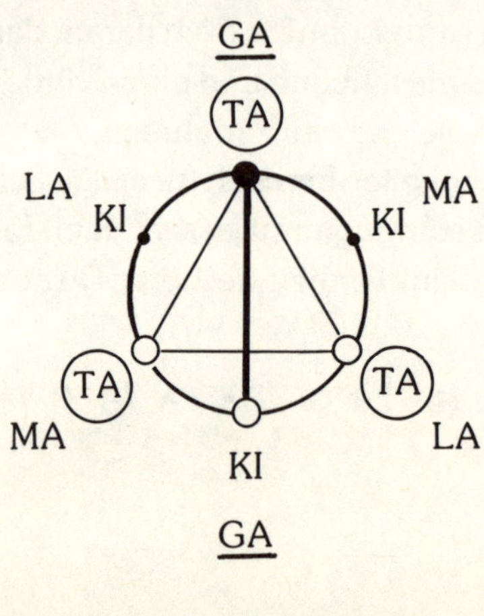

Beiden Pulsationen liegt die gemeinsame Pulsation zugrunde, die den Rhythmuskreis mit sechs Unterteilungsschlägen füllt. Diese sechs Schläge können als zweimal GA MA LA oder als dreimal TA KI erlebt werden. Dies ist auch durch die Darstellung in linearen Zeitlinien deutlich zu erkennen:

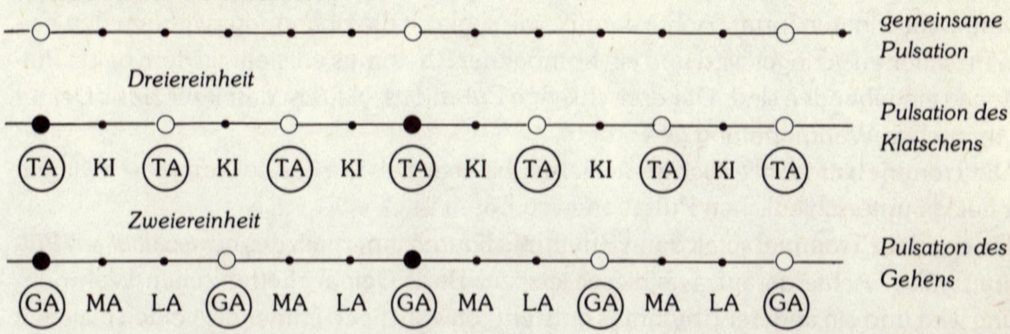

Die Pulsation des Gehens und die Pulsation des Klatschens stehen zueinander im Verhältnis von 2 : 3. Diese Proportion zweier Quantitäten ist im Bereich des Rhythmus ein Symbol für ein bestimmtes Verhältnis zweier unterschiedlicher Rhythmusenergien. Wenn wir die beiden unterschiedlichen Pulsationen durch die »Körperebenen« der Füße und der Hände ausdrücken, so werden diese Rhythmusenergien in uns lebendig. Mit der Stimme können wir beide Pulsationen verbinden, indem wir die Silben der Unterteilungsschläge sprechen, oder eine der beiden Pulsationen deutlicher spürbar werden lassen, indem wir mit Rhythmussilben die Schläge einer Pulsation betonen oder auf ihr vokal improvisieren.

So wie die beiden unterschiedlichen Pulsationen in das Ganze eines gemeinsamen Rhythmuskreises eingebunden sind, in welchem sie sich immer wieder an einem Punkt berühren, so schwingen die verschiedenen Pulsationen des Sprechens, des Klatschens und des Gehens in der Ganzheit unseres Körpers. Es entsteht damit eine Ganzheit, die mehrere Dimensionen in sich vereinen kann und die ein unterschiedliches rhythmisches Geschehen in Füßen, Händen und Stimme zuläßt. Wir selbst werden damit zum Rhythmuskreis.

Das Lebendigwerden zweier Immanenzpulse

Während der letzten Übung werden in uns zwei unterschiedliche Immanenzpulse lebendig. Je nachdem, ob wir mit der Stimme das Gehen oder das Klatschen betont haben, wurde einer von beiden deutlicher fühlbar. Wir haben also jeweils eine Pulsation als Ausgangspunkt genommen. Im Fühlen ihrer Schläge haben wir versucht, die unterschiedliche Energie der anderen Pulsationen zu spüren. Ist es uns auch möglich, zwei unterschiedliche Pulsationen gleich intensiv wahrzunehmen?

T 11 Im folgenden Tonbeispiel hörst Du zwei Pulsationen, die im Verhältnis 3 : 8 stehen. Versuche, ob es Dir gelingt, *beide gleich intensiv* wahrzunehmen, und achte auf die Spannung, die zwischen ihnen herrscht . . .

Nach einiger Zeit kommt eine Trommel dazu, die im *dreischlägigen Pulsationszyklus* rhythmische Figuren formt. Achte darauf, wie sogleich die Spannung zwischen den beiden Pulsationen geringer wird und ein homogener Rhythmus entsteht, in dem beide Pulsationen eingebunden sind. Der dreischlägige Pulsationszyklus ist damit zur Basis Deiner rhythmischen Wahrnehmung geworden . . .

Die Trommel wird schließlich immer leiser, bis abermals nur das Zusammenschwingen der beiden unterschiedlichen Pulsationen zu hören ist.

Eine andere Trommel spielt dann Rhythmusfiguren innerhalb des *achtschlägigen Pulsationszyklus*. Achte darauf, wie dieser jetzt zur Basis Deiner rhythmischen Wahrnehmung wird und ein anderer Rhythmus entsteht, obwohl noch immer die beiden gleichen Pulsationen miteinander schwingen.

Dieses Tonbeispiel zeigt uns zwei unterschiedliche Möglichkeiten, wie wir ein Verhältnis verschiedenartiger Pulsationen wahrnehmen können: Einmal stehen beide Pulsationen gleich deutlich spürbar nebeneinander. Das andere Mal tritt eine Pulsation zugunsten der anderen mehr in den Hintergrund; dennoch ist sie stets fühlbar.

Der »Resulting Pattern«

Eine dritte Möglichkeit besteht schließlich darin, die Schläge beider Pulsationen auf der Basis ihrer gemeinsamen Pulsation zu erleben. Im Rhythmuskreis des Pulsationsverhältnisses von 2 : 3 bildet die gemeinsame Pulsation einen Rhythmuszyklus von sechs Schlägen. Dies wird in einer graphischen Darstellung deutlich:

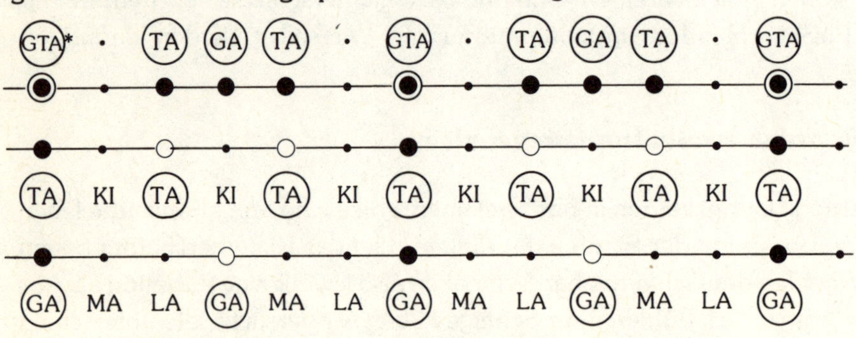

* TA und GA ergeben im Zusammenklang die Betonung von GTA

So wird aus den zwei Dimensionen unterschiedlicher Pulsationen ein eindimensionales Muster, ein »*Pattern*«. Alle hörbar werdenden Schläge liegen auf der Ebene einer Pulsation. Da dieser *Pattern* durch das Zusammenschieben zweier unterschiedlicher Pulsationen entstanden ist, heißt er »*Resulting Pattern*«, ein resultierendes »Muster« von Schlägen. In dieser Form ist die Energie zweier unterschiedlicher Pulsationen nicht mehr zu erkennen. Der *Resulting Pattern* kann jedoch wieder in die zwei Energien zurückgeführt werden, aus denen er entstanden ist.

Im folgenden Tonbeispiel gleicht der *Resulting Pattern* einer Knospe, die sich nach und nach zu voller Blüte entfaltet. Du hörst den *Resulting Pattern* zunächst in den drei Pulsationszyklen: zuerst im sechsschlägigen, dann im dreischlägigen und schließlich im zweischlägigen Pulsationszyklus. Achte darauf, wie er in jedem Pulsationszyklus unterschiedlich klingt. T 12

Dann teilt er sich wieder in die beiden unterschiedlichen Pulsationen, deren Rhythmusenergien schließlich noch von je einer Trommel verstärkt werden. So ist ein Rhythmus gewachsen, in dem wieder zwei unterschiedliche Rhythmusenergien spürbar sind.

Das Kapitel »Die Übungen der Rhythmusenergien« ist zum größten Teil der körperlichen Erfahrung von Pulsationsverhältnissen gewidmet, die in uns zwei unterschiedliche rhythmische Bewegungen entstehen lassen. Wir werden dabei entdecken, daß zwei Pulsationen im Verhältnis von 4 : 3 oder 3 : 5 beispielsweise ein ganz anderes Körpergefühl in uns auslösen als die uns bereits vertraute Proportion 2 : 3. Das Pulsationsverhältnis 2 : 3 stellt das Ineinander der beiden grundlegenden Rhythmusenergien von TA KI und GA MA LA dar. Die körperliche Erfahrung, die wir damit gemacht haben, ist unser Ausgangspunkt für die Reise in eine Welt unterschiedlichster Rhythmusenergien. Wenn es uns gelingt, diese in uns lebendig werden zu lassen, werden wir eine längst vergessene rhythmische Vielfalt in unserem Inneren wiederentdecken.

Verhältnisse von Pulsationen unterschiedlicher Qualität im Bereich der Töne

Im Bereich, in dem Pulsationen die Basis für einen musikalischen Rhythmus sind, entsprechen die Proportionen von Zahlen den Verhältnissen bestimmter Rhythmusenergien. 2 : 3, 3 : 5, 4 : 3 sind Symbole für Pulsationsverhältnisse, die die Grundlage vieler ethnischer Rhythmen bilden. Was geschieht aber, wenn die beiden Pulsationen im gleichbleibenden Verhältnis von 2 : 3 immer schneller werden? Wie wir schon wissen, werden beide irgendwann zum Kontinuum, und wir hören zwei Töne. Im Miteinanderklingen ergeben sie das Intervall einer Quinte.

In der Abbildung des Monochords kannst Du erkennen, daß der Steg die Saite diesmal anders teilt: Auf der einen Seite des Steges sind 2/3 der gesamten Saitenlänge, auf der anderen 1/3. Das Verhältnis zwischen der ganzen klingenden Saite und 2/3 der Saite ergibt den Klang der Quinte.

Monocord mit den Saitenteilungen in der Oktave, Quinte und Quarte.

Da der Grundton 3/3 der ganzen Saite entspricht und die Quinte 2/3 der Saite, finden wir ebenfalls im Längenverhältnis der Saiten wieder die Proportion 2 : 3.

Aber auch die anderen Proportionen sind nicht nur Symbole für zwei bestimmte Rhythmusenergien. Wir können sie ebenso als Erscheinungsform verschiedener Intervalle wahrnehmen. Ein Pulsationsverhältnis von

3 : 4 ergibt die Quarte,
3 : 5 die große Sext,
4 : 5 die große Terz und
5 : 8 die kleine Sext.

T 13 Im folgenden Tonbeispiel hörst Du den Klang verschiedener Intervalle, die am Monochord dargestellt werden. Achte darauf, daß die verschiedenen Proportionen Symbole für die Qualität bestimmter Zusammenklänge sind. Auf einem Grundton erklingt zuerst die Quinte. Dieses Tonverhältnis wird von der Proportion 2 : 3 symbolisiert. Als nächstes hörst Du das Pulsationsverhältnis 3 : 4 als Klang der Quarte.

Achte im folgenden darauf, daß mit den immer höher werdenden Zahlenverhältnissen der Klang der Intervalle immer spannungsgeladener wird: Das Pulsationsverhältnis 16 : 9 hörst Du als Klang der kleinen Septime, das Pulsationsverhältnis 9 : 8 als Klang der großen Sekunde. Die Proportion 8 : 15 entspricht dem Klang der großen Septime und die Proportion 15 : 16 dem Klang der kleinen Sekunde. Lasse die zunehmende Spannung der Intervalle beim Hören des Tonbeispiels auf Dich wirken.

Auch im Bereich der Rhythmen begegnen wir dem gleichen Phänomen: Je höher die Zahlenverhältnisse einer rhythmischen Proportion sind, desto weniger gemeinsame Berührungspunkte gibt es in einem solchen Pulsationsverhältnis. Zwei Pulsationen im Verhältnis 15 : 16 kann unser Körperbewußtsein nicht mehr als zwei rhythmische Gestaltungsebenen erleben.

Zahlenverhältnisse im Rhythmusgefüge der Planeten

Nachdem wir erfahren haben, daß Zahlenverhältnisse im Bereich von Tönen und im Bereich von Rhythmen verschiedenen Erscheinungsformen entsprechen, stellt sich die Frage, ob die Energiesymbole solcher Proportionen auch in den Pulsationen der uns umgebenden Natur wirksam sind. Welche Wirkkräfte sind in den Pulsationen verborgen, in denen wir uns ständig durch das All bewegen?

Der Physiker, Theologe, Mathematiker und Astrologe *Johannes Kepler* versuchte herauszufinden, ob es in unserem Planetensystem Beziehungen von Pulsationen gibt, die als konstante Wirkkräfte unseres Kosmos bezeichnet werden können. Dabei stieß er zunächst auf die Entdeckung, daß Planetenbahnen Ellipsen sind. Bis dahin glaubte man, daß sich Planeten in kreisförmigen Bahnen bewegen. Die Ellipse einer Planetenbahn hat zwei Brennpunkte, und in einem davon befindet sich die Sonne. Daher gibt es auf einer Planetenbahn einen Punkt, der von der Sonne am weitesten entfernt ist und *Aphel* heißt. Der Punkt auf der Planetenbahn hingegen, der der Sonne am nächsten ist, wird mit *Perihel* bezeichnet. Kepler hat nun zwei verschiedene Winkel gemessen: Der eine wird von den Schenkeln *Sonne-Aphel* und *Sonne-Planetenstand, 24 Stunden nach Durchlauf durch den Aphel,* gebildet. Den anderen maß er analog zwischen *Sonne-Perihel* und *Sonne-Planetenstand, 24 Stunden nach Durchlauf durch den Perihel.*

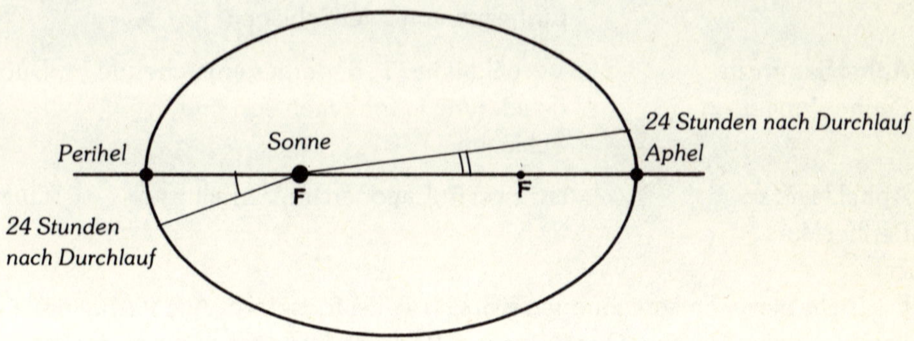

Kepler entdeckte nun, daß die Verhältnisse der verschiedenen Aphel- und Perihelwinkel die gleichen Zahlenproportionen ergaben wie die schwingende Saite eines Monochords oder die Verhältnisse der Pulsationen im Bereich musikalischer Rhythmen. Wesentlich dabei ist, daß die gefundenen Konstanten der Proportionen 1 : 2, 2 : 3 usw. Verhältnisse verschiedener Winkel sind.

Es ist erstaunlich, daß trotz dieser harmonischen Resonanzerscheinungen die Planetenbahnen bis auf minimale Verschiebungen seit Jahrtausenden den gleichen Gesetzen folgen. Denn die Gravitationskräfte ändern sich periodisch mit den harmonischen Resonanzerscheinungen. Dies wiederum führt zu langfristigen Veränderungen der Bahnelemente von Planeten.

Die Proportionen, denen die Rhythmik der Planeten folgt, sind erlebbare Klänge und Rhythmen. Die minimalen Veränderungen dieser Gesetze im Makrokosmos entsprechen den feinen Schwankungen unsres Herzrhythmus. Auch in der Ruhelage wird dieser durch das Strömen der Atmung beeinflußt und pulsiert bei der Einatmung ein wenig schneller als bei der Ausatmung. Die Erfahrung, daß rhythmische Kräfte unseres Inneren sich in unserer Umwelt wiederfinden, macht uns auch bewußt, daß es —neben dem für unser Bewußtsein vollkommen gleichmäßigen Pulsieren eines Quarzes — in der Natur auch die Schwankungen gibt, die wir an uns erleben.

Die Pulsationsverhältnisse, die wir bisher erfahren haben, haben in den drei Bereichen von Tönen, musikalischen Rhythmen und Planeten folgende Entsprechungen:

Bereich der Planeten	*Pulsation als musikalische Rhythmusenergie*	*Intervalle*
Perihel Saturn zu Aphel Jupiter	Verhältnis der Doubletime 1 : 2. Daraus entstehende Gliederung in Einheiten von zwei Schlägen	Oktave
Aphel Saturn zu Perihel Jupiter	Verhältnis ca. 1 : 3, daraus entstehende Gliederung in Einheiten von drei Schlägen	Duodezime
Aphel Mars zu Perihel Mars	ca. zwei Pulsationen im Verhältnis 2 : 3	Quinte

Die Reihe dieser Entsprechungen läßt sich weiter fortsetzen. Alle Verhältnisse von Pulsationen unterschiedlicher Qualität, deren Wirken wir in den Übungen der Rhythmusenergien erfahren werden, existieren auch in anderen Bereichen unseres Lebens. In diesen Proportionen erhalten Zahlen wieder die Bedeutung, die sie seit Anbeginn der Menschheit hatten: Symbole von Wirkkräften zu sein, die im verborgenen unser Leben bestimmen.*

* Die ausführlichste Arbeit zu diesem Thema: *Cousto:* »Die Kosmische Oktave. Der Weg zum universellen Einklang«, Synthesis Verlag 1984.

Die Rhythmusarchetypen

Diese rational erfaßbaren Zahlenverhältnisse werden also durch Rhythmus und Klang erfahrbar. Aus den Verhältnissen von Quantitäten werden dabei unterschiedliche Erlebnisqualitäten. Das Verhältnis der Doubletime oder das Schwingen zweier Pulsationen im Verhältnis 2 : 3 ist nicht durch verschiedene Kulturen unterschiedlich bedingt, sondern hat auf alle Menschen dieselbe Wirkung. Freilich haben solche Rhythmuselemente in der Musik verschiedener Kulturkreise vielfach einen unterschiedlichen Kontext. Beim Tanzen oder Spielen der Inhalte dieser mathematisch erscheinenden Proportionen treten wir mit derselben Urkraft in Verbindung, die auch den rhythmischen Lauf der Planeten und die Schwingung der Klänge verursacht.

Wenn Pflanzen auf unserem Planeten wachsen, deren Blüten eine exakte Dreiteilung zusammen mit einer Fünfteilung verkörpern, dann entspricht dies real dem Klang einer großen Sexte oder einem *gemeinsamen Rhythmuskreis* zweier Pulsationen im Verhältnis 3 : 5.

Wie ein Prisma das scheinbar farblose Licht in ein sichtbares Spektrum von Farben zerlegt, so hat der menschliche Körper die Fähigkeit, die Einheit eines gesungenen Tones in das Spektrum verschiedener Schwingungsverhältnisse aufzufächern. Diese Tonverhältnisse mag ich wieder an Hand eines Monochords darstellen. Schlagen wir die leere, ungeteilte Saite des Monochords an, so schwingt diese aus ihrer Ruhelage, und wir hören den Grundton.

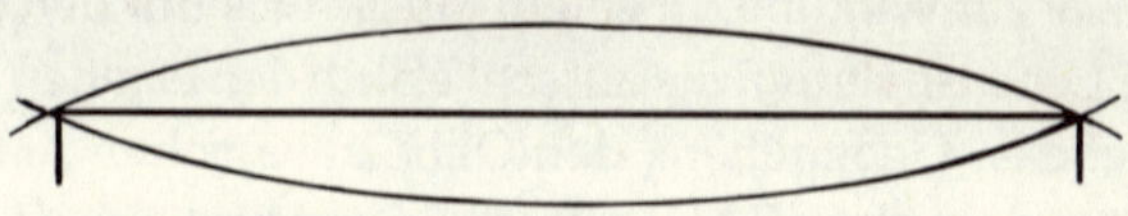

Innerhalb dieser Grundschwingung entsteht eine weitere Schwingung, die einen Schwingungsknoten in der Mitte der Saite hat. Deshalb entspricht sie einer Schwingung, die die Saite in zwei gleiche Hälften teilt.

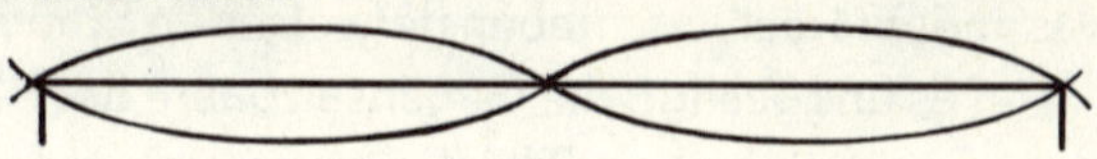

Da sie jedoch nur eine Sekundärschwingung ist, die von der Schwingung der ganzen Saite getragen wird, klingt sie als leiser Oktavton mit, der durch die Teilung der Saite in zwei gleiche Teile entsteht. Man nennt diesen Ton den ersten *Oberton*. Die Basisschwingung erregt eine weitere Schwingung, die die Saite in drei gleiche Teile teilt und ebenfalls der Basisschwingung aufmoduliert ist.

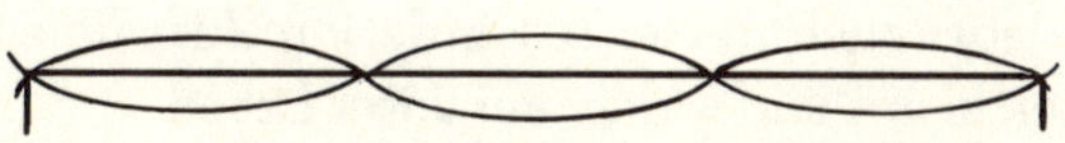

Sie bewirkt das leise Mitschwingen des zweiten Obertons, der Quinte. Dies läßt sich mit allen vorher genannten Proportionen fortsetzen. In der Basisschwingung ist die Reihe der Obertöne nicht differenziert hörbar, sondern bestimmt die Klangfarbe des Basistons. Die Färbung eines Tons durch die verschiedenen Obertöne ermöglicht uns zu erkennen, ob eine Oboe oder ein Horn einen Ton gleicher Tonhöhe spielt.

Eine Anlage der menschlichen Stimme gibt uns die Fähigkeit, die Obertöne separiert abzuspalten. Das Obertonsingen ist eine Meditationsart, die so alt ist wie die Menschheit selbst und nachweislich in allen Kulturkreisen zu finden ist. Die durch diese Art des Singens entstehenden Obertöne sind klingender Ausdruck der Gesetze, die den Menschen in der Natur umgeben. Der Obertonsänger vermag auf einem Grundton nur die Reihe der Obertöne erklingen zu lassen. Er könnte über einem Grundton nicht andere Töne, andere Schwingungsverhältnisse entstehen lassen, da er die Obertöne nicht selbst singt, sondern diese durch Zentrierung des Basistons im Unterleib und durch Veränderung von Reso-
T 14 nanzräumen aus dem Grundton wachsen läßt.

Diese Fähigkeit kann jeder Mensch entwickeln. Der menschliche Körper ist ohne Hilfsmittel imstande, diese Proportionen, die sich in allen Bereichen unseres Lebens wiederfinden, zum Klingen zu bringen. Diese Proportionen leben auch im Bereich der Töne als Urbilder in uns.

Dasselbe gilt für die Rhythmuselemente: den Beat, den Offbeat, die Zweiereinheit und die Dreiereinheit. Sie sind nicht auf musikalische Rhythmen beschränkt; durch diese aber kommen sie für uns klar zur Wirkung. In einem Musikstück nur den Beat fühlbar zu machen entspricht einer Lebenshaltung, die ausschließlich den eigenen Standpunkt zu spüren vermag, ohne auf das »Gegenüber«, den Offbeat, eingehen zu können. Zahlreiche Untersuchungen haben gezeigt, daß Menschen, deren Musik das Wissen um die Gleichwertigkeit von Beat und Offbeat widerspiegelt, ihrer Umwelt gegenüber offen sind. Sie brauchen um ihren Standpunkt nicht zu bangen, denn durch die Energie des Beat können sie diesen fühlen. Die Präsenz des Offbeat jedoch erinnert ständig daran, daß es darüber hinaus auch noch etwas anderes gibt, was neben dem eigenen Standpunkt gleichberechtigt existieren kann. Wenn es uns gelingt, die Gegensatzpaare der Rhythmik wie Beat — Offbeat, Zweiereinheit — Dreiereinheit und die daraus entstehenden komplexen Polaritäten gleichzeitig zu spüren und sie zu einer Harmonie zu führen, in der beide ihren Stellenwert bekommen, dann hat dies unmittelbare Auswirkungen auf unser tägliches Leben.

Die Grundelemente der Rhythmik, die wir bisher erfahren haben, finden sich in der Musik aller Kulturkreise wieder. Sie formen Urbilder in der Musik, im Menschen und in der Natur, die ihn umgibt. Sie leben auch in einer Zeit, in der ihre Zusammenhänge nicht gesehen werden, als Archetypen in uns und wirken auf unser Leben.

Wir stehen heute an einer Wende, an der sich viele Menschen auf den Weg machen, die über lange Zeit vergessene Wirkung dieser Archetypen zu erfahren und in Übereinstimmung mit ihnen zu leben. Einen solchen Weg möchte ich auch mit diesem Buch anbieten.

Kapitel IV

Der menschliche Körper als musikalisches Instrument

Auf meinen Studienreisen durch verschiedene Länder der dritten Welt begegneten mir immer wieder völlig neue »Welten«. Ich hörte Musik, die mir fremd war, versuchte Rhythmen zu lernen, die ich anfangs überhaupt nicht verstehen konnte, und kam immer wieder zu der Frage: Was hat das alles mit mir zu tun? Ein merkwürdig klares Gefühl, daß mich das alles unmittelbar betraf, ließ mich weiterlernen.

In diesen Zeiten gab es für mich stets ein Instrument, mit dem ich die neue Rhythmuswelt am schnellsten nachahmen konnte. Es war das Instrument des eigenen Körpers. Mit der Stimme gelang es mir bald, die Rhythmen umzusetzen, die ich hörte. Mit den Händen konnte ich Akzente setzen und Gliederungen spürbar machen, im Gehen verkörperte ich mir die Grundpulsationen der neuen Rhythmen. Wo immer ich mich gerade befand, mit dem Instrument meines Körpers konnte ich lernen und üben.

Bald fiel mir auf, daß der ständige Prozeß, in dem ich allmählich meinen Körper zu spielen lernte, Auswirkungen auf mein tägliches Leben hatte. Diese Entwicklung, die aus dem Unvermögen entstand, in kurzer Zeit eine große Zahl verschiedener Perkussionsinstrumente zu lernen, bezog unmerklich, aber immer spürbarer mein Inneres ein: im gleichen

Maße, in dem die rhythmischen Grundpulsationen in meinen Füßen sicherer wurden, fühlte ich, daß ich zusehends sicherer im Leben stand. Die Luftschlösser, ein ebensoguter Trommler zu werden wie meine Lehrer, verblaßten und machten Platz für das Üben der Rhythmen, die ich noch nicht spielen konnte. Ich hatte das Gefühl mehr zu mir »stehen« zu können, in meinem Können wie auch in meinem Nichtkönnen. Auch der Rhythmus meines täglichen Sprechens veränderte sich. Ich fühlte, daß meine Worte eine andere Wirkung auf die Menschen hatten, mit denen ich gerade sprach. Neben dem Inhalt meiner Worte schien eine neue Dimension stärker spürbar geworden zu sein: ein Rhythmus, mit dem mein Gegenüber mitschwingen konnte.

Diese spürbaren Veränderungen in meinem Leben beschäftigten mich sehr. Ich probierte systematisch alle Rhythmuselemente und Rhythmen, die ich gelernt hatte, mit meinem Körper aus. Immer mehr Ebenen wurden da lebendig: oben, unten, links und rechts. Es kam mir wie eine Befreiung von Fesseln vor, als ich allmählich lernte, in den Füßen und in den Händen unterschiedliche Rhythmen pulsieren zu lassen, die zusammen ein Ganzes ergaben.

Beim Erlernen der verschiedenen Rhythmusinstrumente aber machte ich eine Erfahrung, die ich bis dahin nie gemacht hatte: Ich hatte mich jahrelang bemüht, durch ein Klavierstudium zur Erfahrung von Musik zu kommen. Da bemerkte ich, daß ich beim Trommeln einen anderen Weg genommen hatte. Zusehends war es kein Problem mehr, die unterschiedlichen Spieltechniken der verschiedenen Rhythmusinstrumente zu erlernen, denn mein Körper hatte die Rhythmusenergien verstanden und brauchte sie nur noch umzusetzen. Das, was ich früher für eine technische Schwierigkeit hielt, war bloß das Fehlen eines rhythmischen Körperbewußtseins.

Diese Erfahrung übertrug sich schließlich auch auf den Weg meines Klavierstudiums. Nachdem mein Körperbewußtsein die Energien der Rhythmuselemente verstanden hatte, war auch das elementarste Üben bereits Musik. In diesem Prozeß wurde mir klar, daß die wunderbare Vielfalt der existierenden Musikinstrumente aus einem Urinstrument entstanden ist: aus dem Instrument des menschlichen Körpers.

Der Herzschlag – der Urpuls der Musik

Bevor wir das Licht der Welt erblicken, leben wir im Mutterleib in einer Klangwelt, die von einem ständigen Pulsieren durchdrungen ist. Der Herzschlag der Mutter und unser eigener Herzschlag sind die ersten Rhythmuserfahrungen, die unser rhythmisches Bewußtsein prägen, noch ehe wir geboren sind. Dieser Schlag ist für uns von Anfang an mit dem Leben verbunden.

Durch die Größe unseres eigenen Körpers entsteht für uns ein Bezugspunkt, der die Welt des Kleineren von der Welt des Größeren abgrenzt. Mit dem Herzschlag schwingt in uns eine Pulsation, die uns ständig spüren läßt, welche rhythmische Schwingung wir innerhalb der unzähligen Pulsationen unserer Umwelt sind. Im Puls des Herzens spüren wir die flexible Basis unseres Urrhythmus, der fähig ist, alle Rhythmen zu tragen, die wir in unserem Leben gestalten. Dies liegt in seiner Natur, denn auch innerhalb unseres Organismus ist unser Herzrhythmus der Träger und die Summe aller anderen Organrhythmen. Die alten chinesischen Ärzte konnten Krankheiten diagnostizieren, indem sie an verschiedenen Punkten der Unterarmarterie den Puls fühlten. Was sie dort spürten, waren die Rhythmen der einzelnen Organe: Der linke Puls zeigt sechs Organe, der rechte acht. Der Rhythmus des einen Organs liegt tiefer und wird durch festeres Drücken spürbar, die Rhythmen anderer Organe wieder liegen flacher.

Den Puls unseres Herzens als Basis spüren zu können setzt jedoch voraus, daß wir uns dieses Pulses immer wieder bewußt werden, so daß er in unserem täglichen Leben immer deutlicher spürbar wird. Damit entwickeln wir eine Beziehung zu unserem eigenen rhythmischen Urgrund. Wenn uns das Fühlen des eigenen Herzpulses Angst macht oder wenn es uns ein unangenehmes Gefühl bereitet, ihn zu spüren, dann ist nicht nur die Basis unserer musikalischen Rhythmusempfindung gestört, sondern auch die Beziehung zu unserer rhythmischen Lebensenergie noch nicht entwickelt.

Die Urpulsation unseres Herzschlages entsteht aus der Polarität von Zusammenziehen und Entspannen des Herzmuskels. Diese Gegensätze, durch die das Pulsieren entsteht, heißen Systole und Diastole. Diesen rhythmischen Wechsel zwischen Kontraktion und Lösung, Verdichtung und Erweiterung finden wir in allen organischen Bewegungen wieder. Der Ablauf des Herzschlages ist ein kompliziertes rhythmisches Geschehen. Dennoch können wir den Puls unseres Herzens als einfachen und deutlich wahrnehmbaren rhythmischen Bezugspunkt erleben. Das Wissen um diese innere Rhythmusorientierung ist in der Musik aller Kulturkreise zu finden. Denn stets ist beim Musizieren der Körper im Mittelpunkt: Aus ihm fließt die Musik, und mit ihm nehmen wir Musik wahr.

Auf der kleinen japanischen Insel Sado vor der Ostküste von Honshu lebt eine Gruppe von Trommlern, die die letzten Erben einer jahrtausendealten Trommeltradition sind. Diese Trommelgruppe heißt *»Kodo«*, was soviel wie Herzschlag bedeutet. Ihre Trommelkunst ist im Reich der Mitte entstanden. Den Ursprung dieses Trommelns kennt die Geschichtsschreibung nicht. Wird diese Trommel, die riesige Ausmaße hat, gespielt, so erklingt mit sanftem, aber mächtigem Dröhnen das, was wir schon im Mutterleib erfahren haben. Auch wenn der Rhythmus auf dieser Trommel zum mächtigen Beben wächst, erinnert der Grundschlag und der Klang der Trommel an den Puls unseres Herzens. Mit dem Buddhismus kam diese Trommel in die Zenklöster Koreas. Jeden Morgen und jeden

Abend tönt der gewaltige Herzschlag dieser Trommeln durch die Berge, in denen die Zenklöster liegen. Lasse den Herzschlag dieser Trommeln, den Du im folgenden Tonbeispiel hören kannst, einfach auf Dich wirken und schau Dir im Bildteil die drei Fotos an. Achte darauf, wie mächtig der Klang der Trommeln ist; und schau, wie entspannt die Trommler spielen. T 15

Auch der Komplexität indischer Rhythmen liegt das einfachste zugrunde — der Herzschlag. Eine Abfolge von Schlägen, die in etwa dem Puls unseres Herzens entspricht, läßt das langsamste Grundtempo in indischer Musik entstehen. Es heißt *Vilambit Laya.* Musik, die langsamere Pulsationen zur Basis hat, wie dies bei manchen indischen Gesangsstücken der Fall ist, orientiert sich bereits an der Pulsation des Atems. Damit ist ein ständiger Bezug zu den Immanenzrhythmen des Körpers spürbar, die dem Musiker ermöglichen, sich beim Musizieren von ihnen tragen zu lassen. Die zwei anderen Tempi indischer Musik, *Madhya Laya* und *Drut Laya*, sind jeweils das Doppelte und Vierfache des Herzschlages. Die Übergänge zwischen den Tempi sind jedoch keine Stufen, sondern geschehen fließend in einem Schnellerwerden. Auch die Abgrenzung der Tempi ist keine starre Einteilung, sondern wird mit derselben Flexibilität gehandhabt, die dem Puls unseres Herzens zu eigen ist.

Es gibt eine Vielzahl von Beispielen in außereuropäischer Musik, in denen die Beziehung zwischen Herzschlag und musikalischem Rhythmus klar zu erkennen ist. Diese Basis der Rhythmusgestaltung ist jedoch nicht auf außereuropäische Kulturen beschränkt, sondern lebt gleichfalls in der Tradition abendländischer Musik. Der *Tactus integer valor* war die Basis europäischer Musik von der Mitte des 15. Jahrhunderts bis zum Ende des 16. Jahrhunderts. Der Tactus integer valor ist eine Grundpulsation, die in etwa dem Puls unseres Herzens entspricht.

Auf dieser ungegliederten Pulsation entfaltete sich die Musik, indem die gleichen Zeiteinheiten durch das Notationssystem der »Mensuralnotation« in Vielfache, Unterteilungen und andere rhythmische Verhältnisse gegliedert werden konnten. Die Dauer eines Pulses entspricht dem Notensymbol einer *Semibrevis.* Die anderen Notenwerte, wie *Brevis, Longa* und *Maxima* sind Vielfache, die Symbole der *Minima, Semiminima, Fusa* und *Semifusa* sind Teile davon.

Darüber hinaus kennzeichnete das Zeichen C· *(Tempus imperfectum)* eine Zweigliedrigkeit und das Zeichen ⊙ *(Tempus perfectum)* eine Dreigliedrigkeit der Notenwerte. Daß eine Dreigliedrigkeit als perfekt bezeichnet wurde, hatte den Grund darin, daß sie Anfang, Mitte und Ende hat und deshalb als vollkommener empfunden wurde. Sicherlich spielte dabei auch die Drei der Dreifaltigkeit eine Rolle — waren doch viele dieser Kompositionen sakrale Musik. Doch wir werden sehen, daß uns die Zwei und die Drei als unterschiedliche Rhythmusenergien immer wieder begegnen. Durch den Tactus integer valor trat das auf ihm errichtete Rhythmusgebäude mit der Empfindung unseres Herzens in Beziehung.

In der weiteren Entwicklung abendländischer Musik wurde aus dem *Tactus* der Takt, die Tempi wurden mehr und mehr durch die Angabe von Metronomzahlen ersetzt. Nicht mehr ein lebendiges Pulsieren war der Bezugspunkt dieser späteren Entwicklung, sondern das mechanische Ticken eines Metronoms. Von da war es kein weiter Schritt mehr zur Bestimmung musikalischer Rhythmen durch ein Messen der Zeiteinheiten mit der Uhr, wie dies in verschiedenen Kompositionen der Avantgarde gebräuchlich ist.

Das Wissen, daß der Herzschlag des Menschen auf den Rhythmus von Trommeln reagiert, ist die Grundlage schamanistischer Zeremonien, in denen Musik eine zentrale Rolle spielt. Durch die *Wirk-lichkeit* der darin verwendeten Rhythmen verändern sich die Immanenzrhythmen der daran teilnehmenden Menschen. Ihr Puls wird von Musikern, in denen dieses Wissen um die innere Kraft des Rhythmus lebendig ist, liebevoll in die Hand genommen und in die Mehrdimensionalität verschiedener Rhythmusenergien geführt. Ein solcher rhythmischer Prozeß hat unmittelbare Auswirkungen auf das Bewußtsein derer, die ihn erleben. Man kann sagen, sie kommen durch das Mitschwingen ihres Pulses mit den Trommeln in den Zustand einer Offenheit. Diese Rhythmen haben deswegen ihre Wirkung, weil sie vom Herzpuls eines Musikers ausgehen und dadurch den Herzpuls eines anderen zu erreichen vermögen. Die Musiker treten mit den Menschen, für die sie spielen, in eine Beziehung, die sich vom Herzen des einen zum Herzen des anderen erstreckt.

Die Wirkungen solcher Rhythmen auf unseren Herzschlag bringen den Menschen seiner natürlichen Vielfalt näher, indem sie den Puls in seiner Flexibilität bestärken und ihn lebendiger werden lassen. Die Reaktion unseres Herzschlages auf rhythmische Bewegung, der wir uns nicht entziehen können, hat jedoch auch ihre Kehrseite. Diese wird dann spürbar, wenn unser Herzschlag nicht von bewußten Menschen verantwortungsvoll beeinflußt wird, sondern wenn Rhythmusmaschinen unser lebendiges Pulsieren in den starren Panzer elektronischer Zeitmessung zwängen.

Es scheint einen Punkt in der Entwicklung des Menschen gegeben zu haben, an dem ihm die Genauigkeit nicht mehr genügte, die ihm sein Körper vorgab. Er baute Maschinen, die exakter sind als er selbst, er teilte Zeiteinheiten in kleinere und immer noch kleinere Zeiteinheiten, die unser Bewußtsein ohne die Hilfe von Meßgeräten gar nicht mehr wahrnehmen kann. Das Problem dabei ist, daß eine solche Forderung nach Exaktheit im Widerspruch zu vielen Vorgängen der uns umgebenden Natur steht. Die Dauer unserer Tage ist durch die ungleiche Bewegung der Erde um die Sonne ungleich lang: Sie schwankt zwischen 23 Stunden, 59 Minuten und 39 Sekunden und 24 Stunden, 0 Minuten und 30 Sekunden. Schwankungen und Variationen sind Grundelemente im Pulsieren der uns umgebenden Natur; und wie es um uns ist, so ist es auch in uns: Werden die Variationen unseres Pulses eingeschränkt, so sind wir ein Stück weniger lebendig und können unsere Umgebung und uns selbst nicht mehr mit der gleichen Offenheit wahrnehmen.

Genau dies geschieht, wenn wir »Musik« ausgesetzt sind, in der ein elektronisches Rhythmusgerät die rhythmische Basis setzt. Ein großer Teil kommerzieller Musik, die im letzten Jahrzehnt produziert wurde und uns fast unentrinnbar ständig umgibt, basiert auf einem solchen Gerüst maschineller Rhythmen. Was bei oberflächlichem Hinhören wie ein Schlagzeug klingt, ist der Computerrhythmus eines Rhythmussynthesizers. Außerdem ist die Lautstärke solcher Musik für den menschlichen Körper meist völlig überdimensioniert. Sich solcher Musik über längere Zeit auszusetzen kommt dem Tragen eines Herzschrittmachers gleich, denn sie sperrt unser lebendiges Pulsieren in ein Korsett unvariierter und für unser Bewußtsein völlig gleicher Zeitabschnitte.

Beim Hören mehrerer solcher kommerzieller Produktionen wird uns bald eine Gemeinsamkeit auffallen: Die Grundlage ihrer mechanischen Rhythmen liegt meist zwischen 60 und 80 Schlägen pro Minute — also in einem Bereich, in dem unser Herz schnell auf Rhythmen von außen reagiert und mitschwingt. Ist unser Herzschlag einmal im Sog eines Rhythmussynthesizers, dann ist es nicht das liebevolle, verantwortliche Gegenüber eines Menschen, dem wir uns anvertrauen, sondern die sture Monotonie einer Maschine, die unseren Puls in die selbe stumpfsinnige Eindimensionalität führt, die von ihr ausgeht.

Solange wir Geschöpfe sind, die in einem Mutterleib heranwachsen, wird sich unser Inneres von einem solchen maschinellen Rhythmus vergewaltigt fühlen und durch die Einengung unseres Pulses mit Gefühlsentzug reagieren. Was sich im ersten Moment wie eine Vitalisierung anfühlt, ist das Reagieren unseres Pulses auf die oftmals gewaltige Lautstärke. Was nach längerer Zeit übrigbleibt, ist Einsamkeit und Gefühllosigkeit — weil uns dabei fehlt, was wir vom Pulsieren des Herzens im Mutterleib als erstes erfahren haben — das Lebendigsein.

Das Innen und das Außen unseres Körpers

Wenn jemand sagt: »Das hat mich im Inneren sehr berührt«, was meint er dann mit diesem Inneren? Woher kommt ein musikalischer Impuls, der in unserem Inneren entsteht? Was gibt uns überhaupt die Fähigkeit, nach innen zu schauen und etwas wahrzunehmen?

Betrachten wir zwei Vorgänge, die wir beide wahrscheinlich schon einmal erlebt haben, um dem Be-greifen dieses »Inneren« näherzukommen: Jemand reibt sich längere Zeit seine Wangen, bis sie schließlich rot werden — das Reiben der Hände bewirkt einen verstärkten Blutstrom zu den Wangen. Da sind einerseits die Adern, das Blut, die Muskeln, die Knochen und die Nervenleitungen der Hände und des Gesichts und andererseits die Reaktionen, die durch die Reize des Reibens ausgelöst werden und den verstärkten Blutstrom bewirken. Zwei Bereiche in uns wirken hier zusammen: Das Nervensystem reagiert blitzschnell auf Reize und läßt sie uns fühlen. Ein Zahn hingegen, indem sich keine Nerven mehr befinden, berührt unsere Empfindung nicht mehr. Es gibt also eine *Grobstofflichkeit* der Muskeln, Knochen, Sehnen usw. in uns, die durch eine *Feinstofflichkeit* der Nervenströme belebt wird. Auch im Nervensystem selbst begegnen wir diesen beiden Aspekten: der Grobstofflichkeit der Nervenleitungen selbst und der Feinstofflichkeit der Ströme, die in ihnen fließen.

Wenn sich nun jemand bei einer Lüge ertappt fühlt, so bewirkt auch dies eine Rötung seiner Wangen. Diesmal hat ein Gedanke den verstärkten Blutstrom in die Wangen ausgelöst. Die Reaktionen erfolgen wieder im Bereich des Feinstofflichen und des Grobstofflichen. Das Gefühl der Scham selbst aber hat einen unstofflichen Aspekt. Es ist ein momentaner, also vorübergehender Zustand unseres Bewußtseins. Durch die Gesamtheit unseres Bewußtseins sind wir verbunden mit dem Seinsgrund in der Welt der *Unstofflichkeit*. Diesen letzlich unstofflichen Bereich unseres Bewußtseins nenne ich unser Inneres.

Die beiden Großhirnhälften sind der Sitz unseres *Wachbewußtseins*. Genauer gesagt, unser Wachbewußtsein ist der unstoffliche Teil des Großhirns. Daß unser Großhirn in zwei Hälften getrennt ist, ist eine körperliche Entsprechung der Tatsache, daß wir auch mit unserem Wachbewußtsein in zwei verschiedenen Bereichen leben: in einem Bereich, in dem wir die Neigung und Fähigkeit haben zu analysieren, und in einem anderen Bereich, in dem wir unsere Umwelt ganzheitlich erfassen. Unser Wachbewußtsein ist geteilt in die Möglichkeiten, intellektuell zu argumentieren oder etwas intuitiv zu erfassen, geteilt in die Bereiche der rationalen Konstruktion und der künstlerischen Auffassung.

Eine der Wirkungen, die Rhythmus auf uns haben kann, ist die Annäherung und Verbindung dieser beiden in uns oft widerstrebenden Teile unseres Wachbewußtseins. Denn das Lebendigwerden verschiedener rhythmischer Ebenen in der linken und rechten Körperhälfte, die wir zu einem Ganzen verbinden können, hat direkte Auswirkungen auf die zwei Bereiche unseres Wachbewußtseins. Die Unstofflichkeit dieser beiden Bereiche unseres Wachbewußtseins ist über den feinstofflichen Aspekt der beiden Gehirnhälften mit der Grobstofflichkeit unserer beiden Körperhälften verbunden: Die *linke Körperhälfte* ist mit dem Wirken der *rechten Gehirnhälfte* verbunden und ist der körperliche Ausdruck des intuitiven, künstlerischen und auch unberechenbaren Teils unseres Wachbewußtseins. Die *rechte Körperhälfte* ist mit dem Wirken der *linken Gehirnhälfte* verbunden und ist die körperliche Entsprechung des rationalen, analytischen Teils unseres Wachbewußtseins, mit dem wir eine Sache nach der anderen in logischer Reihenfolge aufarbeiten.

Das Großhirn ist bei keinem anderen Lebewesen so differenziert entwickelt und so groß wie beim Menschen. Unter den Großhirnhälften liegen Entwicklungsschichten älterer Hirngebiete, wie das Kleinhirn und darunter das verlängerte Mark und das Rückenmark, in deren Aufbau und Funktion wir uns viel weniger von anderen Tieren unterscheiden als beim Großhirn. In der hinteren Schädelgrube liegt das Kleinhirn, die Steuerzentrale für alle gelernten und automatischen Bewegungsabläufe. Hier ist gespeichert, wie wir unseren Kopf heben und uns aufsetzen, wie wir stehen und gehen, Fahrrad fahren und Auto fahren, ganz allgemein, wie wir uns bewegen gelernt haben. Immer wieder steigen meist unbewußte oder vergessene Inhalte über das *Unterbewußtsein* als Botschaften aus einem »anderen Sein« in unser Wachbewußtsein. Sind diese beiden Welten für uns unvereinbar und diskrepant, dann fühlen wir uns zerrissen und leiden.

Die Wirkung des Rhythmus vermag zur Harmonisierung auch dieser beiden Bewußtseinsarten wesentlich beizutragen: Durch das ständige Verinnerlichen von Sprachrhythmen mit der inneren Stimme und durch ein langes Üben der später beschriebenen Rhythmusübungen sinken wir allmählich von unserem Wachbewußtsein in die Tiefen des Unterbewußtseins. Dabei ist jedoch nicht, wie beim Träumen, unser Wachbewußtsein abgeschaltet, sondern bleibt durch die Aktivität der Rhythmusübungen präsent. Dadurch kann es zu einer Begegnung von Wach- und Unterbewußtsein kommen, und wir lernen mit der Zeit beide Bereiche besser aufeinander abzustimmen.

Im Tiefschlaf ruhen wir in den Tiefen des *Unbewußtseins*. Dies ist ein Bereich unseres Seins, in dem wir uns meist unbewußt mit dem rhythmischen Geschehen allen Lebens verbunden fühlen können. Vibration, Fluß, Puls, Kontraktion und Expansion sind rhythmische Qualitäten schon der primitivsten Lebensformen, wie z.B. des Protoplasma. Nur unter besonderen Bedingungen, wie z.B. in unseren Träumen, sind wir offen für die Botschaften, die aus diesem Bereich unseres Wachbewußtseins dringen. Während unser Wachbewußtsein meistens in Bewegung ist, nehmen wir das Pulsieren in diesem Bereich unseres Bewußtseins als Stille wahr. Der unentwegte innere Dialog in den oberen Sphären unseres Bewußtseins macht es uns meist unmöglich, die Stille dieses Seins wahrzunehmen. Diesen inneren Dialog zu spüren ist nicht schwer: Setze Dich in ein ruhiges Zimmer und schaue, ob es Dir gelingt, für eine längere Zeit *nichts* zu denken und keinen inneren Bildern nachzuhängen . . .

Der Zenmeister Nan-yüan wurde nach dem Weg des Zen gefragt. Doch statt auf die Worte des Meisters zu hören, war der Fragende selbst die ganze Zeit damit beschäftigt, von seinen Sorgen zu erzählen und seine Meinungen über Dinge kundzutun. Als die beiden zusammen Tee tranken, goß Meister Nan-yüan die Schale seines Besuchers bis zum Rande voll, und er hätte mit dem Einschenken nicht aufgehört, wenn ihn sein Besucher nicht erschrocken daran gehindert hätte.

»Was tut Ihr da, Meister«, rief er, »seht Ihr nicht, daß meine Schale schon voll ist?«

»Das sehe ich«, antwortete der Meister, »sie ist so voll wie Du. Wie soll ich Dir Zen einschenken, wenn Du mir keine leere Schale reichst?«

Die harmonisierenden Kräfte bestimmter Rhythmen bewirken, daß unser Wachbewußtsein zu einer solchen leeren Schale wird. Schwingen wir über längere Zeit mit unserem Körper bewußt mit einem Rhythmus mit, so schafft das einen Raum, in dem die Stille unseres Seins aus der Tiefe des Unbewußten aufsteigen kann, um uns ganz zu erfüllen.

Wenn wir von dem Entstehen eines musikalischen Impulses aus unserem Inneren sprechen, so meinen wir damit die Entstehung eines musikalischen Impulses in den verschiedenen Ebenen unseres Bewußtseins. Ein musikalischer Impuls entsteht in der Unstofflichkeit unseres Bewußtseins und setzt sich über die Feinstofflichkeit des Zentralnervensystems in die Grobstofflichkeit der Muskeln fort, um auf diesem Weg zum hörbaren Klang zu werden.

Die Atmung – eine rhythmische Zwei- und Dreizeitigkeit unseres täglichen Lebens

Im Strömen unserer Atmung begegnen wir dem Innen und Außen unseres Körpers nochmals von einer anderen Seite: Luft strömt von außen in das Innere unseres Körpers, füllt die Lungen und fließt in einer Gegenbewegung wieder nach außen. Durch das »Tor« unserer Nase erfolgt ein ständiger Wechsel des In-unseren-Körper-Strömens und Aus-unserem-Körper-Strömens.

In diesem Pulsieren nehmen wir große Mengen des Nahrungsmittels Luft in uns auf und lassen es wieder nach außen strömen: Wenn wir uns im Ruhezustand befinden, atmen wir in ungefähr 12 Atemzügen 8 Liter Luft pro Minute. Somit strömen in 24 Stunden ungefähr 11 500 Liter Luft durch unsere Nase. Verglichen mit diesem Luftvolumen, das in einem Tag durch unseren Körper pulsiert, erscheinen zwei Liter Wasser und ein Kilogramm feste Nahrung als geringe Mengen.

In den ersten Erfahrungen dieses Buches hast Du erlebt, wie sich die Atmung vertiefen kann, wenn Du Dich beim Einatmen auf ein *Zulassen* und beim Ausatmen auf ein *Loslassen* konzentrierst. Wie von selbst dehnt sich nach einiger Zeit der Punkt des *Seinlassens* aus.

Bei den Tätigkeiten unseres täglichen Lebens sind wir uns der Atmung meistens nicht bewußt. Dadurch wird auch nicht spürbar, daß in unserer Atmung, während der Aktivität unseres Handelns, die Phasen des Zulassens und des Loslassens ungefähr gleich lang sind. Der Moment des Seinlassens hingegen ist sehr kurz und nicht als eigene Phase des Atemzyklus vorhanden. Wir atmen beim Tun also in einer *Zweizeitigkeit des Zu- und Loslassens*.

Beim Ruhen oder Schlafen, wenn wir uns vom Handeln in der Umwelt lösen und in die Bereiche unseres Unterbewußtseins tauchen, dehnt sich das Loslassen mit dem Seinlassen zu größerer Dauer aus, und wir geraten allmählich in den Rhythmus einer Dreizeitigkeit, in der das Ausatmen zusammen mit dem Seinlassen danach doppelt so lang ist wie das Einatmen. Im Rhythmus unserer Atmung entspricht somit die Zweigliedrigkeit einer extrovertierten Haltung, während die Dreigliedrigkeit des Atemzyklus ein körperlicher Ausdruck unserer introvertierten Haltung ist.

Eine solche Polarität hat die Neigung, ihre Spannung im Fließen zu entladen. Nehmen wir das Beispiel des elektrischen Stromes: Tritt ein Pluspol mit einem Minuspol in Verbindung, dann fließt Strom. Dies hat auch in verschiedenen Bereichen unseres Körpers seine Richtigkeit. Im Pulsieren unserer Atmung ist die Einatmung der aktive Pluspol, die Ausatmung entspricht dem passiven Minuspol. Durch die Spannung zwischen beiden beginnt unsere Lebensenergie zu fließen, die in unzähligen feinen Meridianen durch unseren Körper strömt.

Seit Urzeiten setzen sich Menschen mit dem Rhythmus des Atems und den daraus entstehenden Wirkungen auseinander, um diesen lebensnotwendigen Energiestrom zu aktivieren und zu harmonisieren. Yoga ist ein Weg zur menschlichen Entwicklung, welcher aus einer solchen Beschäftigung mit den Rhythmen des Daseins entstanden ist. Wer ihn geht, verbringt viel Zeit mit Atemübungen, *Pranayama* genannt. In langen Anfangsübungen reinigt der Lernende des Yoga zuerst einmal das Instrument seines Körpers. Dies macht ihn aufnahmebereit für die rhythmischen Schwingungen des Lebens. Gelingt es ihm einmal, die Dreizeitigkeit von *Zulassen, Loslassen* und *Seinlassen* mit dem Puls des Herzens zu verbinden, indem er jede Phase über drei, vier oder fünf Pulsschläge dehnt, dann begibt er sich mit dem Zyklus des Atems in eine vierte Dimension: Er fügt ein viertes Glied in den Zyklus, indem er zwischen Zulassen und Loslassen den Atem anhält, besser gesagt in den Zustand kommt, zwischen Zu- und Loslassen eine Zeitlang nicht atmen zu müssen. Diese Phase des *Kumbhaka* bringt uns bei richtigem Üben in einen hochenergetischen Zustand und führt unser Bewußtsein in eine neue Dimension. So entsteht ein Atemzyklus, der aus vier Phasen besteht.

Diese vier verschiedenen Phasen können sich über unterschiedlich viele Pulsschläge unseres Herzens erstrecken. Ein sehr wirksames rhythmisches Verhältnis dieser vier Phasen ist 1 : 4 : 1 : 1. Wenn sich unser Zulassen über drei Herzpulse dehnt, dann folgen 12 Pulse Kumbhaka, drei Pulse Loslassen und drei Pulse Seinlassen. Der Atemzyklus gliedert dabei die Herzpulsation in einen Zyklus von 21 Schlägen. Wenn wir die Zahlen des oben genannten Verhältnisses 1 : 4 : 1 : 1 auf Grundschläge beziehen, die in drei weitere Schläge unterteilt sind, dann begegnet uns zum ersten Mal die magische Zahl der Sieben in einem Rhythmus. Die vier Phasen unserer Atmung auf den sieben Pulsschlägen unseres Herzens sind Rhythmen, die wir auf dem Instrument unseres Körpers für unser Bewußtsein spielen. Es ist eine unhörbare, aber spürbare Musik unseres Inneren. Fehler, die wir bei diesem Musizieren machen, können schwerwiegende Folgen für unsere Gesundheit haben. Das Erlernen dieser Musik erfordert daher einen erfahrenen Lehrer.

Die Stimme — die unmittelbare Äußerung musikalischer Impulse

Die Bewegung des Atemflusses ist eine Grundlage für das Erklingen unserer Stimme. Im Luftstrom unserer Atmung liegt der Kehlkopf mit den Stimmbändern. Er ist gleichsam eine Pforte zwischen innen und außen. Wenn die ausströmende Atemluft durch die geschlossene Stimmritze dringt, so entstehen Töne, die wir durch die Bewegung der Kehlkopfmuskulatur, der Mundhöhle, der Lippen und der Zunge formen. Der Kehlkopf ist dabei mit einem Blasinstrument zu vergleichen: Die Schwingungen der Stimmbänder erzeugen die Schwingungen einer Luftsäule. Mit ihr schwingen, je nach Ton, die verschiedenen Resonanzräume im Kopf, in der Brust und im Unterleib mit.

Beim Erklingen unserer Stimme wird die Beziehung zwischen innen und außen wieder spürbar. Gibt es im Inneren unseres Bewußtseins Unstimmigkeiten und Spannungen, so findet das im Körper seine unausbleibliche Entsprechung, und wir spannen verschiedene Muskelpartien an oder halten sie fest. Auch wenn es sich dabei nur um ein minimales Anspannen von Muskeln handelt, sind diese von einem natürlichen Energiefluß abgeschnitten. An der Pforte unseres Kehlkopfes werden solche Spannungen in unserer Stimme hörbar. Die verspannten Hals- und Kehlkopfmuskeln verursachen andere Spannungsverhältnisse der Stimmbänder, und die Atmung wird flacher. Die Stimme klingt so gepreßt, tonlos und flach, größtenteils abgeschnitten von den Resonanzräumen unseres Inneren. Der momentane Zustand unseres Bewußtseins wird hörbar.

Bewußte Stimmübungen, die solche Blockierungen aufzulösen vermögen, können eine starke Öffnung unseres Bewußtseins bewirken. Gelingt es uns, diese Verspannungen durch Singen oder Sprechen aufzulösen, fühlen wir, wie eine befreiende Öffnung nach außen und innen unsere Stimme voller werden läßt und unseren Körper durch das verstärkte Mitschwingen der Resonanzräume in Vibration versetzt. Die von mir verwendeten Kombinationen der Rhythmussilben können eine solche Öffnung bewirken, wenn sie unter Anleitung längere Zeit geübt werden. Die ihnen innewohnenden Schwingungen stammen aus Traditionen verschiedener Kulturkreise. Das Wesentliche dabei ist, daß wir lernen, sie zuerst in der Unstofflichkeit unserer inneren Stimme entstehen zu lassen, bevor wir sie aus der Stille ins Flüstern führen, um sie schließlich in der Lautstärke zu sprechen, die uns angenehm ist.

Der rhythmische Impuls dieser Silben entsteht in unserem Bewußtsein. Die Bewegungen des Mundraumes, der Zunge und der Lippen sind bei ihrem leisesten Hörbarwerden ganz minimal. Der Weg vom Entstehen der rhythmischen Impulse in der Unstofflichkeit unseres Bewußtseins über die feinstofflichen Leitungen des Nervensystems zum tatsächlichen Erklingen ist somit nur ein kleiner Schritt. Je kleiner aber der Weg eines rhythmischen Impulses von der Entstehung in unserem Inneren zum tatsächlichen Klang ist, desto näher rücken die Bereiche des Unstofflichen und des Grobstofflichen zusammen und desto intensiver können wir die Verbindung von innen und außen spüren.

Die rhythmischen Gestaltungsebenen der Stimme, der Hände und der Füße

Die Stimme ermöglicht nicht nur die unmittelbarste Äußerung innerer Impulse, sie hat auch die Fähigkeit, sehr differenzierte Klänge in komplexen rhythmischen Abfolgen darzustellen. Nach längerer Übung gelingt uns das in fast allen Geschwindigkeiten. Dadurch ist die menschliche Stimme ein vollwertiges Perkussionsinstrument innerhalb unseres Körpers. Da in den Füßen und in den Händen unabhängig voneinander noch weitere Rhythmen gestaltet werden können, hat das Rhythmusinstrument unserer Stimme im Körper zwei Partner, mit denen es zusammenspielen kann. Im folgenden soll lebendig werden, wie der Mensch komplexe Rhythmen mit diesen drei rhythmischen Gestaltungsebenen zum Klingen bringen kann, welche Beziehung dies zu verschiedenen Perkussionsinstrumenten hat und wie diese Körperrhythmik auf ihn wirkt.

Nehmen wir als Ausgangspunkt wieder unser Inneres: Wir lassen in unserem Bewußtsein das Schwingen eines Immanenzpulses entstehen. Nachdem wir erlebt haben, wie aus der Stille das Schwingen der ungegliederten Pulsation entstanden ist, gliedern wir diese Pulsation in uns in eine Abfolge von Vierereinheiten, indem wir mit unserer inneren Stimme den Sprachrhythmus MU SAN GA LA auf das Schwingen unserer inneren Pulsation sprechen. So wird in uns ein gegliederter Immanenzpuls lebendig, den wir allmählich hörbar werden lassen, indem wir den Silben MU SAN GA LA eine hörbare Stimme geben. Wenn wir nun unsere Hände am rhythmischen Geschehen beteiligen, können diese mit unserer Stimme unterschiedliche Beziehungen eingehen.

Das Klatschen gestaltet – die Stimme gliedert

Das elementarste Verhältnis besteht darin, daß wir *mit den Händen Gestaltungselemente auf eine Abfolge von Einheiten setzen, die in unserer Stimme hörbar wird.* Mit der Stimme sprechen wir eine gegliederte Pulsation, die wir mit den Händen gestalten. Die klanglichen und rhythmischen Gestaltungsmöglichkeiten unserer Hände sind vielfältig. Wir können verschiedene Klänge durch leises und lautes, hohes und tiefes Klatschen entstehen lassen, je nachdem, ob wir mit der Handfläche oder mit dem Handrücken in die andere Hand schlagen und ob wir diese Schläge intensiv oder zart setzen.

Weitere Geräuschschattierungen erreichen wir durch Schnipsen, durch Reiben der Hände aneinander und durch Aufeinanderschlagen der Finger (bei letzterem pressen wir Daumen und Mittelfinger aneinander, den Zeigefinger hingegen lassen wir locker). Durch eine schnelle Ab- und Aufwärtsbewegung der Hand und des Arms schlägt der lockere Zeigefinger auf Daumen und Mittelfinger — ein heller Klang wird hörbar, der ganz anders klingt als ein Schnipsen oder ein hohes Klatschen. Außerdem können wir noch andere Körperteile einbeziehen, indem wir mit verschiedenen Handstellungen auf Resonanzräume unseres Körpers schlagen. Die Klangunterschiede, die wir mit unseren Händen gestalten können, sind nach einigem Üben bereits sehr differenziert.

Ü 12 Suche Dir für die folgende Übung einen ruhigen Platz, und genieße ein wenig die Stille, bevor Du mit der Übung beginnst. Lasse dann in Deinem eigenen Zeitmaß einen Immanenzpuls in Dir entstehen, und gliedere ihn in eine Abfolge von Viereremheiten, indem Du mit Deiner inneren Stimme die vier Silben MU SAN GA LA auf ihn sprichst. Lasse die Silben dann in Deinem eigenen Zeitmaß hörbar werden. Wenn Du fühlst, daß Deine Stimme gleichmäßig pulsiert, dann versuche mit Klatschen Betonungen zu setzen, ohne dabei den Fluß Deiner Stimme zu verändern.

Wird die Abfolge der Silben während der Übung wieder leiser, so daß sie sich allmählich auf das Schwingen der inneren Stimme zurückzieht, dann bleiben nur mehr die Gestaltungselemente des Klatschens hörbar. Das Weiterschwingen unseres gegliederten Immanenzpulses aber läßt uns die rhythmische Basis weiterfühlen, auf die wir die Gestaltung des Klatschens setzen.

Wenn nun jemand statt der einfachen Bewegung des Klatschens eine komplexere Bewegung mit den Händen ausführt, die ihm ermöglicht, eine Trommel zu spielen, so hat sich seine Rhythmusgestaltung auf etwas außerhalb seines Körpers ausgeweitet. Das Prinzip jedoch bleibt dasselbe: Auf die Basis seines gegliederten Immanenzpulses setzt er jetzt die Gestaltungselemente des Trommelns.

Genau dies ist der Vorgang, mit dem wir uns beim Spielen eines Rhythmusinstrumentes eine kompliziertere Rhythmusstruktur verinnerlichen können. Der unhörbare Sprachrhythmus ermöglicht es uns am Anfang beim Improvisieren, immer in der Struktur des Rhythmus zu bleiben, ohne dabei zählen zu müssen. Später wird der innere Sprachrhythmus zu einem Körpergefühl, das uns einen Rhythmuszyklus stets fühlen läßt, auch wenn wir uns beim Improvisieren frei darüber bewegen.

Klatschen und Stimme imitieren einander

Die zweite Beziehung, die Stimme und Hände miteinander eingehen können, ist ein gegenseitiges *Imitieren*.

Beschränke Dich in der folgenden Übung vorerst auf zwei Klänge: einen hohen und einen tieferen. Deine Stimme drückt den hohen Klang mit der Silbe TIN aus, den tieferen mit der Silbe GO. Dein Klatschen formt den hohen Klang, indem Du mit dem Handrücken der rechten Hand auf die Handfläche der linken Hand schlägst. Den tieferen Klang lasse durch ein normales Klatschen mit leicht gewölbten Handflächen entstehen. Ü 13

Versuche zuerst die beiden Klänge des Klatschens so deutlich zu differenzieren, daß Du tatsächlich einen hohen und einen tieferen Klang hörst. Nimm Dir Zeit, dies ein wenig zu üben.

Sobald Dir das gelingt, sprich eine kurze Phrase mit den beiden Silben TIN und GO und imitiere sie genauso mit dem Klang Deines Klatschens. T 16

Wenn Du die »Melodie« imitieren kannst, mache folgende Übung, in der zu der Imitation von Stimme und Klatschen noch die Basis einer Pulsation kommt, die Du durch ein ruhiges, fließendes Gehen entstehen läßt. Erst wenn Du die dadurch entstehende Pulsation spüren kannst, sprich auf den Schritt einer Seite TIN, auf den Schritt der anderen GO, und imitiere dies auf den nächsten zwei Schritten mit dem entsprechenden Klatschen. So kommst Du zunächst in einen Fluß, der sich ständig wiederholt: Ü 14

TIN	GO	*hohes Klatschen*	*tiefes Klatschen*	TIN . . .

Bleib bei diesem Fluß, bis Du spürst, daß es Dir möglich ist, mit Deiner Stimme eine einfache Variation zu formen, die Du mit dem Klatschen ebenso imitierst. Geh dabei nur so weit, wie es Dir Dein Körper erlaubt, und achte darauf, daß Dein Gehen stets im gleichen Fluß bleibt.

Höre Dir nun das folgende Tonbeispiel an. Es ist eine Fortführung der soeben gemachten Übung. Die Basispulsation wird in diesem Tonbeispiel durch die Klänge der *»Bodypercussion«* hörbar.

Der Baßklang entsteht durch einen Schlag auf die Seite des Beckens, die höheren Klänge durch Einbeziehen von Resonanzräumen des Mundes und der Brust. Auf dieser Basis hörst Du nun verschiedene Phrasen, die Klatschen und Stimme zugleich formen. Versuche diese Verbindung von TIN und GO mit Deiner Stimme und Deinem Klatschen zu imitieren. Im weiteren Verlauf des Tonbeispiels werden die rhythmischen Gestaltungen der Bodypercussion komplexer, und du hörst eine der vielen Möglichkeiten, Rhythmen nur mit den Klängen des Körpers zu formen.

Diese Beziehung zwischen Stimme und Händen ist die Grundlage einer »Trommelsprache«, in der die Stimme die Klänge der Trommel imitiert. Denn wieder ist die Klanggestaltung des Klatschens zu einer Klanggestaltung auf der Trommel auszuweiten. Wir werden im folgenden sehen, daß jede außereuropäische Kultur eine solche »Trommelsprache« entwickelt hat. Mit ihr werden einem Schüler Rhythmuskompositionen vermittelt und nicht, wie es in Europa auch bei Schlaginstrumenten der Fall ist, über das Lesen von Noten.

Die Stimme gestaltet – das Klatschen gliedert

Die dritte Möglichkeit der Beziehung zwischen Stimme und Klatschen besteht in der Umkehrung der ersten: Die Stimme ist der improvisierende Teil, der die Gestaltungselemente setzt, das Klatschen macht die Gliederung der Rhythmusstruktur spürbar. Das Klatschen hat nun eine gliedernde Funktion, die Stimme setzt die Gestaltungselemente. Durch lautes und leises Klatschen läßt sich auch die Schwere verschiedener Betonungen darstellen, die in der Gliederung einer Rhythmusstruktur vorkommen.

Ü 15 Wieder soll in einer Übung spürbar werden, wie die Sprache und das Klatschen in diesem Verhältnis aufeinander reagieren. Lasse auf der Basis einer ungegliederten Pulsation den Sprachrhythmus: TA KI GA MA LA TA KI GA MA LA . . . entstehen. Dieser Sprachrhythmus ist Dir bereits bei der Gliederung einer Pulsation durch Längen und Kürzen begegnet. Betone dann mit dem Klatschen die erste Silbe beider Einheiten:

(TA) KI (GA) MA LA (TA) KI (GA) MA LA (TA) . . .

Sobald Du deutlich spürst, wie die Betonungen Deines Klatschens mit dem Pulsieren Deiner Stimme zusammen sind, lasse den Sprachrhythmus immer leiser werden, bis er schließlich unhörbar ist. Die Betonungen Deines Klatschens jedoch führe in der gleichen Intensität weiter. Versuche, ob es Dein Körper zulassen kann, daß Du mit Deiner Stimme auf irgendwelche Silben, die gerade aus Deinem Sprachfluß kommen, improvisierst, während die Betonungen Deines Klatschens unverändert bleiben. Wenn es Dir gelingt, dann gliedert Dein Klatschen die Improvisation Deiner Stimme in einen Zyklus von fünf Schlägen. Der Zyklus entsteht durch das Hintereinander einer zweischlägigen und einer dreischlägigen Einheit von TA KI und GA MA LA.

Ich möchte Dich wieder daran erinnern, in den Übungen immer nur so weit zu gehen, wie es Dein Körper zulassen kann. Auch wenn Du nur einen Schritt schaffst, ist das genug. Im nächsten Kapitel werden die Übungen wieder vom elementarsten Anfang beginnen. Dieses Immer-wieder-von-vorne-Beginnen ist ein wichtiges Element im Lernen mit dem Körper. Es braucht Zeit, bis ein Samenkorn zu einer vollentwickelten Pflanze wächst — es braucht ebenso seine Zeit, bis die Bereiche des Grobstofflichen, des Feinstofflichen und des Unstofflichen zusammenwirken können und sich in einem gemeinsamen Rhythmus finden.

Im folgenden Tonbeispiel ist die gliedernde Funktion des Klatschens in einem indischen T 17
Rhythmus zu hören. Der Rhythmus heißt *Teental* oder *Trital* und besteht aus vier Einheiten zu vier Schlägen. Da die ersten Schläge jeder Vierereinheit unterschiedlich schwer sind, entsteht ein 16schlägiger Zyklus. Das Klatschen verkörpert diese unterschiedliche Schwere, die Stimme imitiert die Klänge, die auf der Trommel zu spielen sind:

DHA DHIN DHIN DHA	DHA DHIN DHIN DHA	DHA TIN TIN TA	TA DHIN DIN DHA	DHA
↑	↑	↑	↑	↑
lautes Klatschen	*leiseres Klatschen*	*kein Klatschen (durch die fehlende Betonung entsteht ebenfalls eine Gliederung)*	*leiseres Klatschen*	*lautes Klatschen*

Dieses Klatschen, das bei jedem indischen Trommelsolo zu hören ist, heißt das »Geben des Tala« — das Verkörpern der Rhythmusstruktur. Darin gibt es also drei unterschiedliche Betonungen des Klatschens. Das *laute Klatschen* bezeichnet immer den ersten Schlag eines Zyklus. Es wird in der indischen Musiktradition *»Sam«* genannt. Das Zeichen dafür ist ein Kreuz + über dem ersten Schlag. Das *leisere Klatschen* kennzeichnet stets den Beginn einer neuen Einheit. Das Klatschen läßt die am Beginn jeder Einheit entstehende Betonung hörbar werden. Diese Schläge werden *»Tali«* genannt und mit Ziffern durchnumeriert: I ist stets der Beginn des Zyklus, wird aber nicht mit der Eins, sondern mit dem Symbol + bezeichnet. Das nächste leisere Klatschen ist bereits die II. Dies setzt sich in jedem Rhythmus so lange fort, bis wieder *Sam* erreicht ist.

Auch das Nichtklatschen wird durch eine Geste ausgedrückt. Auf dem folgenden Foto kannst Du diese Geste sehen. Der Schlag, mit dem die leichte Einheit beginnt, wird als *»Khali«* bezeichnet. Übersetzt heißt Khali soviel wie leer. Das Zeichen dafür ist ein leerer Kreis: ○.

Sam

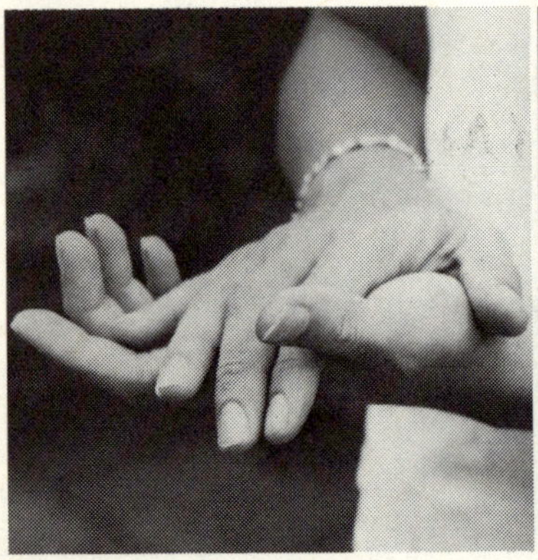

Tali

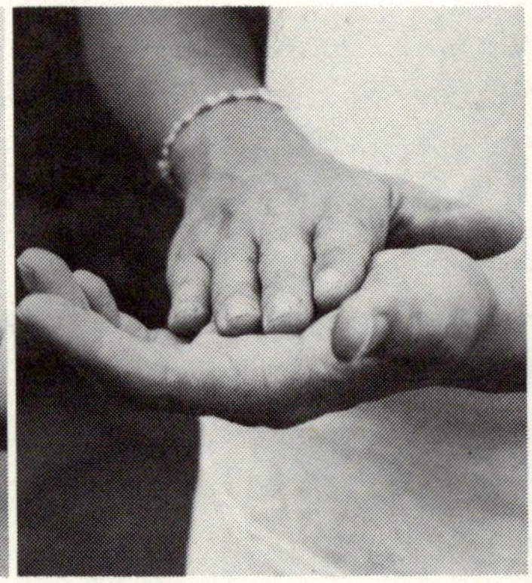

Khali

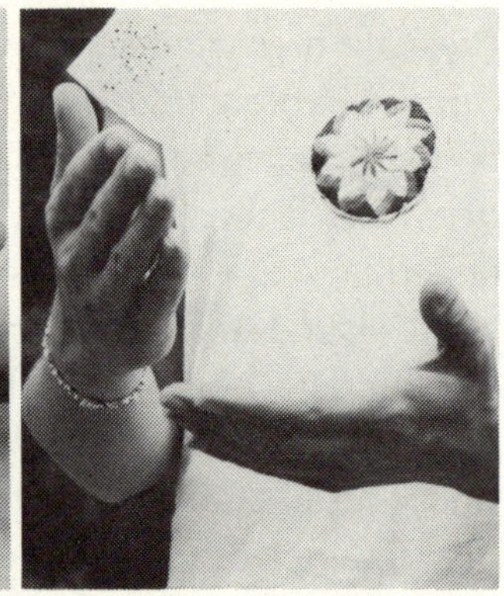

So ergibt sich nun im *Trital* die Bezeichnung:

+	II	○	III
DHA DHIN DHIN DHA	DHA DHIN DHIN DHA	DHA TIN TIN TA	TA DHIN DHIN DHA

Ü 16 Daß ein Nichtklatschen als Gliederung spürbar ist, können wir durch eine kleine Erweiterung der vorigen Übung erleben. Wieder kommen wir in den gleichen Sprachfluß:

TA KI GA MA LA TA KI GA MA LA TA KI GA MA LA TA KI GA MA LA . . .

Wieder setzen wir die gleichen Betonungen unseres Klatschens:

(TA) KI (GA) MA LA (TA) KI (GA) MA LA (TA) KI (GA) MA LA (TA) . . .

Als nächsten Schritt lassen wir bei jedem zweiten TA die Betonung unseres Klatschens weg, alles andere bleibt unverändert.

(TA) KI (GA) MA LA TA KI (GA) MA LA (TA) KI (GA) MA LA TA . . .

Achte darauf, wie dadurch etwas Neues entsteht, wie sich die Länge des Zyklus verlängert hat.

Der Mensch spielt das Urinstrument des Körpers auch dann, wenn es ihm nicht bewußt ist. Denn Herz- und Atemrhythmus spiegeln den Zustand unseres Inneren nach außen. Sie sind ein Teil der Erscheinung, mit der wir uns einem Gegenüber offenbaren. Ebenso jedoch kommt unser innerer Rhythmus im Gehen zum Ausdruck. Die Pulsation des Gehens entsteht bei jedem durch das Setzen der Schritte, durch den ständigen Wechsel von links und rechts. Dennoch ist der Rhythmus des Gehens bei jedem Menschen verschieden. Nicht nur der Unterschied von schnell und langsam ist damit gemeint; bei genauerem Wahrnehmen entdecken wir eine Vielfalt von weiteren Erscheinungsformen. Stellen wir uns einige Zeit als Zuschauer in eine belebte Straße, dann werden wir an den vorbeigehenden Menschen verschiedenste Qualitäten von Gehpulsationen erleben: Flexibilität, Starrheit, Schleppen, Hasten, Eckigkeit, Regelmäßigkeit und noch viele andere. Aber auch innerhalb dieser Qualitäten gibt es wieder unzählige Nuancen und Ausdrucksformen, die jeder in seinem Leben gestaltet, die ein Teil seiner Persönlichkeit sind.

Das Gehen ist jedoch nicht nur eine rhythmische Ausdrucksform des Menschen, es ist eine Rhythmusübung unseres täglichen Lebens. Alle Grundformen von Rhythmus lassen sich in seinem Fluß darstellen. Die Pulsation, die durch das Setzen der Schritte entsteht, erleben wir als ungegliederte Pulsation, denn normalerweise setzen wir weder den linken noch den rechten Fuß stärker auf. Wenn wir im Gehen das Element des Vorwärtsgehens weglassen, kommen wir zu einer Gehbewegung, bei der wir uns nicht von der Stelle bewegen. Beim Gehen auf der Stelle können wir uns gut auf die Abwärtsbewegung konzentrieren, die beim Setzen der Schritte entsteht. Je reduzierter wir sie werden lassen, desto genauer können wir sie empfinden. Wollen wir nun verschiedene Betonungen setzen, so wird mehr und mehr unser ganzer Körper miteinbezogen, denn ein Fluß von Betonungen ist nur mit einer entsprechenden Gewichtsverlagerung des Körpers möglich, die komplexer ist als der einfache Wechsel von links und rechts beim Gehen. Dadurch entstehen elementare Tanzschritte, die eine gegliederte Pulsation in Bewegung spürbar und sichtbar werden lassen.

Das Erlernen des Grundschrittes von GA MA LA sowie von TA KE TI NA am Beginn des nächsten Kapitels ist das Erlernen solcher elementarer Tanzschritte. Mit ihnen können wir uns Abfolgen von zwei-, drei- vier- und sechsschlägigen Einheiten verkörpern; durch die Tanzschritte wird der Fluß der Einheiten spürbar, und es entsteht eine Basis, auf die wir mit Stimme und Klatschen Gestaltungselemente setzen können. Mit elementaren Tanzschritten können wir uns aber auch einen Rhythmuskreis verkörpern, der durch unsere Schritte und durch unser Klatschen anders geteilt wird. So wird das Wirken zweier unterschiedlicher Rhythmusenergien zu einem körperlichen Erlebnis für uns.

Wenn der Fluß einer gegliederten Pulsation durch Rhythmussilben von unserer Stimme getragen wird oder wenn wir bereits einen gegliederten Immanenzpuls ständig spüren, dann können wir auch mit unseren Füßen Gestaltungselemente setzen und damit Rhythmen gestalten. Ein Beispiel dafür ist der indische *Kathak*-Tanz, bei dem der Tänzer mit Hilfe von Fußschellen dieselben Rhythmuskombinationen hörbar werden läßt, die ihm ein Trommler vorgibt.

Es gibt also in unserem Körper *drei Ebenen*, die uns die Möglichkeit geben, differenziertere Klänge sowie hörbare Rhythmen darzustellen:

die Ebene der Stimme,
die Ebene der Hände und
die Ebene der Füße.

Die beiden Ebenen der Hände und Füße können sich weiter in die rhythmisch voneinander unabhängigen Darstellungsmöglichkeiten von *links* und *rechts* entfalten. Vorerst jedoch wird es in unserem rhythmischen Entwicklungsprozeß darum gehen, daß die Ebenen von Stimme, Händen und Füßen voneinander unabhängig werden und ihr rhythmisches Eigenleben entfalten. Erst dann sind sie fähig, miteinander in eine Beziehung zu treten, in der auf jeder Ebene ein anderer Rhythmus hörbar und spürbar wird. Haben wir einmal diesen Punkt erreicht, dann erleben wir das überwältigende Gefühl, drei verschiedene Rhythmen im Körper zu spüren, die zusammen eine neue Ganzheit ergeben.

Die verborgene Kraft der Sprache

Der Klang unserer Sprache, ihre Dynamik und Artikulation sowie die längeren oder kürzeren Pausen, die wir beim Sprechen machen, sind Signale aus unserem Inneren. Wenn jemand überhastet, ruhig, stockend oder eintönig spricht, so steht auch das in unmittelbarem Zusammenhang mit dem momentanen Zustand seines inneren Rhythmus. Aber nicht nur wir haben unseren Rhythmus, der sich im Sprechen ausdrückt, sondern auch ein Wort hat einen Klang- und Rhythmuskörper, der ihm innewohnt. In einer Gesellschaft, in der Worte fast ausschließlich der logischen Sinnvermittlung dienen und dem Menschen in ihrer energielosesten Form entgegentreten, ist es schwer, einen Zutritt zu der elementaren Erfahrung zu bekommen, daß *Inhalt, Klang und Rhythmus eines Wortes ursprünglich eins waren.* In solcher Form ist ein Wort unmittelbare Wirklichkeit, kein meinendes Sagen, dem man sich mit logischen Argumenten entziehen kann. Der Körper mit seiner Fähigkeit zum sprachlichen Ausdruck ist das Instrument, mit dem wir Klang und Rhythmus zu einer solchen *Wirk*-lichkeit verbinden können.

Die häufigste Form eines Gesprächs basiert auf logischem Verstehen. Der Klang und Rhythmuskörper der Worte ist dabei meist kaum spürbar. Oft jedoch erlebe ich in meinen Rhythmusworkshops Gespräche, die auf einer anderen Verständnisebene verlaufen. Die darin vorkommenden Worte, wie TA KE TI NA oder GA MA LA, ergeben zwar keinen logischen Sinn, dennoch ist am Lachen der Augen und an der Offenheit der Gesichter zu sehen, daß sich zwei Menschen in einem wesentlichen Punkt ihres Seins verstanden haben.

Es ist leicht, einem Wort den logischen Sinn zu nehmen, indem wir es für lange Zeit immer wieder aussprechen, indem wir es zu einem Sprachrhythmus formen. Versuche ein beliebiges Wort in rhythmischer Abfolge 1000mal oder öfter zu sprechen. Wahrscheinlich wirst Du schon nach kurzer Zeit bemerken, daß es Dir »fremd« wird, seine Bedeutung verliert und nicht mehr dasselbe Wort zu sein scheint. Die Wiederholung des Sprachimpulses verursacht in Dir eine Bewußtseinsveränderung, und Du erfährst einen Klang- und Rhythmuskörper des Wortes, der Dir vorher verborgen war. Die Bewußtseinsveränderung jedoch ist weitgehend darauf beschränkt, daß Dir das Wort fremd erscheint. Vielleicht hat Dich das Wiederholen ruhiger gemacht, vielleicht aber auch unruhiger. Solange es sich um die Aneinanderreihung verschiedener Stimmlaute eines beliebigen Wortes handelt, ist ihre Wirkung nicht bestimmbar. Eine bewußte Abfolge bestimmter Klänge hingegen erreicht mit ihren Schwingungen die Grobstofflichkeit, die Feinstofflichkeit und die Unstofflichkeit unseres Körpers an Punkten, die uns die Wirkung spüren lassen, die ihnen innewohnt. Die Kombination solcher Laute wirkt wie ein Brennglas, welches die vorhandenen Strahlen der Sonne auf einen Punkt konzentriert und durch die gesammelte Energie Feuer entfacht. Es sind Kombinationen von Klängen, die als Urlaute in allen Bereichen der Natur vorhanden sind.

In der indischen Tradition werden solche Energieworte *Mantras* genannt. »Man« bedeutet Geistbewußtsein und »tra« heißt übersetzt Werkzeug. Ein Mantra ist also ein Werkzeug des Geistbewußtseins. Es vermag unser Bewußtsein ohne Umwege über das logische Denken zu erreichen. Die Wirkung eines Mantras beruht jedoch nicht nur auf der rhythmischen Abfolge bestimmter Laute, sondern sie ist auch von der Tiefe des Wissens und der inneren Reife dessen abhängig, der es rezitiert.

Die in den Rhythmusübungen verwendeten Lautverbindungen TA KI, GA MA LA, TA KE TI NA, MU SAN GA LA usw. sind Mantras verschiedener Rhythmusenergien. Sie sind nicht erdacht, sondern existieren seit langer Zeit in zahlreichen Kulturkreisen. Die Wirkung, die ein solches Mantra auf die gesamte Rhythmusstruktur des Menschen hat, kann nur von jemandem ausgelöst werden, dem ein Lehrer nach langjährigen Rhythmuserfahrungen das innere Wissen dazu übertragen hat.

Bei den Erfahrungen und Übungen unseres Rhythmusweges geben uns diese Silben die Möglichkeit, unser Körperbewußtsein die Rhythmusenergien ohne den Denkprozeß des Zählens erfahren zu lassen. Mit ihnen verkörpern wir uns Einheiten und Zyklen, durch sie wird ein gegliederter Immanenzpuls spürbar. In dieser Form sind die Silbenkombinationen »Rhythmuswörter«.

Ein Rhythmuswort stellt eine andere Energiestufe dar als ein Mantra.

Die Rhythmussprachen

In fast allen Kulturkreisen haben sich Sprachformen entwickelt, die ausschließlich dem Ausdruck von Rhythmus dienen. Ihre Rhythmuslaute stehen stets in Beziehung zu einer bestimmten Trommel. Beim Sprechen erklingen differenzierte Laute in rhythmischen Abfolgen, und ebenso ist es beim Trommeln. Die Laute einer solchen Sprache beschränken sich dann jeweils auf die Klänge, die eine bestimmte Trommel hervorzubringen vermag. Eine Rhythmussprache ist der stimmliche Ausdruck des Trommelns.

Es gibt drei verschiedene Möglichkeiten einer Beziehung, die die Stimme mit einer Trommel eingehen kann:

das Sprechen für eine Trommel,
das Sprechen wie eine Trommel und
das Sprechen durch eine Trommel.

Das *Sprechen für eine Trommel* ist das Sprechen in der höchsten Energieform. Es ist das Aufladen einer Trommel mit der Energie eines Mantras. Eine solche Energieübertragung ist in jedem Kulturkreis zu finden, in dem es Zeremonien zur Heilung durch Musik gibt. Wenn auch die Trommeln und die Mantras verschieden sind, so ist doch das Prinzip, das einer solchen Zeremonie zugrunde liegt, überall gleich. Die Trommeln, für die ein Mantra rezitiert wird, sind ausnahmslos rituelle Trommeln. Ihr Korpus ist aus dem Holz eines speziellen Baumes nach einem genau festgelegten Ritual gefertigt. Dadurch ist eine solche Trommel in hohem Maße fähig, die Schwingungen der Umgebung aufzunehmen. Während des Bauens entwickelt sich eine Beziehung zwischen ihr und dem Trommler, der sie spielen wird. Er lädt sie mit seinen Schwingungen auf, indem er beispielsweise beim Schlafen auf dem Fell liegt, das später auf die Trommel gespannt wird. Trommel und Trommler treten so in eine Beziehung, die ihnen später ermöglicht, miteinander zu sprechen. Es ist durchaus möglich, daß Zeremonien abgebrochen werden, weil die Trommel an diesem Tag nicht mit dem Trommler sprechen mag.

In der hochtechnisierten Welt, in der wir leben, fällt es nicht leicht, an die Wirkungen solcher Prozesse zu glauben — sie sind kein Teil unserer Erfahrung. Eine auch für uns wahrnehmbare Tatsache ist es jedoch, daß Trommeln entsprechend der Sensibilität ihrer Baumaterialien auf die Umwelt reagieren. Eine Plastiktrommel ist zwar pflegeleicht und reagiert kaum auf Temperaturschwankungen, das Innere eines Menschen jedoch kann sie sicher nicht erreichen. Bereits eine ganz »normale« Holztrommel braucht die tägliche Zuwendung des Stimmens und reagiert auf Menschen: Spielt jemand auf ihr, der die nötige Spielweise nicht beherrscht, verliert sie rasch ihren Klang.

Die Trommel lädt sich im »Besprechen« mit der Schwingung des Mantras auf. Diese Aufladung verändert das feinstoffliche Schwingungsmuster der Trommel. Wird die

Trommel gespielt, so gerät sie in Schwingung, und ihr grobstofflicher Korpus vibriert. Dadurch werden die Schwingungen des Mantras, mit denen die Trommel geladen ist, in den Raum »geschleudert«. Die Rhythmen, die in völliger Übereinstimmung mit dem Mantra sind, verstärken seine Wirkung noch.

Obwohl ich mehrmals einer solchen Zeremonie beiwohnte, kann ich bei dieser Art der Trommelsprache auf kein Musikbeispiel verweisen. Denn einerseits ist es unmöglich, mit einer Tonbandaufnahme die beschriebene Energie darzustellen. Andererseits aber würde durch die Aufnahme ein solches Ritual erheblich gestört.

Das *Sprechen wie eine Trommel* ist eine Imitation bestimmter Trommelklänge und Rhythmen durch die Stimme. Da diese nicht nur äußerst differenzierte Klänge darstellen kann, sondern nach einiger Übung auch in der Lage ist, sehr schnelle Pulsationen zu gestalten, entwickelte sich für Trommeln verschiedener Kulturkreise eine Trommelsprache, die die Klänge und Rhythmusverbindungen einer bestimmten Trommel imitiert.

Dieses Verhältnis zwischen Trommel und rhythmischem Sprechen ist eine Erweiterung der Imitation von Stimmrhythmen durch differenziertes Klatschen. Denn statt durch die Betonungen des Klatschens die Stimme zu imitieren, läßt nun ein ganz bestimmter Bewegungsablauf der Arme, der Hände und der Finger einen Ton auf der Trommel erklingen, der genau dem Klang der Stimme entspricht. So kann jeder Trommelklang aus dem Inneren wachsen, sich dann über die Sprache in Bewegung umsetzen und so auf der Trommel zum Klingen kommen. Beispiele aus den verschiedenen Kulturkreisen lassen den Bezug lebendiger werden, den es zwischen Sprache und Trommeln gibt:

Indische Musik hat eine äußerst differenziert entwickelte Trommelsprache. Einem Trommler ist sie so wichtig, daß er sie als vollwertigen Ersatz für das Spielen der Trommel empfindet. Oft habe ich in Indien erlebt, daß ein Trommler dem begeisterten Publikum mehr als eine Stunde (!) Rhythmen nur mit der Stimme vorträgt. Die Silben, die die Klänge der Trommelsprache symbolisieren, heißen »*Bolas*«. Aus ihren Klangfolgen kann ein Musiker die Schlagkombinationen auf der Trommel und die Struktur des Rhythmus erkennen.

Die gebräuchlichste Trommel in klassischer indischer Musik ist die *Tabla*. Es ist, genauer gesagt, ein Trommelpaar, bestehend aus einer bauchigen Baßtrommel, *Bayan* genannt, und einer konischen Trommel, *Dayan* genannt. Der klingende Grundschlag auf der Bayan heißt »GHE«; der klingende Grundschlag auf der Dayan heißt »TA«. Erklingen beide, so ergibt dies den Klang »DHA«.

TA TE TE TA ist also eine Figur ohne Beteiligung der Baßtrommel. DHA TE TE DHA ist eine Klangkombination, bei der die Baßtrommel den ersten und den letzten Schlag mitspielt. In der Rhythmik Indiens gibt es sehr lange Zyklen, die gegliedert werden, indem die Baßtrommel bei bestimmten Teilen nicht mitspielt. Nehmen wir nochmals das Beispiel des Rhythmus, den wir schon bei der gliedernden Funktion des Klatschen kennengelernt haben: den 16schlägigen *Teental*.

DHA DHIN DHIN DHA | DHA DHIN DHIN DHA | DHA TIN TIN TA | TA DHIN DHIN DHA

ohne Baßtrommel

Alle Silben, in denen ein »h« vorkommt, werden gehaucht gesprochen und klingen daher anders als die Silben ohne »h«. Beim Sprechen der Bolas wird dadurch hörbar, in welchen Teilen des Rhythmuszyklus die Baßtrommel mitspielt und in welchen nicht. Ein Tablameister legt bei seinen Schülern großen Wert darauf, daß diese von Anbeginn auch feine Klangunterschiede genau artikulieren, wie beispielsweise den zwischen TA und DHA.

T 18 Im folgenden Tonbeispiel hörst Du zuerst die Entsprechungen einiger elementarer Bolaverbindungen beim Sprechen und auf der Trommel. Die Bolaverbindungen im Tonbeispiel sind:

DHA TE TE DHA

DHA-TA TE TE DHA

GHE NA DHA

DHA TEREKETE TAKA DHA

DHA TETEGHERENAGHE DHI NA GHERENAGHE

DHA TIT DHA GHE NA DHA TEREKETE DHA TIT DHA GHE TI NA KE NA

TA TIT TA KE NA DHA TEREKETE DHA TIT DHA GHE DHINAGHENA

GHE NA- DHA GHE NA DHA TEREKETE DHA GHE NA DHA TIT DHA GHE NA TI NA KENA

Die Bögen unter den Bolas kennzeichnen jeweils die Länge eines Grundschlages. Versuche, ob es Dir gelingt, die gleiche Melodie im Sprachrhythmus und auf der Trommel zu hören. Vielleicht gelingt es Dir, einige einfache Verbindungen nachzusprechen.

Im nächsten Tonbeispiel hörst Du die Trommelsprache und das Spiel zweier indischer T 19
Trommelmeister: Pandit Arjun Shejwal spielt die *Pakhawaj,* Ustad Alla Rakha die Tabla. Die Pakhawaj ist die älteste Trommel und sozusagen der Vorläufer der Tabla. Die beiden Trommeln der Tabla sind in dem waagerechten Trommelkorpus der Pakhawaj zu einer Trommel vereint. Achte darauf, daß die gesprochenen und die gespielten Rhythmen identisch sind.

Die wichtigste Trommel in *koreanischer Musik* ist eine der ältesten Trommeln Asiens. Sie heißt *Tschanggo* und wurde bereits vor über viertausend Jahren von den schamanistischen Ureinwohnern der Halbinsel Korea gespielt. Die Felle der beiden Seiten werden mit zwei verschiedenartigen Trommelstecken geschlagen, die beide aus Bambus gefertigt sind: dem *Gungultsche* auf der linken Seite und dem *Joltsche* auf der rechten Seite.

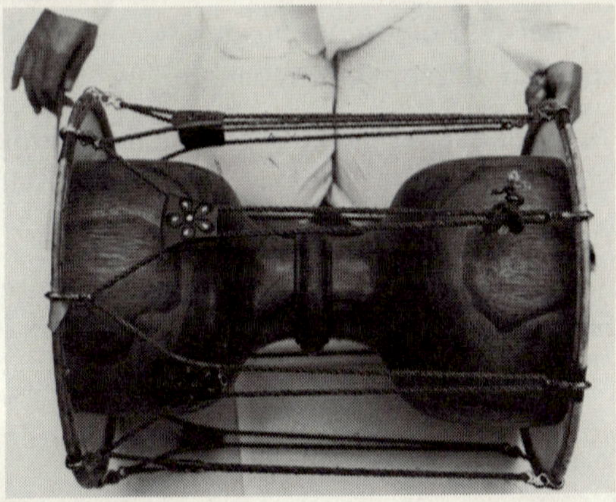

Durch ihre unterschiedliche Bauweise und durch verschiedene Anschlagsweisen entstehen auf beiden Fellen unterschiedliche Klänge. Gungultsche und Joltsche sind Bindeglieder zwischen dem Körper des Trommlers und der Trommel. Die unterschiedlichen Bewegungsvorgänge in den Händen des Trommlers, die erforderlich sind, um mit den Trommelstecken verschiedene Klänge zu spielen, werden wieder durch das laute oder innerliche Sprechen der Klänge ausgelöst. Diese Laute sind in koreanischer Musik auch in Symbolen ausgedrückt:

 KUNG: offener Schlag auf das linke Fell. Es entsteht ein klingender Baßton.

 TOK: offener Schlag mit der gesamten Länge des rechten Trommelsteckens. Es entsteht ein akzentuierter heller Klang.

 TONG: Der Zusammenklang von KUNG und TOK ergibt TONG.

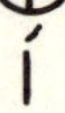 KI TOK: Schlag mit der Spitze des rechten Trommelsteckens, gefolgt von TOK. Es entsteht die schnelle Abfolge eines tieferen, weniger betonten Klanges, gefolgt von einem höheren, akzentuierten Klang.

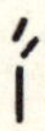 KI KI TOK: zwei Schläge mit der Spitze des rechten Trommelsteckens, gefolgt von TOK. Es entsteht die schnelle Abfolge zweier tieferer Klänge, gefolgt von einem höheren akzentuierteren Klang.

 TORR: ein Federn des rechten Trommelsteckens; es entsteht eine rhythmisch nicht definierte Abfolge des Klanges KI.

 KU KUNG: zwei offene Schläge mit dem linken Trommelstecken; es entsteht die schnelle Abfolge zweier klingender Baßtöne, von denen der zweite mehr betont ist.

T 20 Bei KI TOK, KI KI TOK und KU KUNG werden die Verzierungen KI und KU *vor* dem Schlag gespielt, so daß TOK und KUNG mit dem Schlag zusammenfallen.
Im folgenden Tonbeispiel sind die Klänge dieser Grundschläge zu hören. Versuche sie Dir zu verinnerlichen, und höre Dir dann ihre einfachste Verbindung in den drei koreanischen Rhythmen *Kutkori*, *Salpuri* und *Dosalpuri* an. Die Klangverbindungen dieser Rhythmen sind auf Seite 105 notiert, ein Quadrat entspricht dabei einem Grundschlag.
In der komplexen Rhythmik koreanischer schamanistischer Musik, die *Musogak* genannt wird, werden die Laute der Trommelsprache manchmal auf die drei Klangelemente

Kutkori

⦶		í	○	ı̋		⦶		í	°○	|		⦶
TONG		KITOK	KUNG	TORR		TONG		KITOK	KU KUNG	TOK		TONG

Salpuri

⦶	○	ı̋	í	○	ı̋	í	○	ı̋	í	°○	í	⦶
TONG	KUNG	KITOK	KITOK	KUNG	KITOK	KITOK	KUNG	KITOK	KITOK	KU KUNG	KITOK	TONG

Dosalpuri

⦶		í	í	|		í	í	°○	í	°○	í	⦶
TONG		KITOK	KITOK	TOK		KITOK	KITOK	KU KUNG	KITOK	KU KUNG	KITOK	TONG

KUNG, TRA (= KITOK) und TA (= TOK) vereinfacht. So werden die Rhythmusstrukturen auch im Zusammenklang mit anderen Instrumenten klarer erkennbar. Im folgenden Tonbeispiel ist der Schamane Kim Suk Jul bei der Erklärung des Rhythmus *Punori* zu hören. T 21

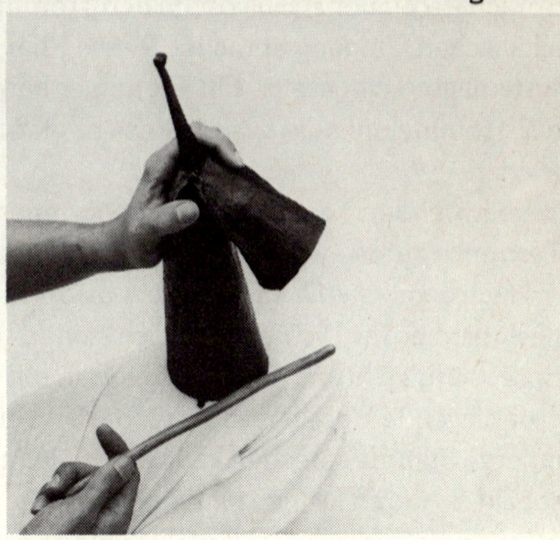

Das nächste Beispiel aus der Musiktradition *Ghanas* zeigt uns, daß eine Trommelsprache nicht nur auf Trommeln beschränkt ist, sondern gleichermaßen bei anderen Rhythmusinstrumenten, wie beispielsweise bei Glocken, Anwendung findet. In der Musiktradition Ghanas gibt es eine Musikart, die fast nur Glocken verwendet. Sie heißt *Gamala*, die in ihr verwendeten Glocken *Kangogi*.

Während Du bisher TIN als den höheren und GO als den tieferen Klang erfahren hast, beziehen sich die beiden Silben im *Gamamla* auf den Klang der Kangogi: TIN klingt länger und entspricht somit dem *tieferen* und auch längeren Klang der Glocke, GO entspricht dem kürzeren Klang der höheren Glocke.

T 22 Das folgende Tonbeispiel zeigt uns, wie die einzelnen Glockenparts ineinander verwoben sind. Achte darauf, wie jede Glockenstimme durch den Sprachrhythmus eingeführt wird.

In verschiedenen Kulturkreisen ist die Imitation der Trommelsprache unterschiedlich genau festgelegt. Beim *brasilianischen Samba* geht es um eine mehr oder minder frei gestaltete Stimm-Imitation verschiedener Rhythmusinstrumente des Samba. Trotzdem verstehen Sambistas ebenso, wie der freigestaltete Vokalrhythmus auf einer Trommel klingen soll. Denn auch bei ungebundener Imitation gibt es genaue Entsprechungen: Gedämpfte und offene Schläge, unterschiedliche Tonhöhen und Akzente werden in der
T 23 Stimmelodie hörbar. Im folgenden Tonbeispiel aus Brasilien hörst Du einen *Samba vocalizado*.

Das Sprechen durch eine Trommel ist die Darstellung von sinngebundenen Worten auf einer Trommel. Diese Art des Trommelns konnte sich nur in Kulturen entwickeln, in denen eine Tonsprache gesprochen wird. In einer solchen Sprache ist die Bedeutung eines Wortes nicht nur von Länge, Kürze und Betonung abhängig, sondern ein und dasselbe Wort hat unterschiedliche Bedeutung, je nachdem ob in der Endung die Sprachmelodie steigt oder fällt.

Unter diesen Voraussetzungen ist es naheliegend, daß die Melodie einer Trommel Sprachassoziationen auslöst. In den Trommelmelodien entstehen Stücke von Sätzen der alltäglichen Umgangssprache. Dieses Phänomen wird im Sprechen durch die Trommel systematisch eingesetzt. Ein Trommler kann dadurch allgemeine Sprachwendungen in der Trommelmelodie ausdrücken. Er gibt dabei die Sprachtöne und den Satzrhythmus wieder.

T 24 Im folgenden Tonbeispiel, aufgenommen im nördlichen Teil des Kongo, trommelt der Trommler zuerst, was er gleich darauf spricht.

Nach dem, was Du bis jetzt über die Verbindung von Stimme und Trommeln erfahren hast, wird es für Dich verständlich sein, daß jede Gestaltung auf einer Trommel einem Sprechen gleicht und daß die Fähigkeit, mit der Stimme Rhythmen zu improvisieren, eine grundlegende Voraussetzung für das Trommeln ist. Die Gestaltungen, die Du mit Deiner inneren Stimme sprechen kannst, wird jeder, der sie hört, als klare Äußerung verstehen, sobald sie durch Deine Hände auf der Trommel als Rhythmus erklingen.

Aus dem Wissen, daß die Gestaltung von Rhythmen mit der Stimme intensiv auf unser Inneres wirkt, sind in allen Kulturen Riten entstanden, in denen Sprachrhythmen über lange Zeit rezitiert werden. Die Menschen treten dabei in Kontakt mit dem Pulsieren in ihrem Inneren.

Im letzten Tonbeispiel dieses Kapitels hörst Du die Stimmrhythmen eines balinesischen *Ketschak*. Ursprünglich setzten in einer Ketschakzeremonie die Sprachrhythmen vieler Menschen eine Tänzerin in Trance. Diese Tänzerin konnte in ihrem Trancezustand die Wünsche der Götter und Ahnen verkünden. Später wurde der Ketschak ein Teil des Epos *»Ramayana«* und bekam dadurch mehr und mehr einen *Performance*-Charakter. Dennoch gibt es auch noch heute Ketschakzeremonien, in denen die Beteiligten bis zum Zustand der Trance gehen. Achte beim Hören darauf, welche Rhythmuselemente Du in den Sprachrhythmen wiedererkennst. T 25

Kapitel V

Die Übungen der Rhythmusenergien

Mit diesem Kapitel beginnt der systematische Übungsteil dieses Buches. Die folgenden Übungen geben Dir die Möglichkeit, Schritt für Schritt die Wirkungen von Rhythmuselementen zu erfahren. Stets wirken dabei zwei oder mehrere Rhythmuselemente *über längere Zeit, unverändert* aufeinander. So ist es möglich, daß Du sie in Deinem eigenen Zeitmaß zu einem Teil Deines rhythmischen Körperbewußtseins werden läßt.

Bei der Gestaltung von Rhythmen wechseln die Rhythmuselemente meist häufig. In einer Trommelimprovisation zum Beispiel setzt ein Musiker auf der Basis einer Grundpulsation die Betonungen einmal auf den Beat, dann wieder auf den Offbeat oder den Doubletime-Offbeat; ein anderes Mal füllt er den Zeitraum zwischen zwei Schlägen mit Unterteilungsschlägen, oder er setzt als Spannungselement zu der Grundpulsation eine zweite Pulsationsebene, die qualitativ unterschiedlich ist.

In den folgenden Übungen bildet die Wiederholung *ein und desselben* Rhythmuselementes zusammen mit der Grundpulsation zwei gleichbleibende *Rhythmusebenen.* Ein Beispiel soll verdeutlichen, was mit diesen Rhythmusebenen gemeint ist:

Wir haben erfahren, daß eine Einheit von drei Schlägen aus einem schweren und zwei weniger schweren Schlägen besteht. Dazwischen liegen, hörbar oder unhörbar, drei Offbeats. Wenn wir in einem Sprachfluß von GA MA LA den Offbeat zwischen GA und MA klatschen, dann erleben wir diesen Offbeat als Rhythmuselement. Im Fluß der unterschiedlich schweren Schläge wird dieser eine Offbeat als andersartiges Element spürbar. Klatschen wir hingegen alle drei Offbeats, die es zwischen den Schlägen einer Dreiereinheit gibt, so wird das Gefühl des Offbeats dominanter, und es entsteht eine *Rhythmusebene,* die zur Abfolge der ungleich schweren Schläge dazukommt. Da es in diesem Fall drei Offbeats sind, die zusammen eine zweite Ebene spürbar werden lassen, nennen wir sie eine *Offbeatebene.*

Wie können wir dies nun mit unserem Körper erleben? Wie ist es uns möglich, den Fluß der Dreiereinheiten zu verkörpern, und wodurch werden die verschiedenen Ebenen in uns lebendig?

Die Basis der ersten Rhythmuserfahrungen sind elementare rhythmische Bewegungsvorgänge des Lebens: das Schlagen des Herzens, das Strömen der Atmung, das Pulsieren des Gehens . . . Sobald wir diese Körperrhythmik durch andere Elemente erweitern, wird sie zur Basis für musikalische Rhythmen. Das Einbeziehen des Klatschens und die Verbindung der Schritte mit verschiedenen Sprachrhythmen sind einige solcher Möglichkeiten, die wir bereits erfahren haben.

In den folgenden Übungen kommt noch eine wesentliche Erweiterung dazu: Die ungegliederte Pulsation des Gehens formt sich zu *elementaren Tanzschritten.* Mit Hilfe solcher Grundschritte werden Einheiten zusammengehöriger Schläge für uns spürbar. Aber auch die Wiederkehr zum Ausgangspunkt des ersten Schlages können wir in der Bewegung eines solchen Grundschrittes fühlen. Die Bewegung der Grundschritte, die die Basis für das rhythmische Geschehen der folgenden Übungen ist, läßt in uns einen *Rhythmuskreis* lebendig werden.

Den Übungen der Rhythmusenergien liegen zwei solcher elementaren Tanzschritte zugrunde: der *Grundschritt von TA KE TI NA* und der *Grundschritt von GA MA LA.*

Das Setzen der Schritte und die Laute der Stimme verschmelzen beim Üben allmählich zu einer Einheit. Durch die gleichzeitige Wahrnehmung der Bewegung des Grundschrittes und der Melodie der Stimme wird für uns spürbar, daß wir uns in einem drei- oder vierschlägigen Rhythmuskreis bewegen.

Die Übungen der Rhythmusenergien können das rhythmische Körperbewußtsein eines *jeden Menschen* entwickeln. Dies gilt auch für jemanden, der sich für vollkommen unrhythmisch hält. Die eine Voraussetzung dafür ist Aufmerksamkeit und Ausdauer in den Übungen sowie der Rhythmus des täglichen Übens. Die andere Voraussetzung dafür ist das Spüren und Respektieren jener Grenze, an der Dein Wille ja, Dein Körper aber nein sagt. Wenn das lustvolle Körpergefühl, das Du beim langsamen Be-greifen der verschiedenen Rhythmuselemente spüren kannst, zu einer verspannten Anstrengung oder zur unkonzentrierten Motorik wird, dann ist nicht nur die Weiterentwicklung Deines rhythmischen Körperbewußtseins unmöglich, sondern es leiden auch Deine Körperrhythmen unter einer solchen Vergewaltigung. Das Ausdehnen der Grenze zwischen dem, was Du bereits kannst, und dem, was Du noch nicht kannst, ist ein Prozeß, der Spaß machen soll. Dazu gehört auch, daß Du die Schläge Deines Klatschens wieder wegläßt, sobald Du fühlst, daß Dein Körper in Anspannung gerät. Konzentriere Dich dann ganz auf die Bewegung des Grundschrittes. Wenn Du aber den Grundschritt verlierst und so aus dem Rhythmus fällst, versuche dies einfach zuzulassen und bleibe eine Weile ruhig stehen. So kann sich Dein Inneres einpendeln, und Du kannst wieder in den Fluß des Rhythmus kommen.

Die *Übungskassette* ist die Grundlage der Übungssequenz von TA KE TI NA und der Übungssequenz von GA MA LA. Auf ihr ist ein Rhythmusworkshop aufgenommen, und Du kannst hören, wie eine Gruppe durch die verschiedenen Rhythmusenergien geführt wird. Die Pulsation des Grundschrittes wird durch die Fußschellen der Gruppe und durch den Klang eines *Surdo* hörbar. Beide Übungssequenzen beginnen mit einer Übung, in der Du die Bewegung ihrer Grundschritte erfahren kannst. Dieser Grundschritt ist die rhythmische Basis für Deine Erfahrungen und bleibt innerhalb einer Sequenz stets gleich. Fühl Dich als Teil der Workshopgruppe und komme zusammen mit ihr in die Bewegung des gleichen Grundschrittes. Laß Dich dann einfach von dem führen, was Du hörst: Der Gruppenleiter gestaltet mit verschiedenen Sprachrhythmen, durch Klatschen und durch das Spielen verschiedener Instrumente das rhythmische Geschehen. Die Gruppe imitiert Schritt für Schritt das Vorgegebene. Achte darauf, daß sich beim Üben Dein Grundschritt nicht verändert, und versuche, dem anderen rhythmischen Geschehen zu folgen, soweit es Dein Körper zuläßt.

Die Übungskassette ist Grundlage Deiner Rhythmuserfahrungen. Sie ist daher so einfach strukturiert und instrumentiert wie nur möglich. Dies soll Dir auch die Möglichkeit geben, die rhythmischen Strukturen mit einem Instrument, das Du bereits spielen kannst, weiter auszugestalten.

Das Tempo der Grundpulsation spielt beim Üben eine wichtige Rolle. Es ist in allen Übungen beider Sequenzen annähernd gleich und schwankt zwischen 40 und 50 Schlägen pro Minute. Dies ermöglicht Deinem Herzschlag, mit Deinem Üben mitzuschwingen und in ein ruhiges Pulsieren zu kommen. Wenn Du schnellere Tempi für Deine Gestaltungen bevorzugst, dann versuche es mit der Doubletime, der dreimal, viermal, sechsmal oder achtmal so schnellen Pulsation.

Auf der A-Seite der Übungskassette findest Du die Sequenz von TA KE TI NA, auf der B-Seite die Sequenz von GA MA LA. Auf beiden Seiten aber hörst Du zu Beginn ein längeres Pulsieren von TA KE TI NA bzw. von GA MA LA ohne irgendeine weitere rhythmische Strukturierung. Dieser erste Teil gibt Dir die Möglichkeit, Dich einzuschwingen und in Einklang mit dem Fluß des Rhythmus zu kommen. Außerdem ist diese längere Einleitung auch die Grundlage für die Übungen komplexerer Pulsationsverhältnisse, wie beispielsweise 2 : 5, 2 : 7, 3 : 8, 4 : 5 usw.

Nimm Dir soviel von dieser Einleitung, wie Du brauchst, bevor Du mit der Übungssequenz der Rhythmusenergien beginnst.

Jede Übung der Sequenzen ist mit einem Text beschrieben. Entscheide, ob Du ihn vor oder nach dem Üben lesen magst; ob Du Dich einfach vom rhythmischen Geschehen des Tonbeispiels führen lassen willst oder ob es Dir lieber ist, den Inhalt einer Übung vorher zu kennen.

Außerdem findest Du neben dem Text jeder Übung ein *Rhythmusmandala* — eine symbolhafte Darstellung der aufeinanderwirkenden Rhythmusenergien. Es gibt zwei Wege, die rhythmischen Strukturen zu verstehen, die diese Mandalas darstellen: Du kannst die Figuren dieser Mandalas einfach auf Dich wirken lassen, oder Du kannst versuchen, ihre Strukturen zu analysieren. Ich schlag Dir vor, beide Wege zu versuchen. So können die Mandalas eine wirksame Ergänzung zu den Rhythmuserfahrungen sein, die Du in den Übungen machst.

Du findest in den Rhythmusmandalas die Silben der Sprachrhythmen, das Klatschen und das Setzen der Schritte. Die Schläge des Klatschens sind mit einem Kreis ○ und das Setzen der Schritte ist durch ein Unterstreichen ___ gekennzeichnet. Die Anzahl der Blüenblätter symbolisiert die Schläge der Sprachpulsation, die einer Übung zugrunde liegt.

Um Rhythmusstrukturen notieren zu können, möchte ich an dieser Stelle ein Notationssystem einführen, welches in fast allen Kulturkreisen zur Notation von Rhythmen gebräuchlich ist. Es ist dies die *Pulsationsnotation*. In ihr steht für jeden Puls des Rhythmus ein Zeichen, welches Klangfarbe und Intensität eines Schlages bestimmt. Im einfachsten Fall stehen beim Klatschen etwa:

○ für Klatschen und

· für Nichtklatschen.

Dies könnte erweitert werden auf

⊗ Betont-Klatschen,

○ Klatschen und

· Nichtklatschen.

Stets jedoch steht für jeden Puls ein Zeichen, welches für die Dauer eines Pulses gilt. Während in der westlichen Notation die Notensymbole auch die *Dauer* eines Tons ausdrücken, bezieht sich ein Notationssymbol in der Pulsationsnotation stets nur auf das Geschehen einer Pulslänge. Dies entwickelte sich sicherlich aus den Gegebenheiten einer

Musik, in der der Rhythmus die Dominanz hat. Von der »Dauer eines Klatschgeräusches« zu reden erübrigt sich. Sie ist von der Hallfähigkeit eines Raumes, nicht aber von unserem Gestaltungswillen abhängig. Ähnlich ist es beim Trommeln: Ob ein Schlag gedämpft oder klingend gespielt wird, ist mehr eine Frage der Tonqualität als eine der Tondauer. Ist der Schlag ausgeführt, dann klingt die Trommel, solange sie eben klingt. Ein Halten des Tones, wie dies bei Flöte, Stimme, Streichinstrumenten usw. ein wichtiger Teil der Gestaltung ist, ist bei den meisten Perkussionsinstrumenten unmöglich. Für den Trommler ist es wichtiger zu wissen, welche Klangqualität jeder Puls besitzt. In einem Rhythmus wird stets die schnellste in ihm vorkommende Pulsation als Grundlage der Notation genommen. Soll beispielsweise ein Offbeat notiert werden, so werden für jeden Grundschlag zwei Unterteilungspulse notiert. Kommen Doubletime-Offbeats vor, so werden entsprechend vier Pulse pro Schlag notiert.

Stimme, Klatschen und Schritte sind in den folgenden Übungen in drei übereinanderliegenden Zeilen notiert:

Stimme
Klatschen
Schritte

Die Schritte verkörpern immer die Schläge der Grundpulsation. Wie auch in den Rhythmusmandalas sind die Schritte durch Unterstreichung gekennzeichnet. Die Silben der Grundschritte lassen erkennen, wie viele Schläge der Grundpulsation zu einem Rhythmuskreis zusammengefaßt sind. In der Zeile darüber ist das Klatschen mit den beiden Zeichen ○ Klatschen und · Nichtklatschen notiert, die oberste Zeile zeigt den verwendeten Sprachrhythmus.

Im folgenden Notationsbeispiel wird über eine Abfolge von vierschlägigen Einheiten durchgehend der Doubletime-Offbeat geklatscht:

Stimme	TA	KE	TI	NA	TA	KE	TI	NA	TA	KE	TI	NA	TA	KE	TI	NA	TA . . .
Klatschen	·	○	·	○	·	○	·	○	·	○	·	○	·	○	·	○	·
Schritte	TA				KE				TI				NA				TA . . .

Die Stimmpulsation unterteilt die vier Grundschläge mit TA KE TI NA in je vier Unterteilungspulse. Das Klatschen fällt dabei auf die Silben KE und NA der Sprachpulsation, die Schritte setzen sich bei jedem TA der Sprachpulsation.

Die Sequenz von TA KE TI NA

Der Grundschritt von TA KE TI NA

Lies Dir zuerst den folgenden Text aufmerksam durch und verinnerliche Dir dabei den Ablauf der Übung. Stelle Dir dann ein Kassettengerät an einen Platz, an dem Du beim Üben ungestört bist, und höre Dir den Anfang der Sequenz von TA KE TI NA an. Nachdem Du die Abbildung des Grundschrittes, die Du auf der nächsten Seite findest, aufgeschlagen hast, lege sie vor Dich auf den Boden und stelle Dich locker und aufrecht hin. Schließe dann die Augen und lasse das Pulsieren von TA KE TI NA auf Dich wirken, während Du versuchst, den Kontakt Deiner Sohlen zum Boden zu spüren. Nimm Dir Zeit und sprich erst dann den Sprachrhythmus mit, wenn Du sein Pulsieren in Deinem Inneren spüren kannst: zuerst flüsternd, allmählich intensiver werdend, bis Du die Lautstärke erreicht hast, die Dir gerade entspricht.

Mit dem Lauterwerden Deiner Stimme öffne langsam die Augen und betrachte die Abbildung, die vor Dir liegt. Sprich dabei den Fluß der Silben aufmerksam weiter und komme in Deinem eigenen Zeitmaß in Bewegung, indem Du mit dem Sprechen der Silben die Schritte so setzt, wie Du es vor Dir siehst. Laß Dir dabei Zeit und fühle, wie die Schritte einfach der Bewegung Deiner Augen folgen.

Sobald es Dir möglich ist, Dich mit dem Blick von der Abbildung zu lösen, schließe wieder die Augen und versuche zu spüren, wie sich mit den Silben des Sprachrhythmus Deine Schritte setzen. Lasse in Deiner Vorstellung die Bewegung des Grundschrittes bei TA beginnen und fühle, wie Du immer wieder zu diesem TA zurückkehrst.

Erst wenn der Klang der Silben und das Setzen der Schritte eins geworden sind und Du das Lebendigwerden eines vierschlägigen Rhythmus spüren kannst, gehe zu den Übungen der Sequenz von TA KE TI NA weiter.

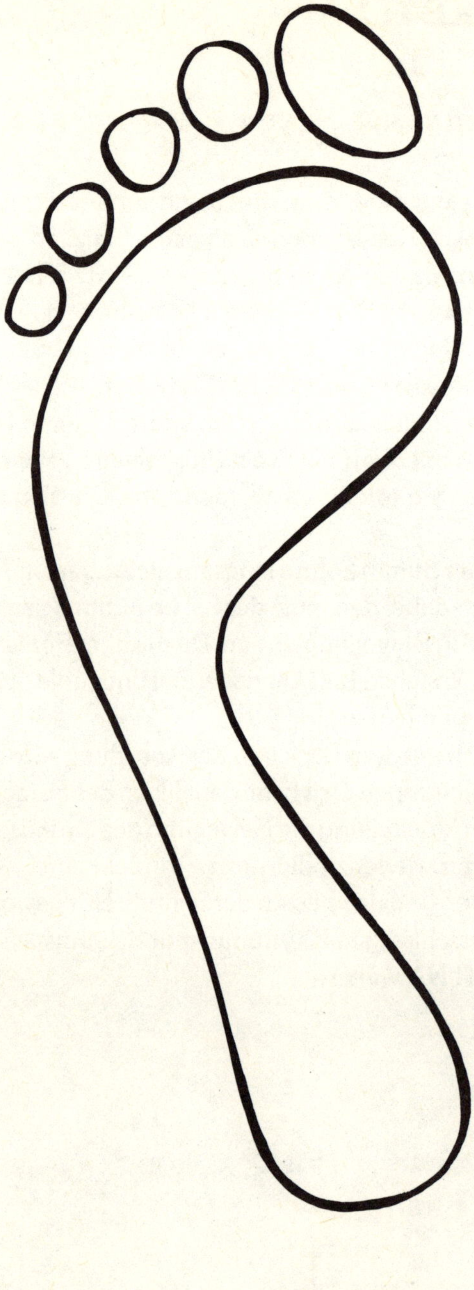

NA

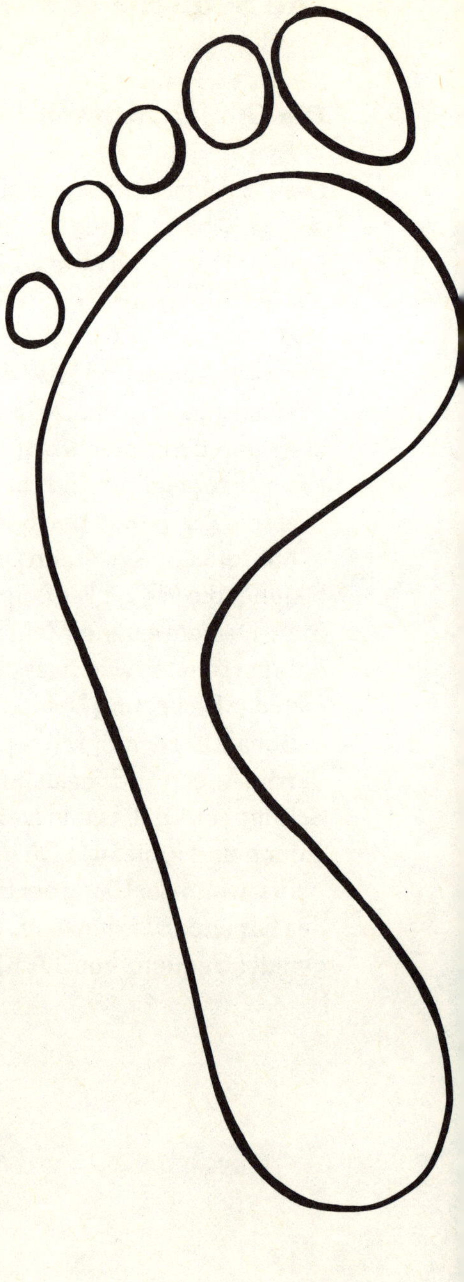

TI

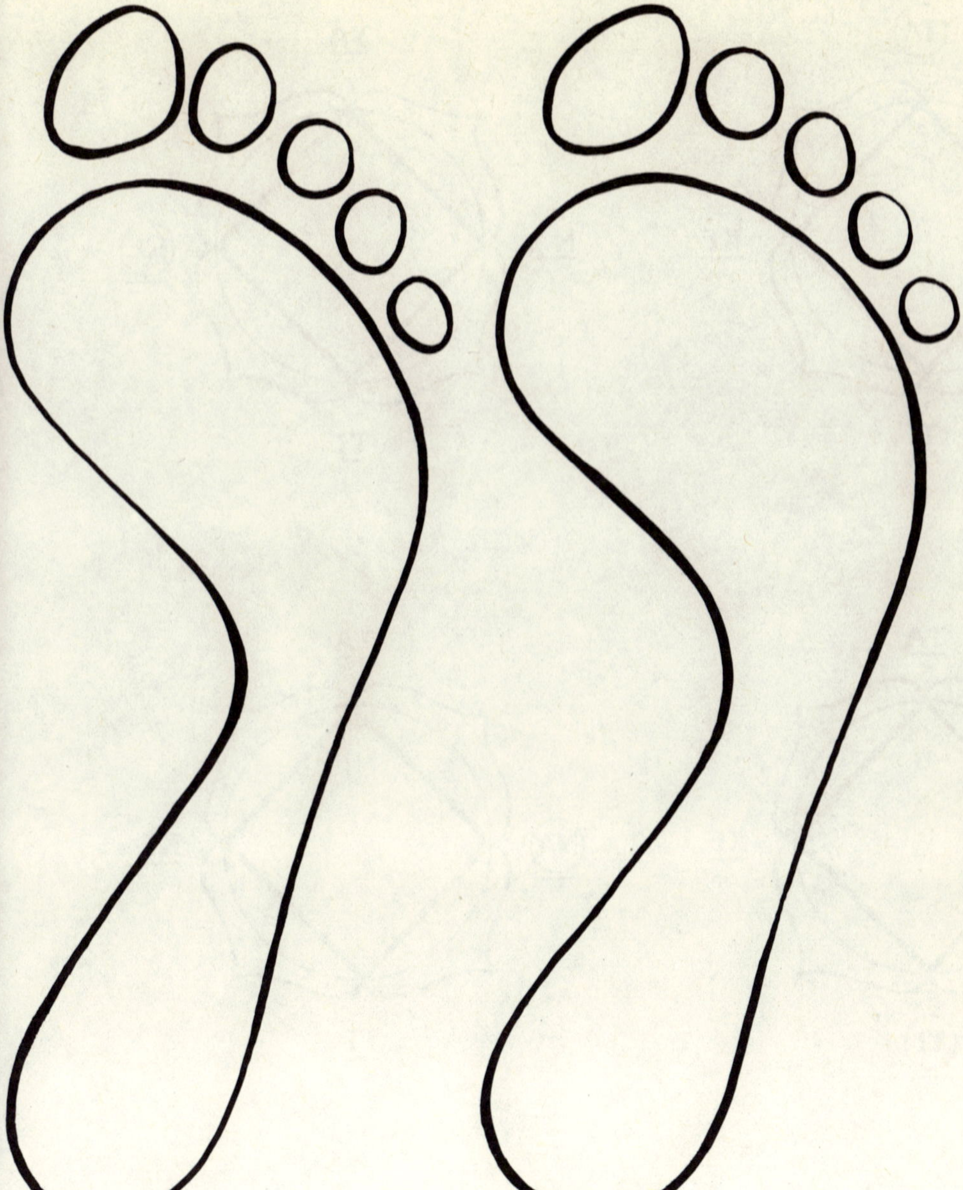

TA KE

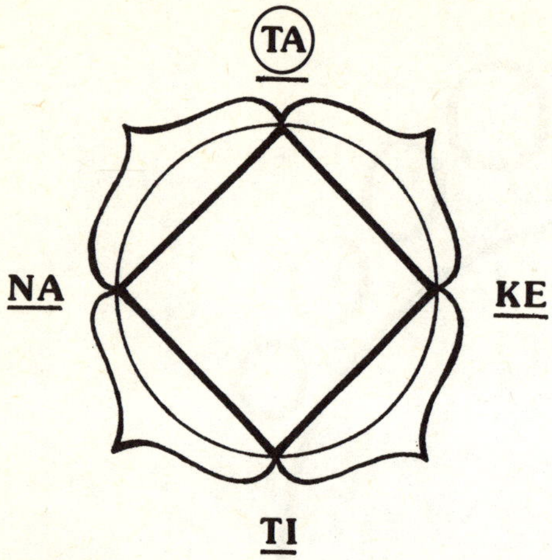
TA
NA
KE
TI

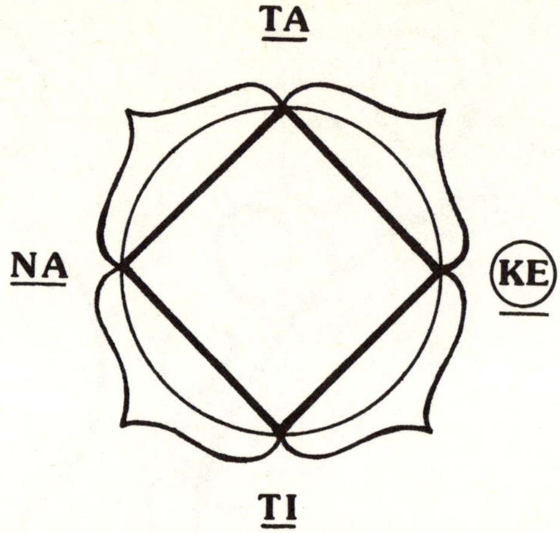
TA
NA
KE
TI

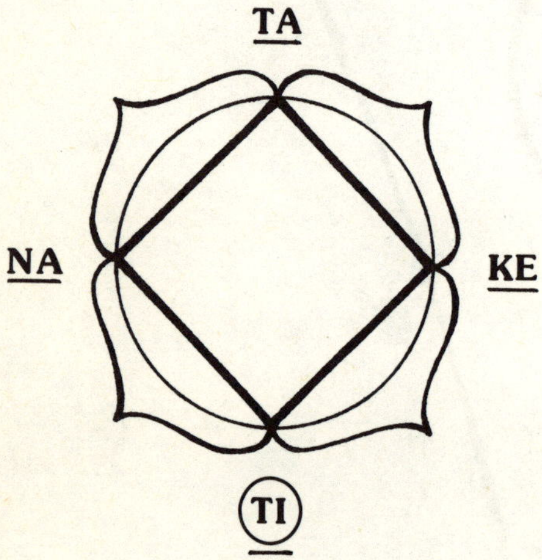
TA
NA
KE
TI

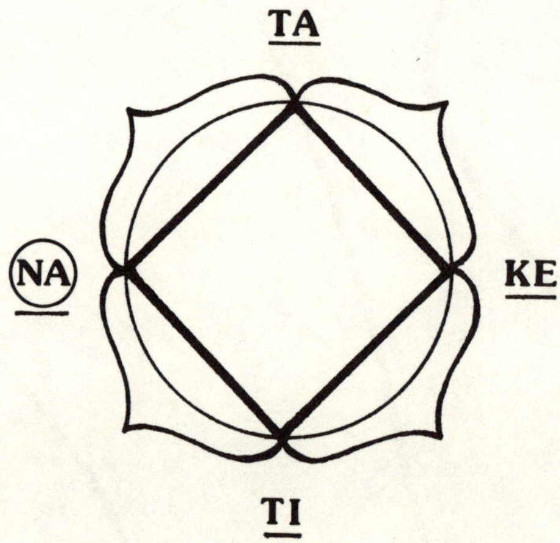
TA
NA
KE
TI

Die Betonungen der vier Schläge durch Klatschen – die Energie des Beat

Im Pulsieren von TA KE TI NA hörst Du als erste Strukturierung, wie der Leiter der Gruppe das TA durch Klatschen betont. Die Gruppe übernimmt dieses Klatschen im darauffolgenden Zyklus. Während das Klatschen bleibt, spricht der Gruppenleiter einfache rhythmische Gestaltungen über jeweils ein TA KE TI NA und spielt diese zugleich auf der Tabla. Sobald Dir das Klatschen zusammen mit der Bewegung des Grundschrittes keine Schwierigkeiten mehr bereitet, kannst Du versuchen, die Gestaltungen nachzusprechen.

Die Betonung des Klatschens wandert nach einiger Zeit auf KE. Dennoch bleibt das TA der Ausgangspunkt für die weiteren Sprachimprovisationen. Versuche auch in der Bewegung des Grundschrittes zu fühlen, wie Du immer wieder zum Ausgangspunkt der Silbe TA zurückkehrst. Schließlich klatscht die Gruppe auf die Silbe TI und als letztes auf die Silbe NA. Achte darauf, daß sich durch die verschiedenen Betonungen des Klatschens Dein Grundschritt nicht verändert. Denn erst durch das Gleichbleiben des Grundschrittes werden die unterschiedlichen Betonungen des Klatschens spürbar. Imitiere die Gestaltungen der Stimme und der Tabla nur dann, wenn Du Dich mit dem Grundschritt und dem Klatschen sicher fühlst.

Stimme	TA	KE	TI	NA	TA	...
Klatschen	○	·	·	·	○	
Schritte	TA	KE	TI	NA	TA	...
Stimme	TA	KE	TI	NA	TA	...
Klatschen	·	○	·	·	·	
Schritte	TA	KE	TI	NA	TA	...
Stimme	TA	KE	TI	NA	TA	...
Klatschen	·	·	○	·	·	
Schritte	TA	KE	TI	NA	TA	...
Stimme	TA	KE	TI	NA	TA	...
Klatschen	·	·	·	○	·	
Schritte	TA	KE	TI	NA	TA	...

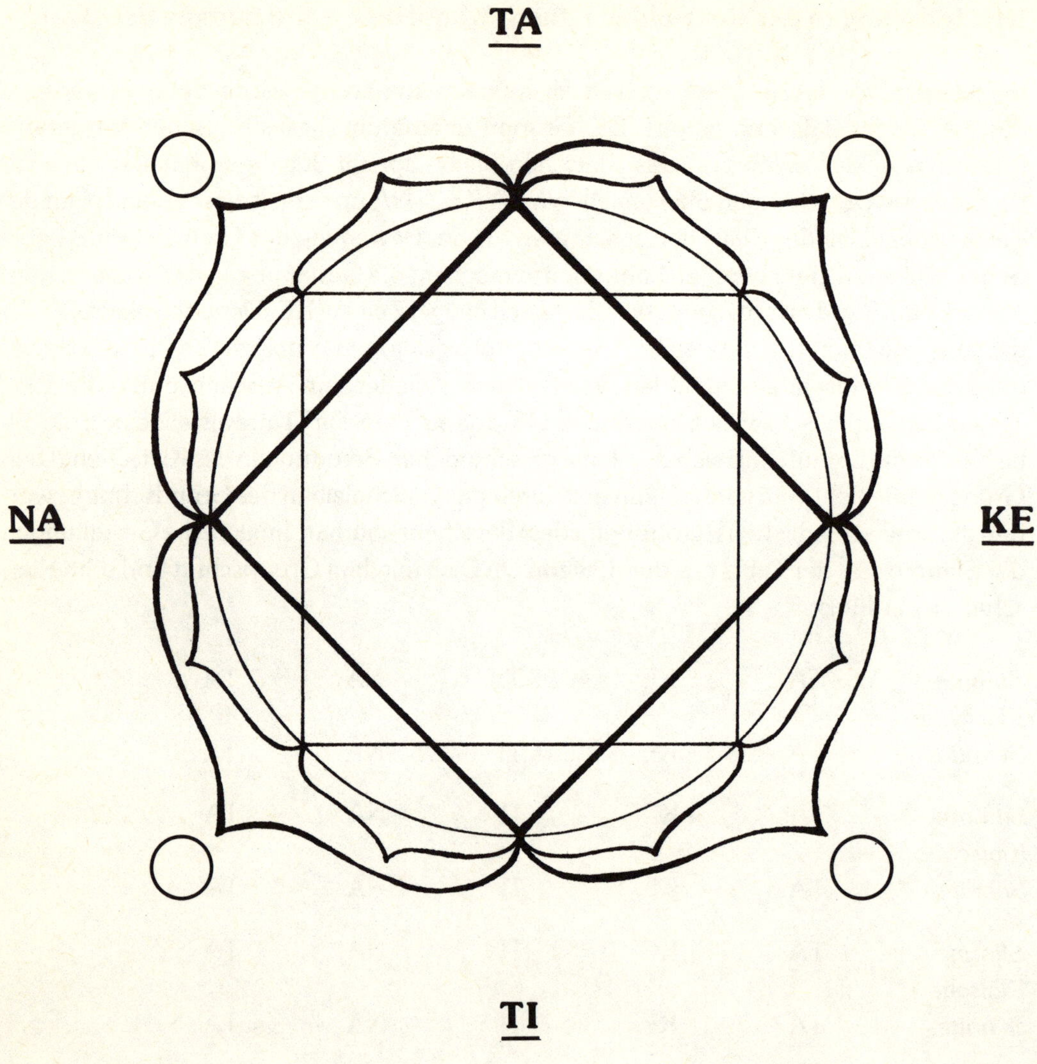
TA
NA
KE
TI

Die Energie des Offbeat

Achte darauf, wie nach der Rückkehr zum Pulsieren von TA KE TI NA das Klatschen nun zwischen die Schritte fällt. Zuerst setzt der Gruppenleiter die Betonung des Klatschens in die Mitte des Zwischenraumes von TA und KE, die Gruppe übernimmt im darauffolgenden Zyklus das Klatschen. Auf diese Weise kommt ein Offbeat nach dem anderen dazu, bis die Offbeatebene entstanden ist.

Du hörst dann, wie der Gruppenleiter mit einem Berimbão einmal auf der Beatebene und dann auf der Offbeatebene spielt. Wenn Dir die Bewegung des Grundschrittes und das Klatschen keine Schwierigkeiten mehr bereiten, kannst Du versuchen mit der Stimme auf den beiden Ebenen zu improvisieren.

Stimme	TA		KE		TI		NA		TA . . .
Klatschen	·	○	·	○	·	○	·	○	·
Schritte	TA		KE		TI		NA		TA . . .

Im zweiten Teil der Übung wechselt auch die Stimme in jedem zweiten Zyklus auf den Offbeat. Klatschen und Grundschritt bleiben dabei unverändert.

Stimme	TA		KE		TI		NA			TA		KE		TI		NA	TA . . .
Klatschen	·	○	·	○	·	○	·	○	·	○	·	○	·	○	·	○	·
Schritte	TA		KE		TI		NA		TA		KE		TI		NA		TA . . .

Wenn Dir dieser Wechsel Schwierigkeiten bereitet, dann versuche zunächst nur Grundschritt und Stimme. Lasse erst dann, wenn Du Dich damit sicher fühlst, das Klatschen Schlag für Schlag dazukommen. Achte beim Üben stets darauf, daß sich Dein Grundschritt nicht verändert. Nur durch ihn kannst Du die verschiedenartige Energie des Offbeat spüren.

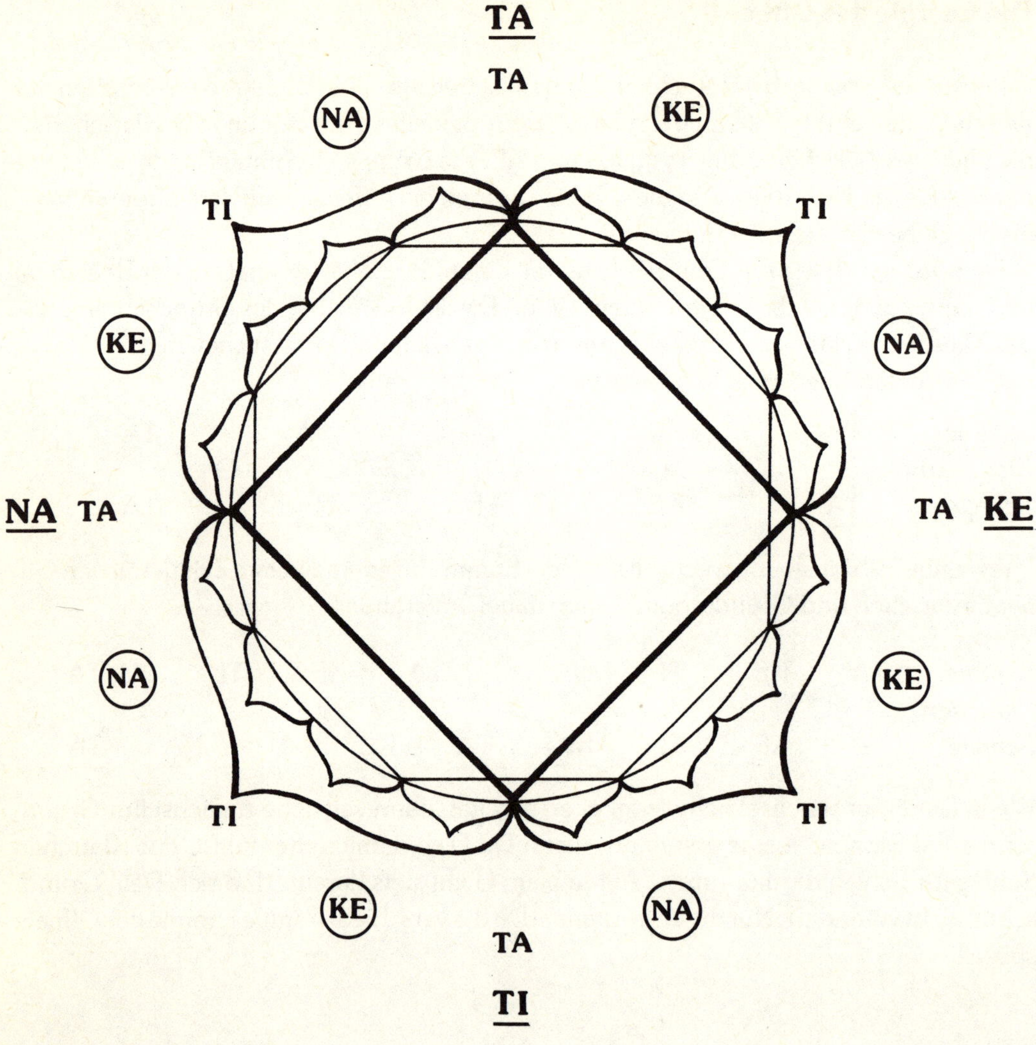
TA
TA
NA
KE
TI
TI
KE
NA
NA TA
TA KE
NA
KE
TI
TI
KE
NA
TA
TI

Die Energie des Doubletime-Offbeat

Nach der Rückkehr zum Pulsieren von TA KE TI NA teilt ein neuer Sprachrhythmus den Zeitraum zwischen den Schritten in vier Unterteilungsschläge. Mit jedem Schritt spricht die Gruppe einmal TA KE TI NA. Auf der Basis dieses neuen Sprachrhythmus wird nun ein Doubletime-Offbeat nach dem anderen durch Klatschen hörbar. Das Klatschen fällt dabei stets mit den Silben KE und NA des neuen Sprachrhythmus zusammen. Sobald die Gruppe alle Doubletime-Offbeats der Vierereinheit klatscht, kehrt sie zum ursprünglichen Sprachrhythmus des TA KE TI NA zurück: Auf das Setzen eines jeden Schrittes fällt wieder nur eine Silbe.

Die Energie des Doubletime-Offbeat wird noch deutlicher spürbar, sobald die Gruppe auf das Klatschen die Silben TIN und GO spricht. Dadurch bekommt der Doubletime-Offbeat das meiste Gewicht, dennoch bleibt die Bewegung des Grundschrittes der Bezugspunkt. Sobald Du diesen verlierst, ist auch die Energie des Doubletime-Offbeat nicht mehr spürbar.

Klatsche daher beim Üben nur so viele Doubletime-Offbeats, daß die Basis Deiner Schritte nicht ins Wanken kommt. Bleibe stets eine Zeitlang bei dem, was Du bereits kannst. Klatsche auch nur einen Doubletime-Offbeat, wenn dies Deine Grenze ist. Du lernst auch durch das, was Du von der Gruppe hörst, unaufhörlich weiter.

Stimme 1	TA	KE	TI	NA	TA	KE	TI	NA	TA	KE	TI	NA	TA	KE	TI	NA	TA . . .
Stimme 2	·	TIN	·	GO	·	TIN	·	GO	·	TIN	·	GO	·	TIN	·	GO	· . . .
Klatschen	·	○	·	○	·	○	·	○	·	○	·	○	·	○	·	○	· . . .
Schritte	TA				KE				TI				NA				TA . . .

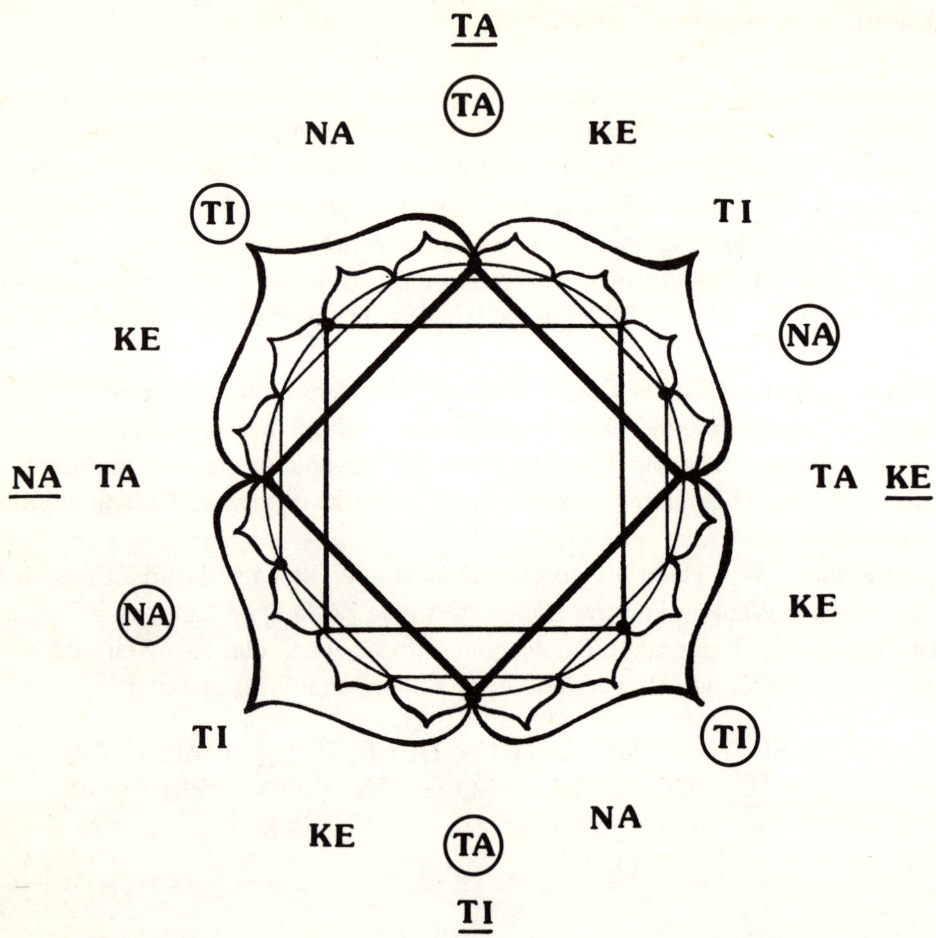

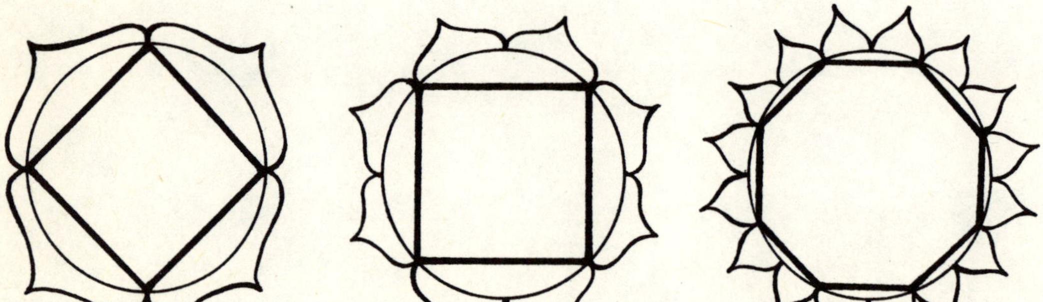

BEAT OFFBEAT DOUBLETIMEOFFBEAT

Die Verbindung von Beat, Offbeat und Doubletime-Offbeat

Am Anfang dieses Übungsteils verbindet der Gruppenleiter Beat, Offbeat und Doubletime-Offbeat zu einer elementaren Gestaltung des vierschlägigen Rhythmuskreises. Ein Sprachrhythmus, der jeden Schritt mit vier Unterteilungspulsen füllt, ist wieder die Basis des Klatschens:

Stimme	TA	KE	TI	NA	TA	KE	TI	NA	TA	KE	TI	NA	TA	KE	TI	NA	TA . . .
Klatschen	○	·	·	○	·	·	○	·	○	·	·	○	·	·	○	·	○
Schritte	<u>TA</u>				<u>KE</u>				<u>TI</u>				<u>NA</u>				<u>TA</u> . . .

Die dabei entstehende Rhythmusfigur ist Grundlage von Rhythmen aller Kulturkreise.

Sobald Dir die Verbindung von Klatschen und Grundschritt keine Schwierigkeiten mehr bereitet, lasse den Sprachrhythmus allmählich leiser werden und sprich ihn schließlich mit Deiner inneren Stimme. Versuche dann, ob es Dir gelingt, mit Deiner Stimme zu improvisieren. Das Klatschen und der Grundschritt bleiben dabei unverändert.

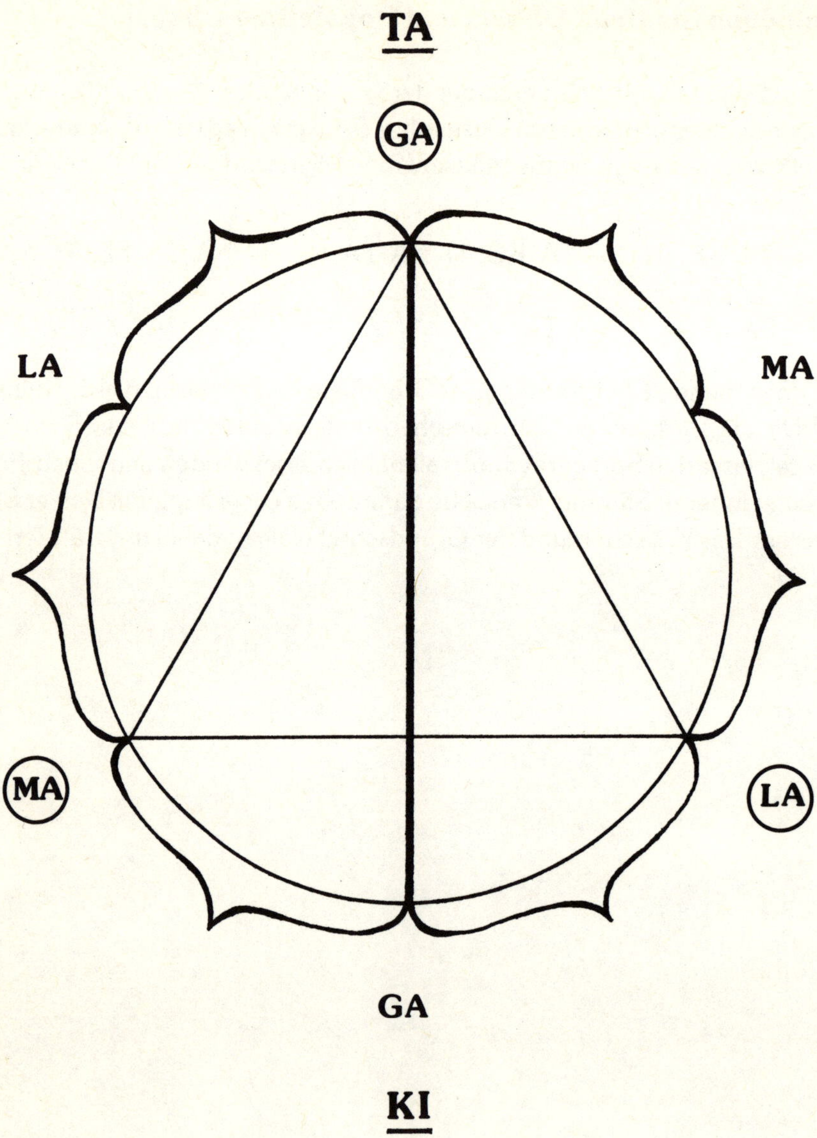
TA
GA
LA
MA
MA
LA
GA
KI

Das Pulsationsverhältnis 2 : 3

Zuerst ändert sich in diesem Übungsteil der Sprachrhythmus grundlegend: Die Gruppe spricht auf der Basis des gleichen Grundschrittes statt TA KE TI NA zweimal TA KI. Wenn Du der Gruppe bei diesem Wechsel folgst, dann erlebst Du mit dem Sprachrhythmuswechsel die Folge von einer zweischlägigen Einheit rechts und einer anderen zweischlägigen Einheit links.

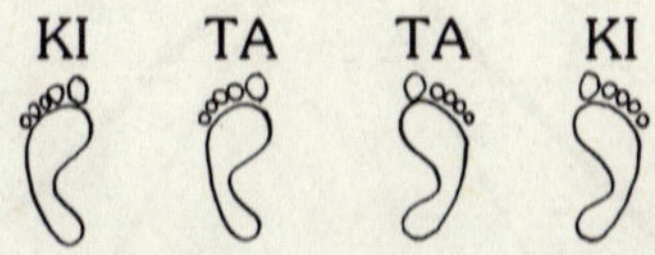

Damit ist die Zweiereinheit zur neuen Grundeinheit geworden. Als nächstes unterteilt eine Erweiterung des Sprachrhythmus wieder jeden Schritt in die drei Unterteilungspulse von GA MA LA:

Stimme	GA	MA	LA	GA	MA	LA	GA	MA	LA	GA	MA	LA	GA . . .
Schritte	TA			KI			TA			KI			TA . . .

Der Gruppenleiter setzt die Betonungen des Klatschens nun so, daß über den zwei Schlägen des Grundschrittes drei Schläge des Klatschens entstehen; die Gruppe übernimmt ein Klatschen nach dem anderen.

Stimme	GA	MA	LA	GA	MA	LA	GA	MA	LA	GA	MA	LA	GA . . .
Klatschen (Glocke)	○	·	○	·	○	·	○	·	○	·	○	·	○
Schritte	TA			KI			TA			KI			TA . . .

Die dazukommende Trommel läßt zuerst die Pulsation der Schritte deutlicher spürbar werden. Achte darauf, wie der *Surdo* und die Trommel nach einiger Zeit *gemeinsam* mit der Pulsation des Klatschens mitspielen. Wie Du an den Fußschellen hören kannst, verändert sich auch jetzt der Grundschritt *nicht*. Während Du in der ganzen Übung die Bewegung des Grundschrittes und des Klatschens nicht veränderst, entstehen durch das Spiel der Trommeln zwei unterschiedliche Körpergefühle.

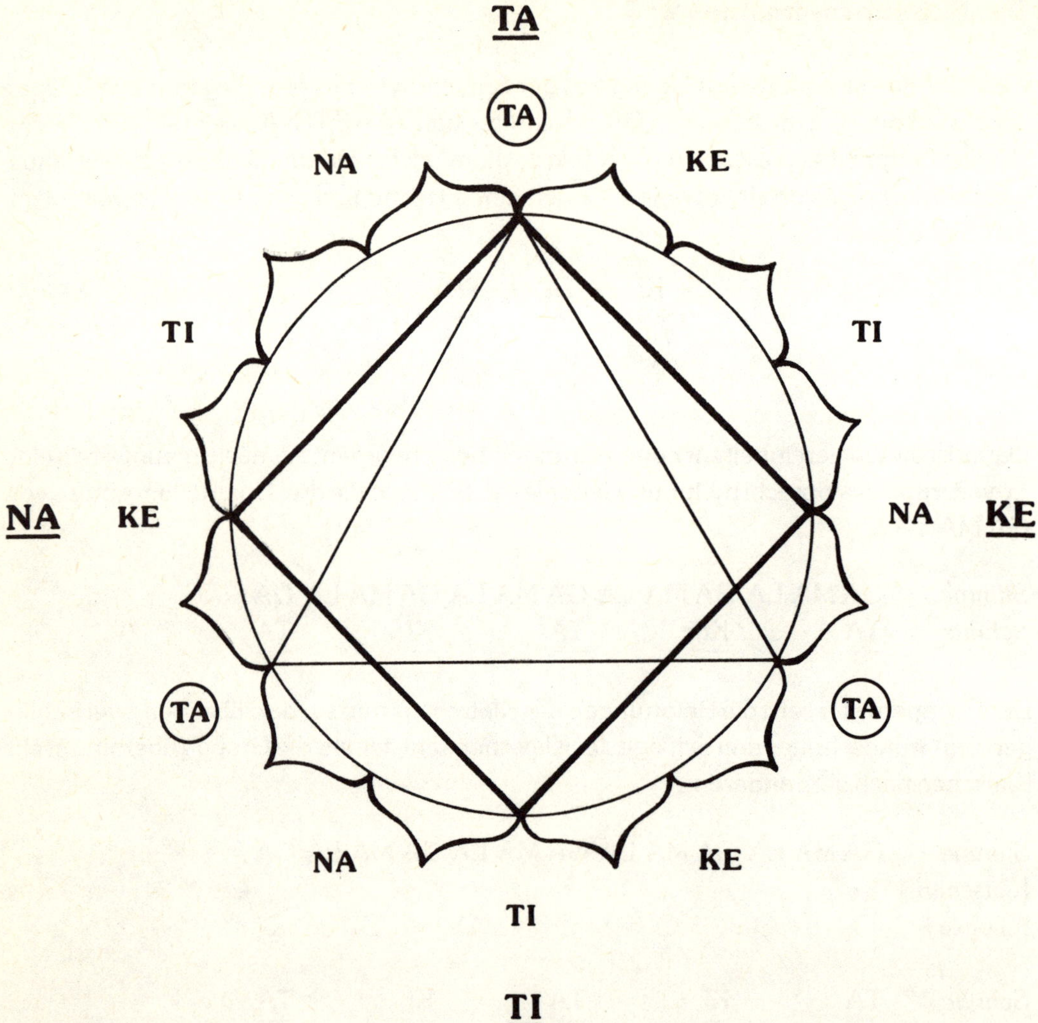
TA
TA
NA
KE
TI
TI
NA
KE
NA
KE
TA
TA
NA
KE
TI
TI

Das Pulsationsverhältnis 4 : 3

In diesem letzten Übungsteil der Sequenz von TA KE TI NA wechselt der Sprachrhythmus wieder auf TA KE TI NA. Der Grundschritt läßt in Dir wieder eine Abfolge von vier Schlägen lebendig werden. Auf dieser Basis unterteilt eine Erweiterung des Sprachrhythmus jeden Schlag wieder in drei Unterteilungsschläge:

Stimme	GA	MA	LA	GA	MA	LA	GA	MA	LA	GA	MA	LA	GA . . .
Schritte	TA			KE			TI			NA			TA . . .

Eine weitere kleine Veränderung bereitet schließlich das Klatschen vor: Statt viermal GA MA LA spricht die Gruppe dreimal TA KE TI NA; an der Rhythmusstruktur der Schritte und des Sprachrhythmus ändert sich dabei nichts:

Stimme	GA	MA	LA	GA	MA	LA	GA	MA	LA	GA	MA	LA	GA . . .
	TA	KE	TI	NA	TA	KE	TI	NA	TA	KE	TI	NA	TA . . .
Klatschen	○	·	·	·	○	·	·	·	○	·	·	·	○
Schritte	TA			KE			TI			NA			TA . . .

Der Leiter der Gruppe führt Schritt für Schritt die Betonungen des Klatschens ein, die Gruppe beantwortet das Klatschen im jeweils darauffolgenden TA KE TI NA. Dabei entsteht über der Viereinheit des Grundschrittes eine Dreiereinheit im Klatschen. Versuche zu spüren, wie diese beiden unterschiedlichen rhythmischen Bewegungen zugleich in Deinem Körper sein können. Nimm jedoch stets nur so viele Schläge des Klatschens, daß Du mit der Gruppe weiter im gleichen Grundschritt bleiben kannst, auch dann, wenn der *Surdo* nicht mehr die Grundschläge spielt, sondern das Klatschen betont. Achte darauf, welches Körpergefühl entsteht, wenn das Pulsieren des Surdo die Basis des Grundschrittes verläßt. Auch in dieser Übung kommt das Spiel einer Trommel dazu, das die beiden unterschiedlichen Pulsationsebenen deutlicher spürbar werden läßt.

Mit dem Leiserwerden des Pulsierens lege Dich in Deinem eigenen Zeitmaß auf den Boden und lasse die beiden Rhythmusebenen noch einige Zeit in Dir weiterschwingen. Sprich den Sprachrhythmus dabei weiter und fühle die Betonungen in Händen und Füßen, ohne dabei die Schritte oder das Klatschen auszuführen. Lasse schließlich auch den Fluß Deines Sprachrhythmus in das Pulsieren der inneren Stimme übergehen, und achte darauf, ob Du noch immer die beiden Ebenen spüren kannst. Bleibe noch eine Zeitlang liegen, so daß die Übungen in Dir nachschwingen können. Beende dann in Deinem eigenen Zeitmaß das Üben.

Die Sequenz von GA MA LA

Der Grundschritt von GA MA LA

Auch am Anfang der Übungssequenz von GA MA LA ist das Verinnerlichen des Grundschrittes die erste Übung. Verstehe die Bewegung des Grundschrittes von GA MA LA als Erweiterung der Bewegung, die Du schon kennst. Betrachte jedes GA MA LA als eine Einheit und entscheide selbst, mit welcher Körperseite Du beginnen magst.

Lege am Anfang der Übung die Abbildung des Grundschrittes vor Dich auf den Boden. Höre Dir den Anfang der Sequenz von GA MA LA an, und laß Dir Zeit, mit der Gruppe in einen gemeinsamen Sprachrhythmus zu kommen. Achte darauf, daß Du dabei auf-

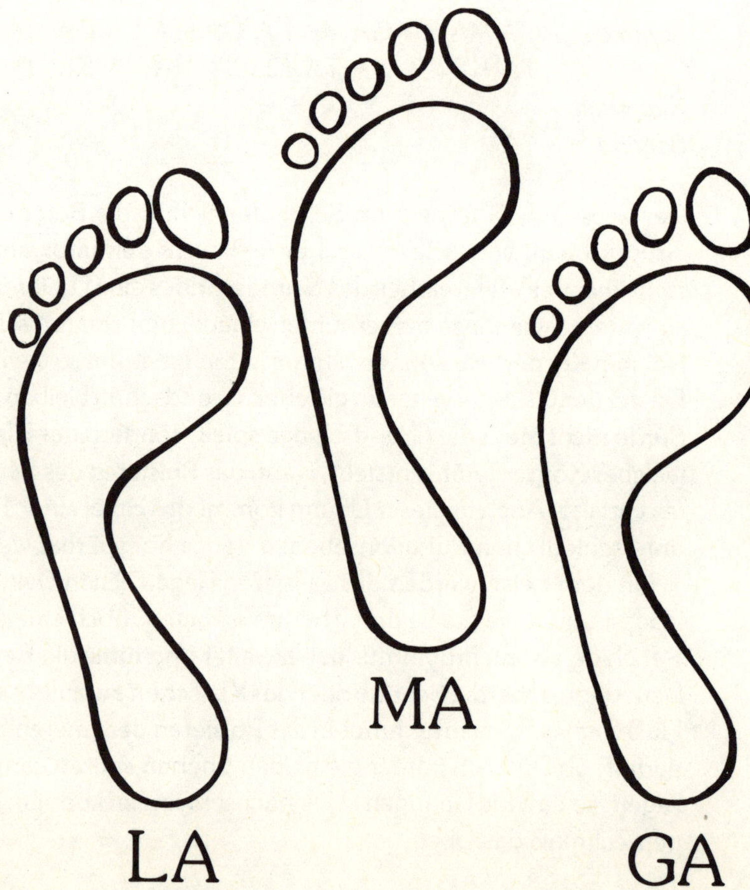

recht und locker stehst, und versuche mit geschlossenen Augen allmählich das Pulsieren von GA MA LA in Dich aufzunehmen. Sobald Du es in Deinem Inneren spüren kannst und Dein Sprachrhythmus ruhig fließt, öffne langsam die Augen und betrachte die Abbildung, die vor Dir auf dem Boden liegt. Sprich den Fluß der Silben aufmerksam weiter und komme in Deinem eigenen Zeitmaß in Bewegung, indem Du mit dem Sprechen der Silben die Schritte so setzt, wie Du es vor Dir siehst. Lasse die Bewegung Deiner Schritte am Anfang ganz minimal sein; so kann die Bewegung aus Dir wachsen und allmählich größer werden. Sobald Du im Fluß der Bewegung bist, schließe wieder die Augen und stelle Dir vor, daß die Silben Deines Sprachrhythmus durch Deine Beine zu Boden fließen und so das Setzen Deiner Schritte bewirken. Versuche zu spüren, wie auf jeder Körperseite ein dreischlägiger Rhythmuskreis lebendig wird, der bei GA beginnt und stets zu GA zurückkehrt. Erst wenn Du diesen Rhythmuskreis spüren kannst, beginne mit den Übungen der Sequenz von GA MA LA.

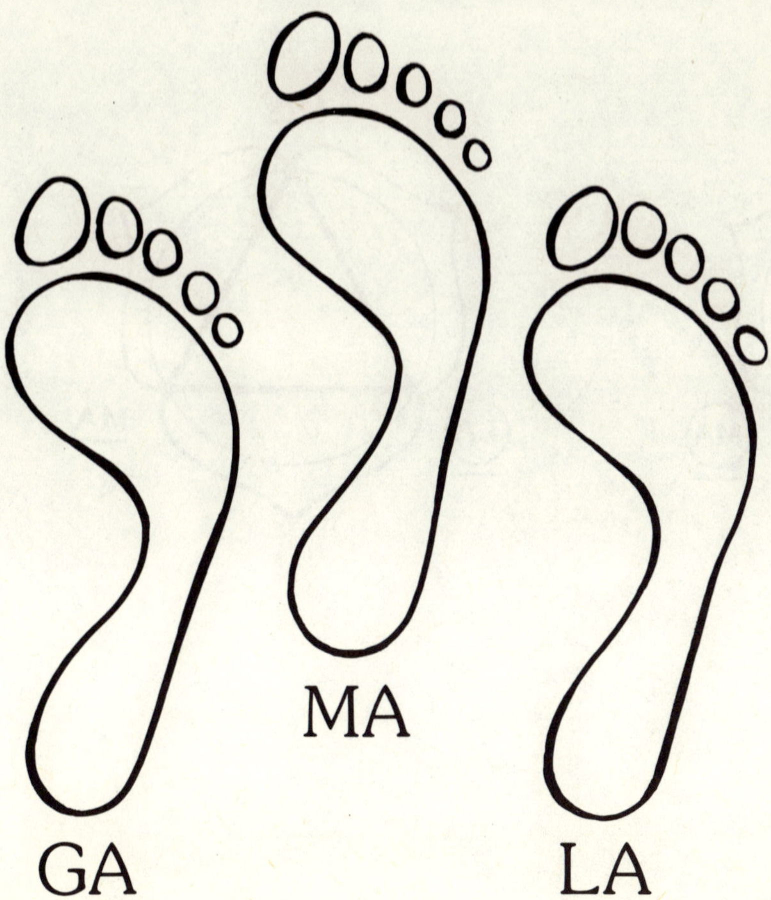

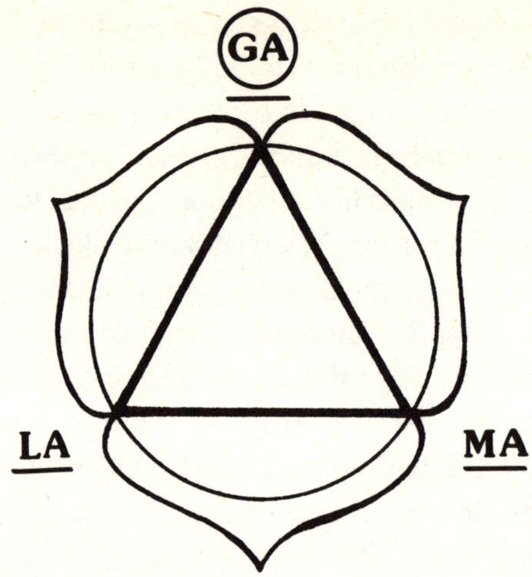
GA
LA
MA

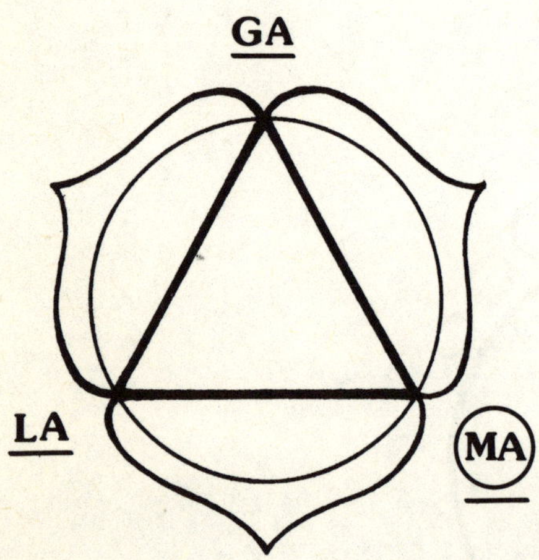
GA
LA
MA

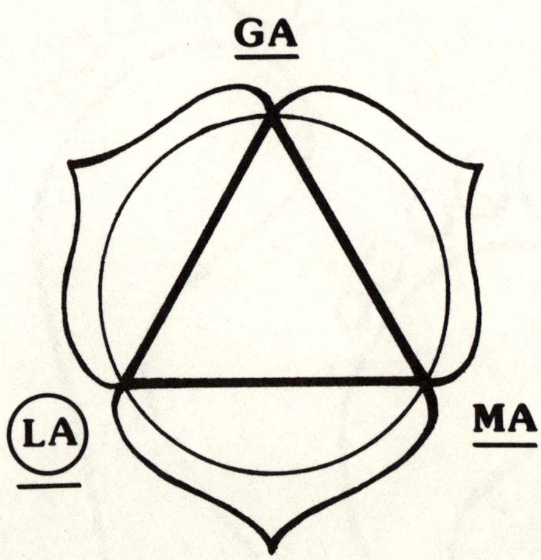
GA
LA
MA

Die Betonungen der drei Schläge durch Klatschen – die Energie des Beat

Wie schon in der Übungssequenz von TA KE TI NA ist auch jetzt die erste Strukturierung das Betonen der Schläge durch Klatschen. Achte dabei auf die unterschiedlichen Körpergefühle, denen Du auf der Basis des neuen Grundschrittes begegnest. Was bewirkt das Klatschen auf GA, MA und LA im Fluß Deiner Bewegung?

Die Gestaltungen der Sprache und der Tabla beginnen auch hier wieder auf dem ersten Schlag, auf dem GA, und erstrecken sich über jeweils einen Zyklus von GA MA LA. Versuche diese Sprachrhythmen wieder zu beantworten, sobald Du Dich mit dem Grundschritt und dem Klatschen sicher fühlst.

Stimme	GA	MA	LA	GA	. . .
Klatschen	○	·	·	○	
Schritte	GA	MA	LA	GA	. . .

Stimme	GA	MA	LA	GA	. . .
Klatschen	·	○	·	·	
Schritte	GA	MA	LA	GA	. . .

Stimme	GA	MA	LA	GA	. . .
Klatschen	·	·	○	·	
Schritte	GA	MA	LA	GA	. . .

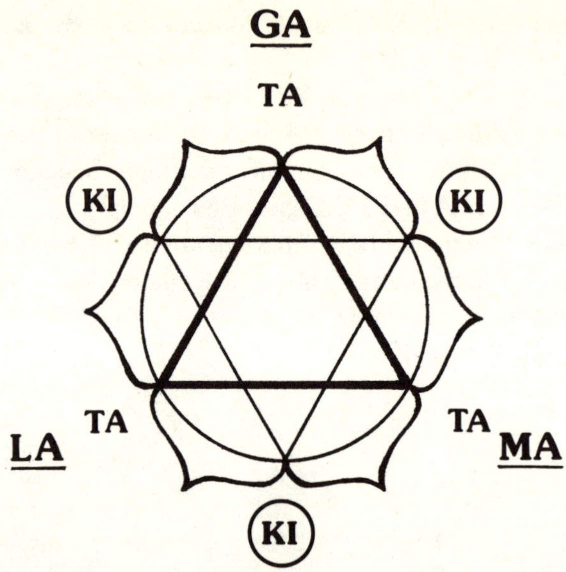
GA
TA
KI
KI
TA
LA
TA
MA
KI

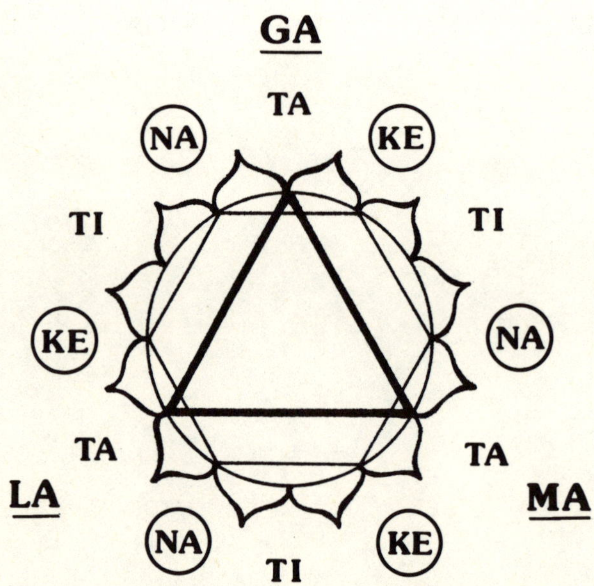
GA
TA
NA
KE
TI
TI
KE
NA
TA
TA
LA
MA
NA
KE
TI

Die Energie des Offbeat und des Doubletime-Offbeat

Auch beim Offbeat und beim Doubletime-Offbeat ist der Übungsverlauf der gleiche wie in der Sequenz von TA KE TI NA: Zuerst klatscht die Gruppe in die Zwischenräume der Schritte. Dadurch entsteht eine Offbeatebene von drei Offbeats in jedem Zyklus von GA MA LA.

Stimme	GA		MA		LA		GA	. . .
Klatschen	·	○	·	○	·	○	·	
Schritte	GA		MA		LA		GA	. . .

Später wechselt dann auch die Stimme wieder in jedem zweiten GA MA LA auf den Offbeat:

Stimme	GA		MA		LA			GA		MA		LA	GA
Klatschen	·	○	·	○	·	○	·	○	·	○	·	○	·
Schritte	GA		MA		LA		GA		MA		LA		GA

Nach der Rückkehr zum Pulsieren von GA MA LA teilt die Gruppe die Zeiträume zwischen den Schritten wieder mit TA KE TI NA in vier Unterteilungsschläge. Der Gruppenleiter setzt die Betonungen des Klatschens auf die beiden Silben KE und NA. Sobald die Doubletime-Offbeatebene entstanden ist, kehrt die Gruppe wieder zum ursprünglichen Sprachrhythmus von GA MA LA zurück: Auf jeden Schritt fällt wieder nur eine Silbe.

Auch hier wird durch eine afrikanische Glocke, die auf die Doubletime-Offbeats gespielt wird, die Energie der Doubletime-Offbeatebene deutlicher spürbar. Versuche mit der Gruppe die beiden Silben TIN und GO zusammen mit dem Klatschen zu sprechen.

Stimme 1	TA	KE	TI	NA	TA	KE	TI	NA	TA	KE	TI	NA	TA	. . .
Stimme 2	·	TIN	·	GO	·	TIN	·	GO	·	TIN	·	GO	·	. . .
Klatschen	·	○	·	○	·	○	·	○	·	○	·	○	·	
Schritte	GA				MA				LA				GA	. . .

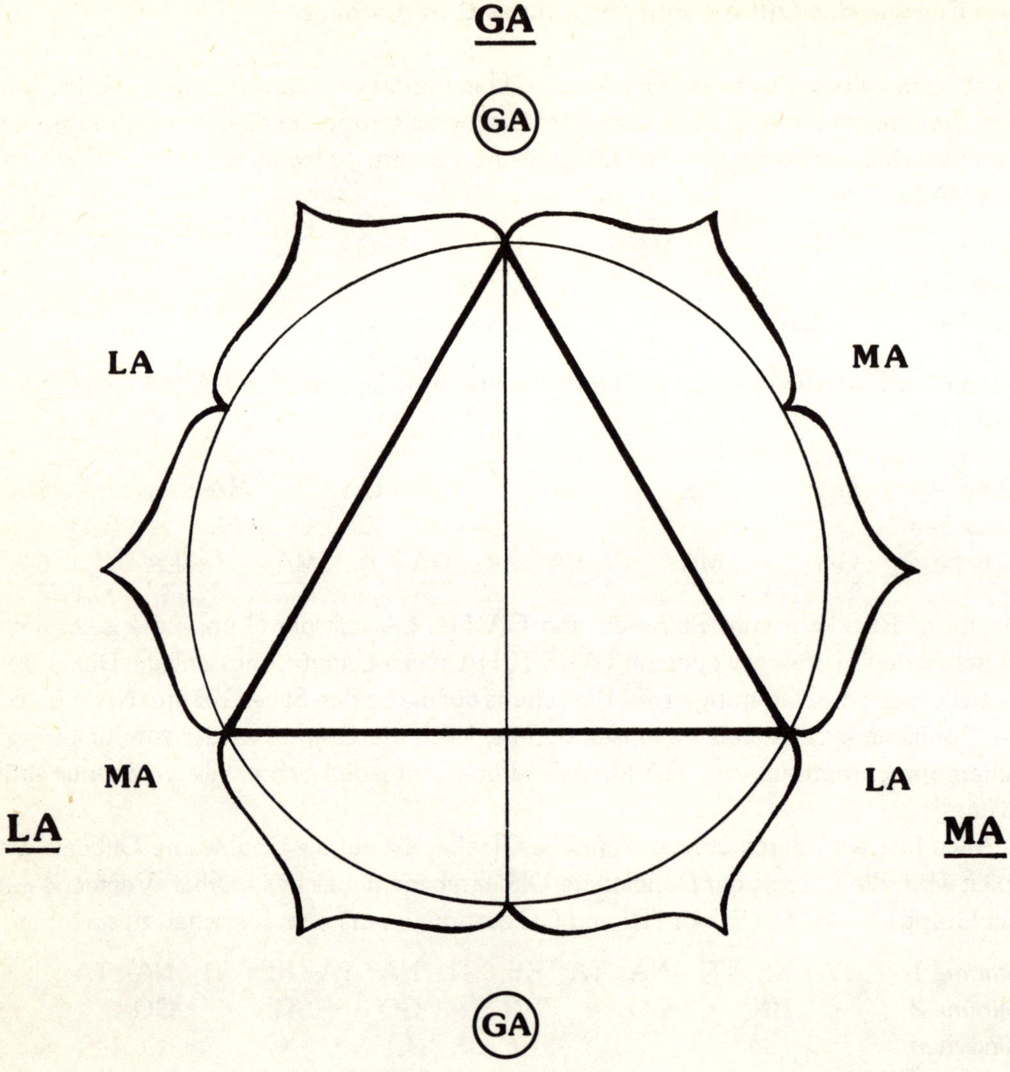
GA
GA
LA
MA
MA
LA
LA
MA
GA

Das Pulsationsverhältnis 3 : 2

Nochmals treffen sich die Zwei und die Drei in einem gemeinsamen Rhythmuskreis. Diesmal jedoch ist die dreischlägige Einheit die Basis des Pulsationsverhältnisses. Die Bewegung des Grundschrittes läßt die Abfolge dreischlägiger Einheiten spürbar werden, während eine einfache Verdoppelung des ursprünglichen Sprachrhythmus GA MA LA bereits die Betonungen des Klatschens in sich trägt: Der Leiter der Gruppe setzt sie auf jedes GA.

Stimme	GA	MA	LA	GA	MA	LA	GA	MA	LA	GA	MA	LA	GA	. . .
Klatschen	○	·	·	○	·	·	○	·	·	○	·	·	○	
Schritte	GA		MA		LA		GA		MA		LA		GA	. . .

Achte darauf, wie die später dazukommende Trommel die Pulsation der Schritte deutlicher spürbar werden läßt, bis schließlich der Surdo und die Trommel gemeinsam wieder mit dem Klatschen mitspielen. Der Grundschritt bleibt dabei wie immer unverändert.

Wenn Du nach einigem Üben die unterschiedlichen Energien der beiden Pulsationen wahrnehmen kannst, versuche mit der Stimme sowohl zum Klatschen als auch zu Deinen Schritten zu improvisieren.

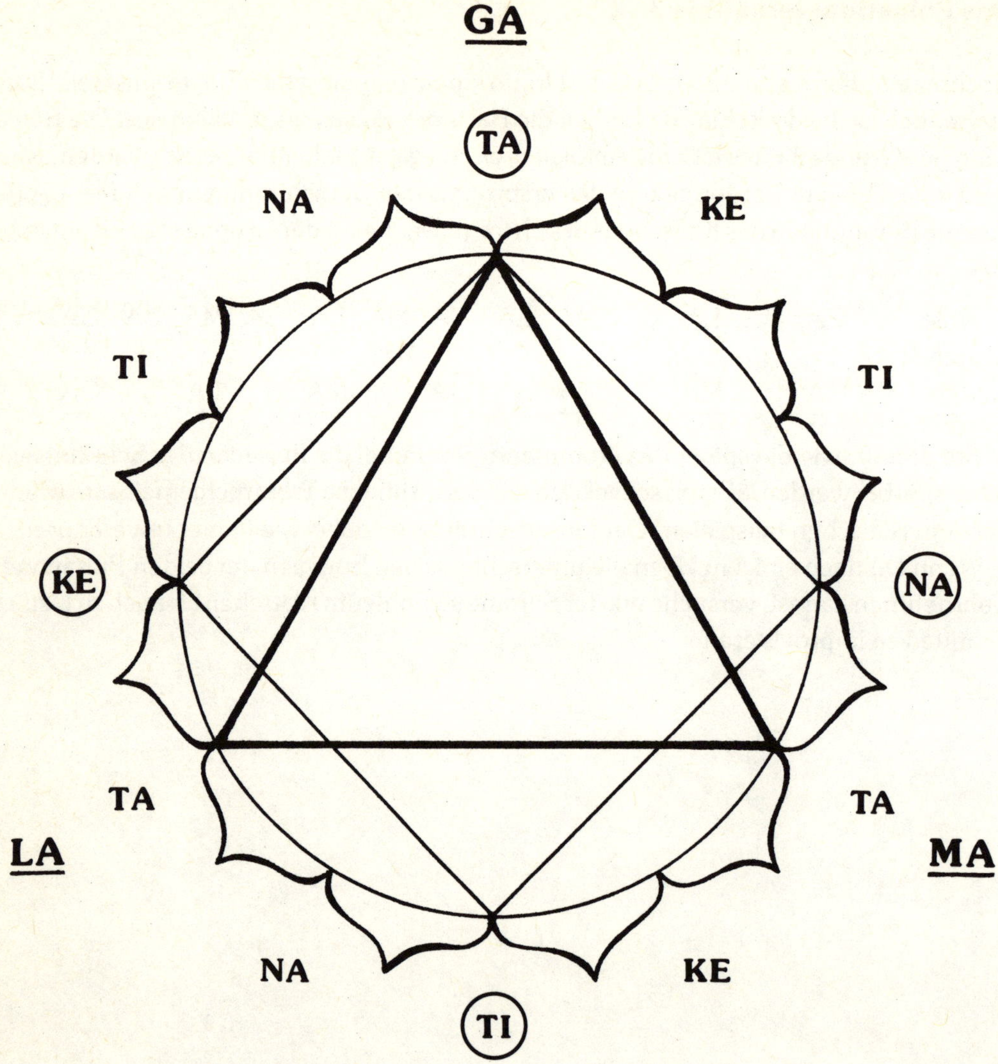

GA
TA
NA
KE
TI
TI
KE
NA
TA
TA
LA
MA
NA
KE
TI

Das Pulsationsverhältnis 3 : 4

Auch das Zusammensein der Drei und der Vier in einem gemeinsamen Rhythmuskreis hast Du bereits erfahren. Dieser Übungsteil der Sequenz von GA MA LA zeigt jedoch, daß auf der Basis der dreischlägigen Einheit ein anderes Körpergefühl entsteht als auf der Basis der vierschlägigen. Denn gegenüber der Übung derselben Rhythmusenergien in der Sequenz von TA KE TI NA hat sich der rhythmische Bezugspunkt geändert. Es zeigt sich somit, daß die Wirkung eines Pulsationsverhältnisses auf unser rhythmisches Körperbewußtsein davon abhängig ist, was wir als Bezugspunkt, als Basis des rhythmischen Geschehens erleben. Auch dann, wenn es Dir in der Übung gelingt, beide Rhythmusebenen in ihrer Verschiedenheit gleich deutlich wahrzunehmen, setzt die Bewegung Deines Grundschrittes den rhythmischen Bezugspunkt.

Zuerst unterteilt ein Sprachrhythmus die Zwischenräume der Schritte in vier Unterteilungsschläge: Auf jeden Schritt spricht die Gruppe die vier Silben TA KE TI NA. Die Betonungen des Klatschens führt der Gruppenleiter daraufhin folgendermaßen ein:

Stimme	TA	KE	TI	NA	TA	KE	TI	NA	TA	KE	TI	NA	TA	...
Klatschen	○	·	·	○	·	·	○	·	·	○	·	·	○	
Schritte	GA				MA				LA				GA	...

Surdo und Trommel lassen wieder die unterschiedliche rhythmische Energie spürbar werden, die die vier Schläge des Klatschens und die drei Schläge des Grundschrittes haben. Orientiere Dich, sobald der Surdo mit dem Klatschen mitspielt, an den Fußschellen der Workshopgruppe.

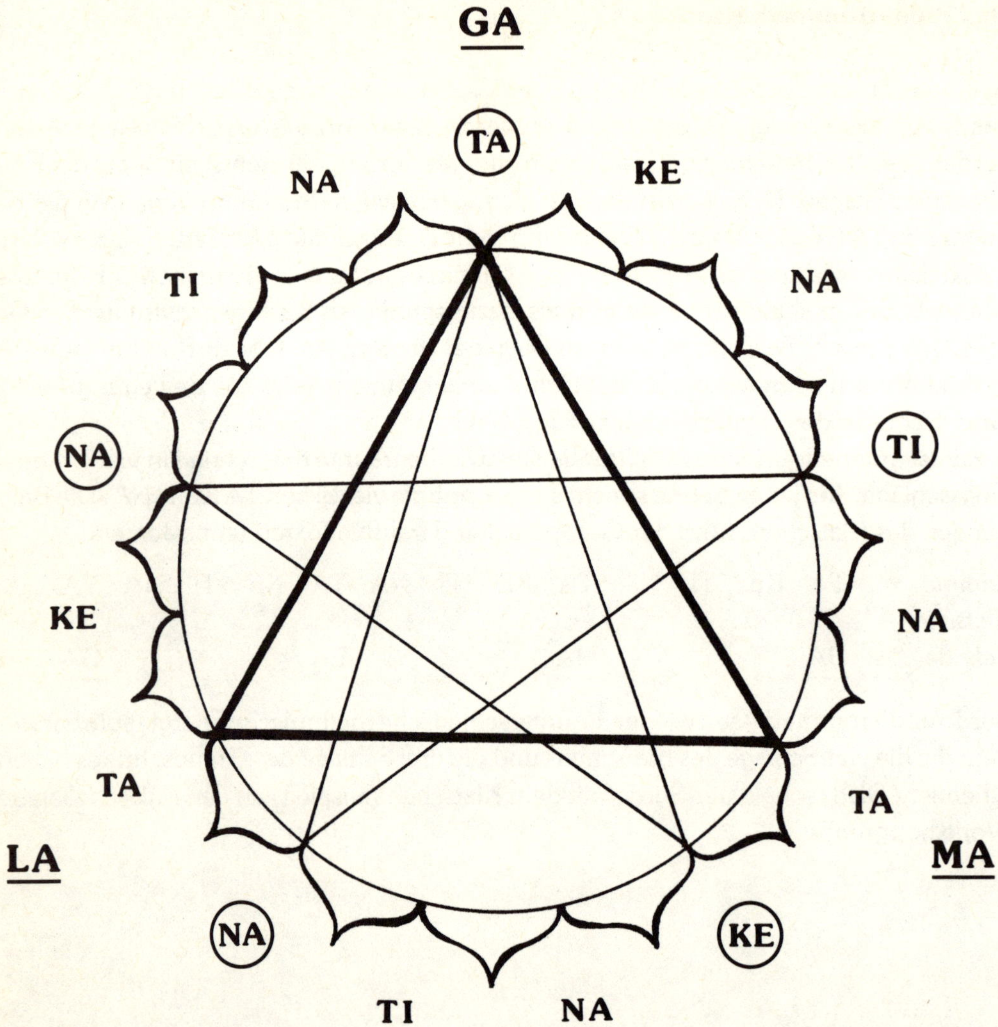
GA
TA
NA
KE
TI
NA
NA
TI
KE
NA
TA
TA
LA
MA
NA
KE
TI
NA

Das Pulsationsverhältnis 3 : 5

Im letzten Übungsteil der Sequenz von GA MA LA erlebst Du das Zusammenwirken zweier Rhythmusenergien, das bisher noch nicht vorgekommen ist: Es ist dies die Fünf, die mit der Drei in einen gemeinsamen Rhythmuskreis tritt. Das Verhältnis der Drei und der Fünf ist in mehrfacher Hinsicht ein besonderes: Zunächst symbolisiert es die Teilung einer Strecke im »Goldenen Schnitt«. Dies ist eine in der Natur, in der Kunst und am menschlichen Körper häufig vorkommende Proportion, die wir als besonders harmonisch wahrnehmen. Tatsächlich teilt in einem Körper, den wir proportioniert empfinden, der Bauchnabel die gesamte Körperlänge, das Knie die Länge des Beins und die Augenbrauen die Höhe des Kopfes im Verhältnis des Goldenen Schnittes. Weiters ist das Verhältnis der beiden Primzahlen drei und fünf im Bereich des Rhythmus ein Verhältnis zweier ungeteilter Einheiten. In den folgenden Kapiteln wirst Du erfahren, daß es in ihnen keine Resonanzpulsation gibt. In ihrem natürlichen Fluß sind sie, wie auch die Primzahlen, nur durch sich selbst teilbar.

Während in der vorangegangenen Übung Dein Sprachrhythmus die Zwischenräume der Schritte mit vier gleich langen Unterteilungsschlägen gefüllt hat, sind es jetzt die fünf Unterteilungsschläge von TA KE NA TI NA, mit denen Du die Zwischenräume der Schritte füllst. Übernimm, sobald Du im Fluß dieses Sprachrhythmus bist, in Deinem eigenen Zeitmaß das Klatschen, welches der Leiter der Workshopgruppe folgendermaßen einführt:

Stimme	TA	KE	NA	TI	NA	TA	KE	NA	TI	NA	TA	KE	NA	TI	NA	TA	. . .
Klatschen	○	·	·	○	·	·	○	·	·	○	·	·	○	·	·	○	
Schritte	GA					MA					LA					GA	. . .

Während die Trommel wieder mit dem Surdo abwechselnd einmal das Klatschen und einmal die Schritte begleitet, kannst Du die beiden unterschiedlichen Pulsationsebenen durch Klatschen und Fußschellen hören.

Auch am Ende der Sequenz von GA MA LA wird das Pulsieren allmählich leiser. Lege Dich in Deinem eigenen Zeitmaß auf den Boden und lasse beide Rhythmusebenen noch einige Zeit in Dir schwingen. Sprich den Sprachrhythmus mit Deiner inneren Stimme weiter und lasse auch diese schließlich immer leiser werden, bis es still in Dir geworden ist. Bleibe dann noch einige Zeit liegen und beende die Übung in Deinem eigenen Zeitmaß.

Die Rhythmusenergien, die Du in den beiden Übungssequenzen Schritt für Schritt erfahren kannst, bilden die Grundlage Deines rhythmischen Körperbewußtseins. Es sind die Rhythmusenergien, die in der Vielfalt von Rhythmen verschiedener Kulturkreise am häufigsten vorkommen.

Sobald Du sie Dir durch tägliches Üben verinnerlicht hast, kannst Du auf ihrer Basis einfache Rhythmusfiguren gestalten. Durch ein solches eigenständiges Gestalten kannst Du die Rhythmusenergien, die Du in den Übungssequenzen erfahren hast, in immer neuen Schattierungen erleben.

Nimm als Grundlage für Deine Gestaltungen entweder das Pulsieren von TA KE TI NA oder das Pulsieren von GA MA LA auf der Übungskassette. Du kannst aber auch eine Pulsation in Deinem Inneren entstehen lassen und sie als Basis für einen der beiden Grundschritte nehmen, wenn Du für Deine Gestaltung ein anderes Tempo wählen willst.

Die Gestaltungsmöglichkeiten, die Du mit Deinem Körper in den Rhythmuskreisen der beiden Grundschritte und mit dem körperlichen Wissen der grundlegenden Rhythmusenergien hast, sind endlos. Du kannst mit Deiner Stimme, mit dem Klatschen und auch mit Deinen Schritten Rhythmusfiguren formen.

Nimm als ersten Ausdruck des Gestaltens das Klatschen. Die Schritte lassen den Rhythmuskreis spürbar werden, die verschiedenen Sprachpulsationen sind die Grundlage, auf der die Rhythmusfiguren entstehen können. Ein paar einfache Übungsbeispiele sollen Dir Anregungen geben, wie Du auf der Basis Deines rhythmischen Körperwissens Deine eigene Rhythmuswelt nach und nach aufbauen kannst.

Die verschiedenen Sprachpulsationen entstehen durch das Unterteilen der Grundschläge: mit TA KI in zwei, mit GA MA LA in drei und mit TA KE TI NA in vier Unterteilungsschläge. Die Basis der folgenden Beispiele ist das Pulsieren von TA KE TI NA.

Zwei Beispiele von Rhythmusfiguren auf der Sprachpulsation von zwei Unterteilungsschlägen:

Stimme	TA	KI	TA	KI	TA	KI	TA	KI	TA . . .
Klatschen	○	·	·	○	·	○	·	○	○
Schritte	<u>TA</u>		<u>KE</u>		<u>TI</u>		<u>NA</u>		<u>TA</u> . . .

Stimme	TA	KI	TA	KI	TA	KI	TA	KI	TA . . .
Klatschen	·	○	·	○	○	·	○	·	·
Schritte	<u>TA</u>		<u>KE</u>		<u>TI</u>		<u>NA</u>		<u>TA</u> . . .

Zwei Beispiele von Rhythmusfiguren auf der Sprachpulsation von drei Unterteilungsschlägen:

Stimme	GA	MA	LA	GA	MA	LA	GA	MA	LA	GA	MA	LA	GA . . .
Klatschen	○	○	·	○	○	·	○	·	○	·	○	·	○
Schritte	TA			KE			TI			NA			TA . . .
Stimme	GA	MA	LA	GA	MA	LA	GA	MA	LA	GA	MA	LA	GA . . .
Klatschen	·	·	○	·	·	○	·	○	·	·	○	·	·
Schritte	TA			KE			TI			NA			TA . . .

Zwei Beispiele von Rhythmusfiguren auf der Sprachpulsation von vier Unterteilungsschlägen:

Stimme	TA	KE	TI	NA	TA	KE	TI	NA	TA	KE	TI	NA	TA	KE	TI	NA	TA . . .
Klatschen	○	·	○	○	·	○	○	·	○	○	·	○	·	○	○	·	○
Schritte	TA				KE				TI				NA				TA . . .
Stimme	TA	KE	TI	NA	TA	KE	TI	NA	TA	KE	TI	NA	TA	KE	TI	NA	TA . . .
Klatschen	○	○	·	○	○	○	○	○	·	○	·	○	○	○	○	·	○
Schritte	TA				KE				TI				NA				TA . . .

Nachdem Du versucht hast, die Rhythmusfiguren dieser Übungsbeispiele zu klatschen, lasse Deinem Spielen freien Lauf, und versuche auf diese Weise Deine eigenen Gestaltungen zu finden. Nimm Dir dabei viel Zeit, so daß sich die Rhythmusfigur aus dem Pulsieren Deines Sprachrhythmus langsam entwickeln kann.

Sobald eine Rhythmusfigur entstanden ist, klatsche sie eine Weile unverändert zur Bewegung Deines Grundschrittes. So kannst Du erfahren, wie sie auf Dich wirkt.

Wenn Du das Gefühl hast, daß keine Rhythmusfigur in Dir entstehen mag, so laß Dir Zeit und bleibe beim Spielen. Oder Du läßt es einfach sein und probierst es nach dem nächsten Üben der Sequenzen. Willst Du aber noch einen weiteren Schritt in Deiner Gestaltung tun, so möchte ich Dir zwei Möglichkeiten vorschlagen:

Die eine ist die, daß Du Deine Rhythmusfigur unverändert weiterklatschst und durch eine Vokalimprovisation eine zweite Gestaltungsebene dazukommen läßt. Achte dabei aber darauf, daß sich weder Dein Grundschritt noch die Rhythmusfigur in Deinem Klatschen verändert.

Die andere Möglichkeit besteht darin, die Rhythmusfigur in jedem zweiten Zyklus Deines Grundschrittes zu variieren, um im darauffolgenden TA KE TI NA wieder zur ursprünglichen Figur zurückzukehren. Dadurch entsteht ein Abwechseln von Rhythmusfigur — Variation — Rhythmusfigur — Variation — Rhythmusfigur . . . Die ständige Rückkehr zur ursprünglichen Form der Figur verhindert, daß Du Dich beim Variieren verlierst.

Alle diese Gestaltungsmöglichkeiten kannst Du nun auch auf dem Grundschritt von GA MA LA versuchen. Auf seiner Basis kannst Du eine Rhythmusfigur über ein GA MA LA oder über zwei GA MA LA entfalten. Auch in den folgenden Beispielen, die Dir wieder Anregungen geben sollen, wie Du auf diesem Grundschritt Rhythmusfiguren gestalten kannst, findest Du beide Möglichkeiten.

Zwei Beispiele von Rhythmusfiguren auf der Sprachpulsation von zwei Unterteilungsschlägen über ein GA MA LA:

Stimme TA KI TA KI TA KI TA . . .
Klatschen ○ ○ · ○ ○ · ○
Schritte GA MA LA GA . . .

Erweiterung der Figur über zwei GA MA LA:

Stimme TA KI TA KI TA KI TA KI TA KI TA KI TA . . .
Klatschen ○ ○ · ○ ○ · · ○ · ○ ○ · ○
Schritte GA MA LA GA MA LA GA . . .

Zwei Beispiele von Rhythmusfiguren auf der Sprachpulsation von drei Unterteilungsschlägen über ein GA MA LA:

Stimme GA MA LA GA MA LA GA MA LA GA . . .
Klatschen ○ · · · ○ · · · ○ ○
Schritte GA MA LA GA . . .

Erweiterung der Figur über zwei GA MA LA:

Stimme GA MA LA GA MA LA GA MA LA GA MA LA GA MA LA GA . . .
Klatschen ○ · · · ○ · · · ○ · · ○ · ○ · ○
Schritte GA MA LA GA MA LA . . .

Zwei Beispiele von Rhythmusfiguren auf der Sprachpulsation von vier Unterteilungsschlägen über ein GA MA LA:

Stimme TA KE TI NA TA KE TI NA TA KE TI NA TA . . .
Klatschen · ○ · ○ · · · ○ · ○ · · ·
Schritte GA MA LA GA . . .

Erweiterung der Figur auf zwei GA MA LA:

Stimme TA KE TI NA TA KE TI NA TA KE TI NA TA KE TI NA TA KE TI NA TA . . .
Klatschen · ○ · ○ · · · ○ · ○ · · ○ · ○ ○ · · ○ ○ ·
Schritte GA MA LA GA MA LA . . .

Die Rhythmusenergie komplexerer Pulsationsverhältnisse

Je öfter ich in verschiedene Länder reise, um ihre Rhythmen zu lernen, desto deutlicher wird für mich ein Phänomen: Die Musik, die auf der ganzen Welt aus den Lautsprechern der Radios, Fernseher, Aufzüge, Autobusse, Flugzeuge und vielem mehr kommt, ist der Ausdruck einer rhythmischen Eindimensionalität, auf die sich die Welt scheinbar im stillen geeinigt hat. Es ist unbenommen, daß daneben in allen diesen Ländern auch viele Alternativen in den Medien existieren. Was uns jedoch zur Entspannung, als Freizeitmusik empfohlen und angeboten wird, ist überall dieselbe gleich klingende Eintönigkeit.

In der Tiefe eines jeden Menschen aber liegt eine scheinbar vergessene Welt rhythmischer Vielfältigkeit, die im Gegensatz zur Einengung auf eine Dimension steht. Es ist die Welt, die mit ihren Schwingungsgesetzen unser Dasein formt, es sind die Rhythmen, durch deren Spielen und Tanzen wir in Einklang mit den Kräften kommen, die unser Leben bestimmen. Ein Teil dieser vielschichtigen Rhythmusenergien soll in den folgenden Übungen lebendig werden.

Im Bereich der Musik vermitteln Dir die Übungen die Fähigkeit, in einer rhythmischen Gestaltung zwei Pulsationsebenen spürbar werden zu lassen, deren Energie sehr unterschiedlich ist. Dies ist es, was einen Zuhörer in Staunen versetzt: Dein Spiel läßt in ihm die gleichen unterschiedlichen Rhythmusenergien entstehen. Er bestaunt mit Deinem Spiel zugleich das, was in ihm geschieht; dadurch berührst Du sein Inneres.

Die Übungen können aber auch auf Dein tägliches Leben wirken. Meine Erfahrung ist dabei, daß ich immer besser verstehen und zulassen kann, wenn es zwei scheinbar widerstrebende Meinungen oder Gefühle in mir gibt. Nicht mehr mein Denken ist es, was über richtig und falsch zu entscheiden hat, sondern die beiden unterschiedlichen oder entgegengesetzten Kräfte wirken aufeinander, bis sie zusammen einen neuen Sinn entstehen lassen und sich dabei von selbst ein Weg zeigt. Zugleich aber wird durch das Üben dieser vielschichtigen Rhythmusenergien immer deutlicher, welche Vielfalt in allen Dingen des täglichen Lebens steckt.

Die Pulsationsverhältnisse der folgenden Übungen sind eine Auswahl solcher Rhythmusenergien, die auf den bereits bekannten Grundschritten von TA KE TI NA und GA MA LA erfahrbar sind. Denn die Vermittlung eines Grundschrittes, der fünf- oder siebenschlägige Rhythmuskreise spürbar werden läßt, braucht eine persönliche Führung.

Die Übungsgrundlage für Pulsationsverhältnisse, deren Basis zwei- oder vierschlägige Einheiten sind, ist das unstrukturierte Pulsieren des Grundschrittes am Anfang der Sequenz von TA KE TI NA. Pulsationsverhältnisse, deren Basis drei- oder sechsschlägige Einheiten sind, kannst Du mit dem Pulsieren von GA MA LA üben. Außerdem kannst Du die Entwicklung eines jeden Pulsationsverhältnisses in einem Tonbeispiel hören.

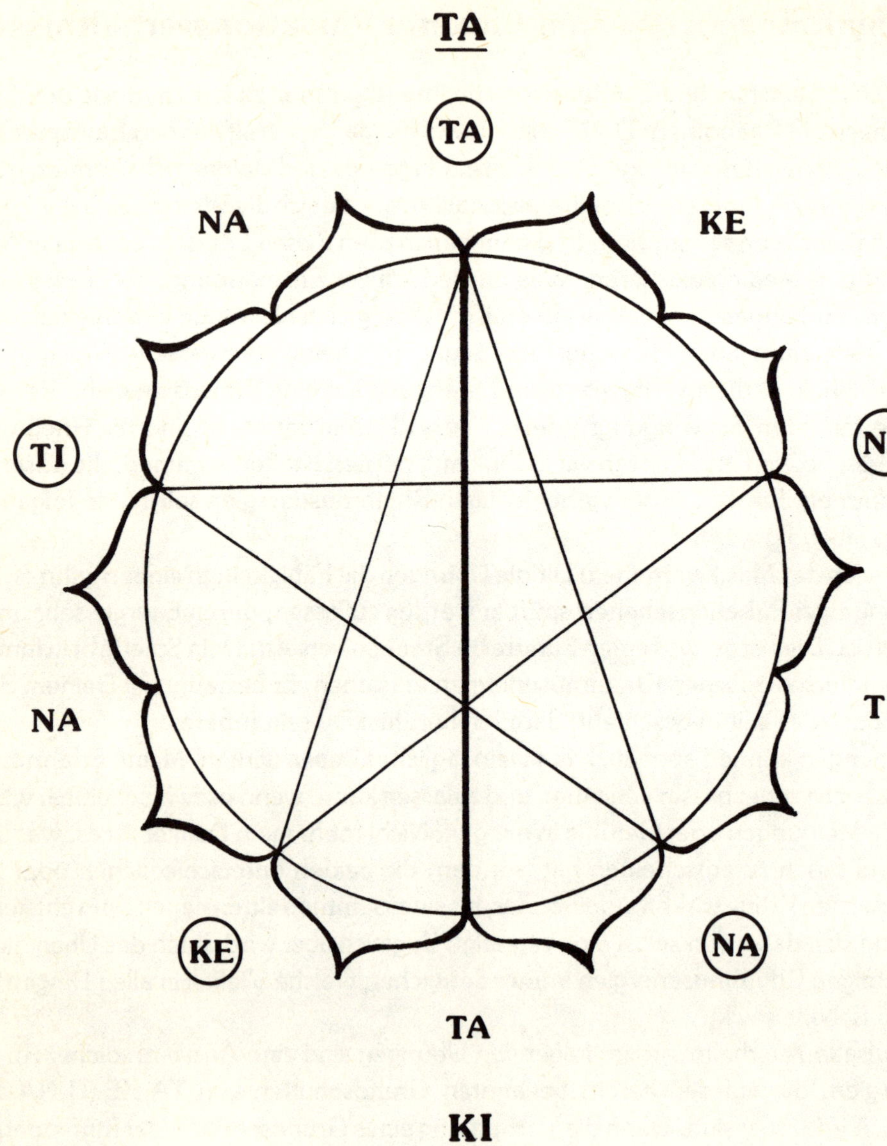
TA
TA
NA
KE
TI
NA
NA
TI
KE
NA
TA
KI

Das Pulsationsverhältnis 2 : 5

Höre Dir den Anfang der Sequenz von TA KE TI NA an, lasse das Pulsieren der Fußschellen und der Stimme auf Dich wirken und komme dann in Deinem eigenen Zeitmaß in den Dir bereits bekannten Grundschritt. T 26

Lasse als nächstes einen Sprachrhythmus entstehen, der die Zwischenräume Deiner Schritte mit den fünf Unterteilungsschlägen von TA KE NA TI NA füllt. Achte dabei darauf, daß der Fluß Deines Sprachrhythmus gleichmäßig ist und die einzelnen Silben die gleiche Ausdehnung haben. Am leichtesten wird es Dir fallen, wenn Dein Sprachrhythmus mit der inneren Stimme beginnt und dann allmählich hörbar wird.

Sobald der Sprachrhythmus mit Deinem Grundschritt im Einklang ist, versuche Schlag für Schlag das Klatschen so zu setzen, daß es mit dem ersten Schlag beginnend jede zweite Silbe betont:

Stimme	TA	KE	NA	TI	NA	TA	KE	NA	TI	NA	TA . . .
Klatschen	○	·	○	·	○	·	○	·	○	·	○
Schritte	TA					KI					TA . . .

Lasse dann den Sprachrhythmus nach und nach leiser werden, und sprich ihn schließlich mit der inneren Stimme weiter. Ein neuer Sprachrhythmus macht, zusammen mit der Bewegung des Grundschrittes, den Fluß der zweischlägigen Einheiten spürbar: Statt der vier Schläge des TA KE TI NA, die Du auf der Übungskassette hörst, sprich zweimal TA KI auf denselben Grundschritt. Dadurch wird auf jeder Körperseite eine zweischlägige Einheit lebendig, während Dein Klatschen die Abfolge fünfschlägiger Einheiten hörbar und spürbar werden läßt.

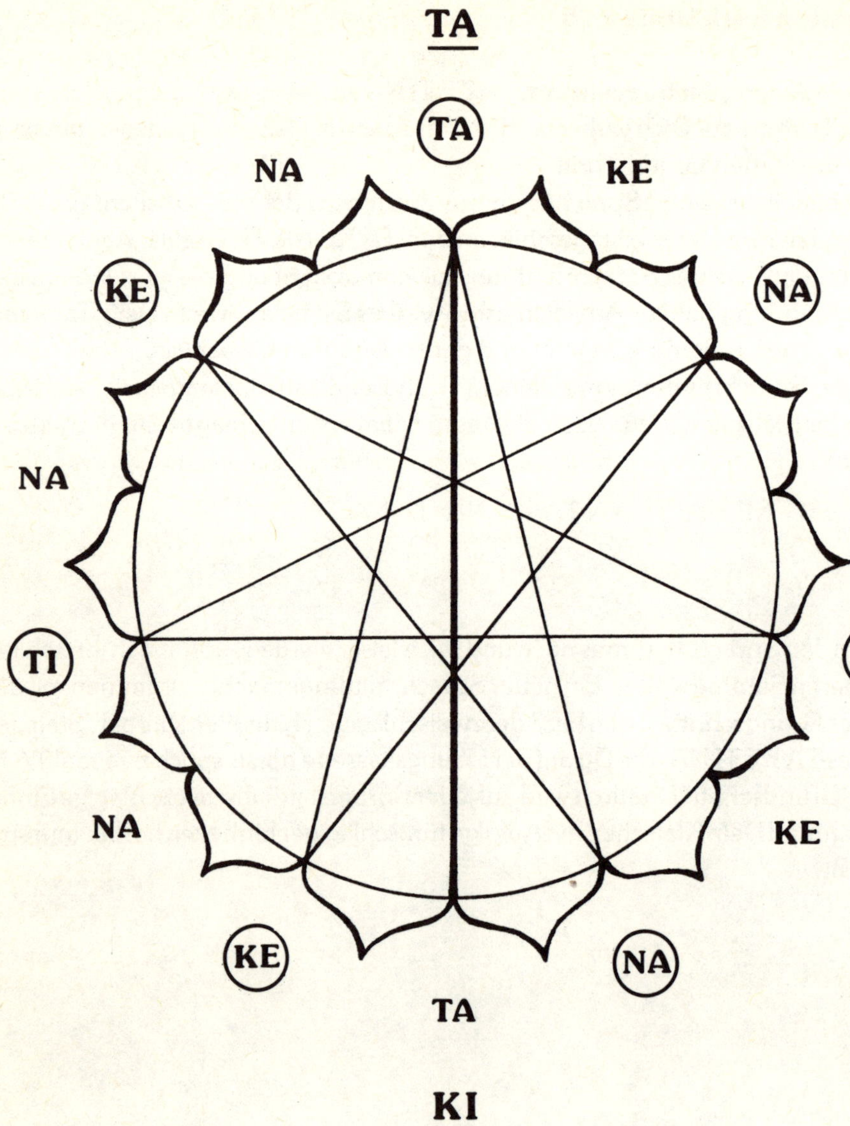
TA
TA
NA
KE
KE
NA
NA
TI
TI
NA
NA
KE
KE
NA
TA
KI

Das Pulsationsverhältnis 2 : 7

Die Übung des Pulsationsverhältnisses 2 : 7 hat den gleichen Übungsverlauf wie die T 27
Übung des Pulsationsverhältnisses 2 : 5. Der Unterschied zwischen beiden ist der Sprachrhythmus: Diesmal füllst Du mit dem Rhythmuswort TA KE NA TI NA KE NA sieben Unterteilungsschläge in die Zwischenräume der Schritte.

Die relativ schnelle Abfolge dieser sieben Silben bereitet Dir zu Beginn vielleicht Schwierigkeiten. Versuche dann, bevor Du die Betonungen des Klatschens setzt, folgende Sprachrhythmusübung: Bleibe im Fluß des Grundschrittes, sprich aber auf das Setzen eines jeden Schrittes die Silbe TA. Nach einiger Zeit unterteile die Zwischenräume der Schritte in die zwei Unterteilungsschläge von TA KI und gehe in Deinem eigenen Zeitmaß weiter zu GA MA LA, TA KE TI NA, TA KE NA TI NA, GA MA LA GA MA LA und TA KE NA TI NA KE NA. Achte darauf, daß innerhalb eines Rhythmuswortes die Silben alle die gleiche Ausdehnung haben.

Sobald der Fluß von TA KE NA TI NA KE NA mit dem Grundschritt in Einklang ist, versuche wieder das Klatschen so zu setzen, daß es, mit dem ersten Schlag beginnend, jede zweite Silbe betont:

Stimme	TA	KE	NA	TI	NA	KE	NA	TA	KE	NA	TI	NA	KE	NA	TA . . .
Klatschen	○	·	○	·	○	·	○	·	○	·	○	·	○	·	○
Schritte	<u>TA</u>							<u>KI</u>							<u>TA</u> . . .

Auch diesmal läßt ein neuer Sprachrhythmus den Fluß der zweischlägigen Einheiten Deiner Schritte spürbar werden, sobald Du das TA KE NA TI NA KE NA nur noch mit der inneren Stimme sprichst: Statt der vier Schläge des TA KE TI NA sprich zweimal das TA KI. So wird auf jeder Körperseite eine zweischlägige Einheit lebendig, während Dein Klatschen die Abfolge siebenschlägiger Einheiten hörbar werden läßt.

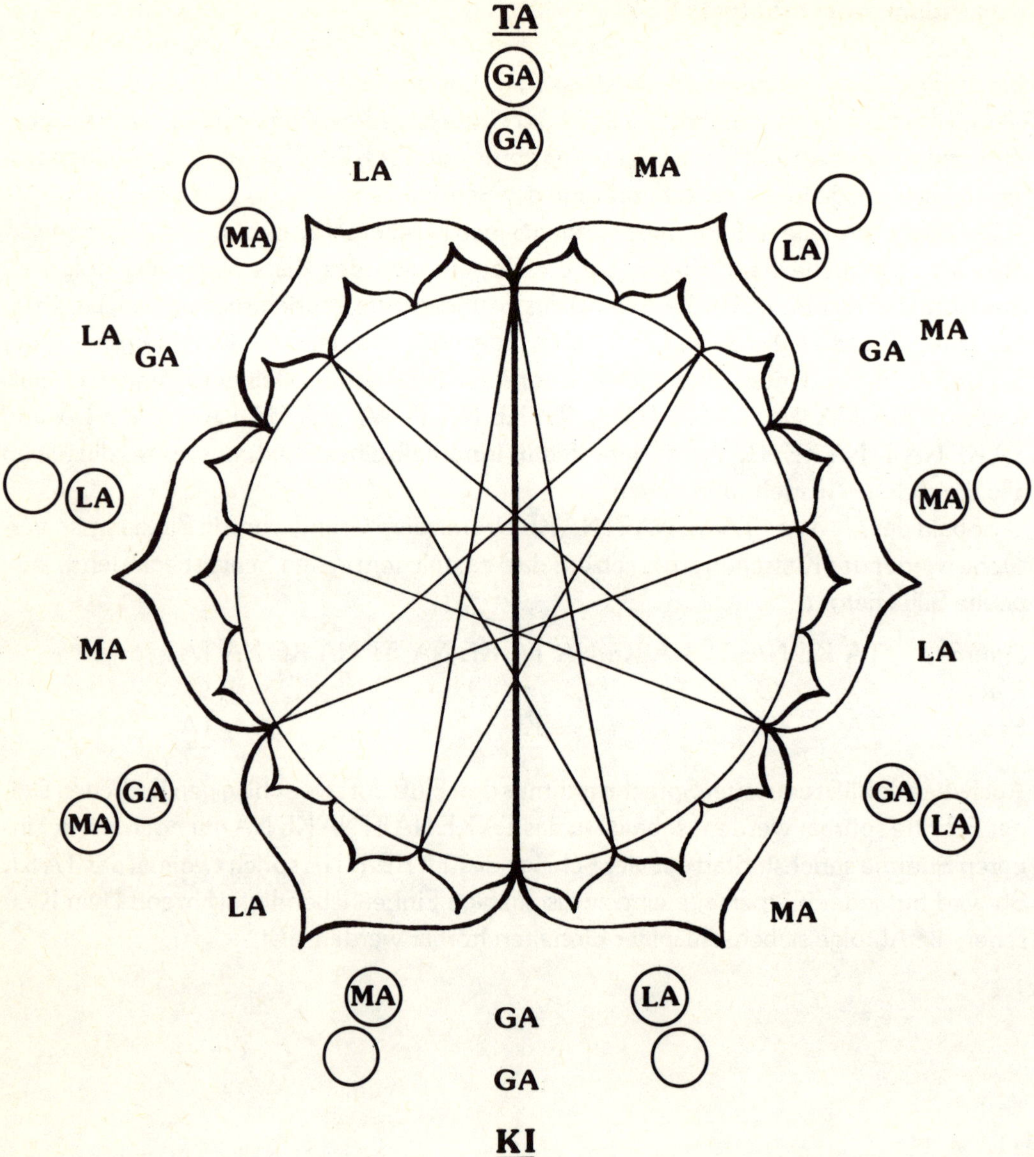

TA
GA
GA
LA
MA
MA
LA
LA
GA
GA
MA
LA
MA
MA
LA
GA
MA
GA
LA
LA
MA
MA
LA
GA
GA
KI

Das Pulsationsverhältnis 2 : 9

Am Rhythmusmandala dieses Pulsationsverhältnisses kannst Du erkennen, daß es zwei Wege gibt, das gemeinsame Pulsieren von zwei und neun zu erfahren. T 28

Die eine Möglichkeit, zwei und neun als Rhythmusebenen im gemeinsamen Rhythmuskreis zu erleben, beruht auf dem gleichen Prinzip wie die Übungen der Pulsationsverhältnisse 2 : 5 und 2 : 7. Der Sprachrhythmus unterteilt die Zwischenräume der Schläge in nun bereits neun Unterteilungsschläge, das Klatschen setzt die Betonungen wieder auf jede zweite Silbe.

Stimme GA MA LA GA MA LA GA MA LA GA MA LA GA MA LA GA MA LA GA . . .
Klatschen ○ · ○ · ○ · ○ · ○ · ○ · ○ · ○ · ○ · ○
Schritte TA KI TA . . .

Dieser Weg ist jedoch nur dann sinnvoll, wenn das Tempo der Grundpulsation sehr langsam ist, denn ab einer gewissen Geschwindigkeit ist es unmöglich, neun Unterteilungsschläge in die Zwischenräume der Schritte zu sprechen.

Der andere Weg setzt voraus, daß Du mit dem Sprachrhythmus und dem Klatschen zusammen zwei Pulsationen unterschiedlicher Qualität hörbar machen kannst. Eine Vorübung soll Dir dabei helfen: Lasse aus der Stille einen Sprachrhythmus mit den drei Silben GA MA LA entstehen und betone dabei jedes GA. Bleibe eine Zeitlang im Fluß von GA MA LA, und lasse dann durch das Klatschen jeder zweiten Silbe eine neue Pulsation entstehen:

Stimme GA MA LA GA MA LA GA MA LA GA MA LA GA MA LA . . .
Klatschen ○ · ○ · ○ · ○ · ○ · ○ · ○ · ○

Achte darauf, daß auch beim Dazukommen des Klatschens die Betonungen Deines Sprachrhythmus gleichbleiben. Lasse nach einiger Zeit nur noch die Silbe GA im Sprachrhythmus hörbar werden.

Stimme GA · · GA · · GA · · GA · · GA. . .
Klatschen ○ · ○ · ○ · ○ · ○ · ○ · ○

Dadurch wird das Verhältnis der beiden Pulsationen noch deutlicher. Vergiß dabei nicht, daß das Pulsieren von GA MA LA Dein Ausgangspunkt war. Nimm auch jetzt die Abfolge von GA als Deine Grundpulsation und laß, sobald Du Dich dafür bereit fühlst, abwechselnd die drei Silben GA MA LA hörbar werden. Dadurch entsteht das folgende Verhältnis von Stimme und Klatschen:

Stimme GA MA LA GA MA LA GA . . .
Klatschen ○ · ○ · ○ · ○ · ○ · ○ · ○ · ○ · ○ · ○

Dieses Verhältnis zwischen Stimme und Klatschen ist bereits die Hälfte der folgenden Übung.

Höre Dir nun das Pulsieren von TA KE TI NA an und komme in Deinem eigenen Zeitmaß in den Dir bekannten Grundschritt. Das Sprechen von zweimal TA KI statt des TA KE TI NA, das Du vom Übungsband hörst, läßt wieder auf jeder Körperseite eine zweischlägige Einheit spürbar werden. Teile die Zwischenräume Deiner Schritte mit GA MA LA in drei Unterteilungsschläge; dadurch ergibt sich folgendes Verhältnis zwischen Deinen Schritten und dem Sprachrhythmus:

Stimme	GA	MA	LA	GA	MA	LA	GA	. . .
Schritte	TA			KI			TA	. . .

Versuche nun zu dem Sprachrhythmus von GA MA LA so zu klatschen, wie Du es in der Vorübung erfahren hast. Dadurch entsteht zwischen Deinen Schritten und Deinem Klatschen das Pulsationsverhältnis 2 : 9.

Stimme	GA			MA			LA			GA			MA			LA			GA . .
Klatschen	○	·	○	·	○	·	○	·	○	·	○	·	○	·	○	·	○	·	○
Schritte	TA									KI									TA . .

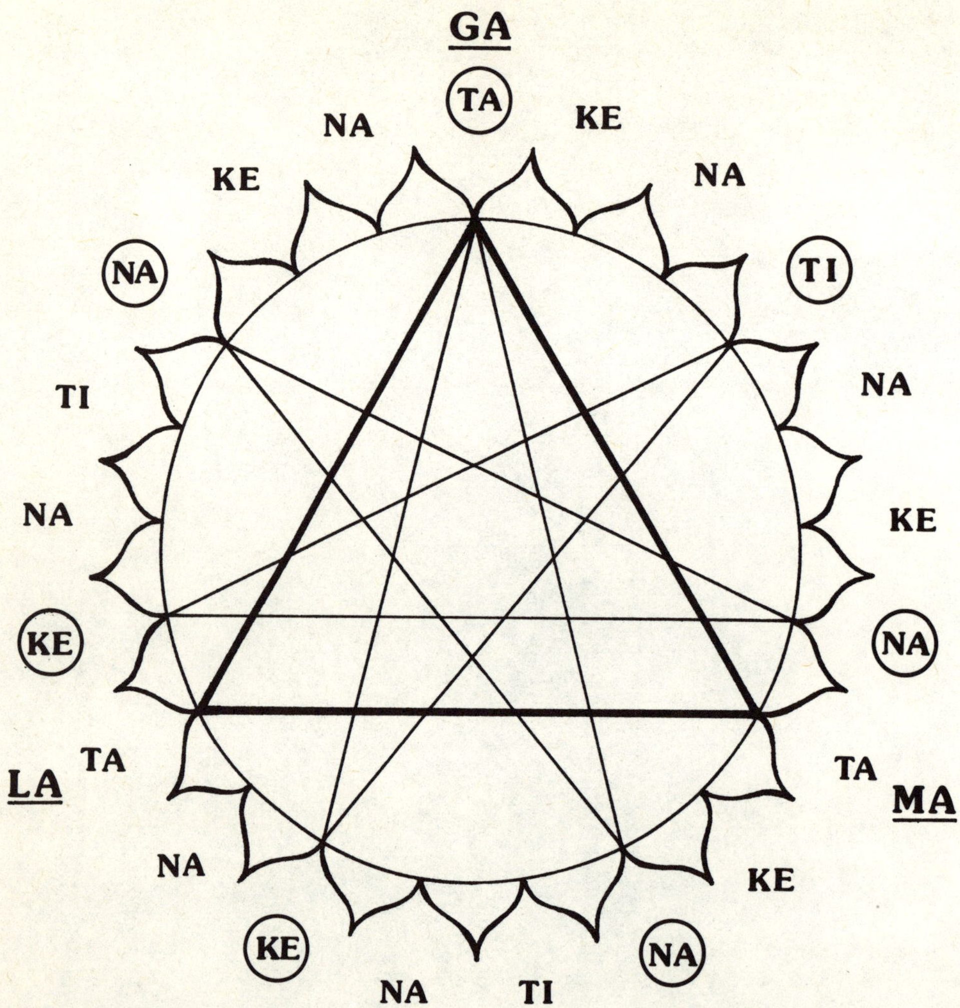
GA
TA
KE
NA
TI
NA
KE
NA
TA
MA
KE
NA
TI
NA
KE
NA
TA
LA
KE
NA
TI
NA
KE
NA

Das Pulsationsverhältnis 3 : 7

T 29

Die eine Übungsgrundlage dieses Pulsationsverhältnisses ist das Pulsieren von GA MA LA, welches Du auf der Übungskassette am Beginn der Sequenz von GA MA LA findest. Die andere Übungsgrundlage ist wieder eine Vorübung, die Dir im weiteren Übungsverlauf helfen wird, die Betonungen des Klatschens auf die richtigen Silben zu setzen:

Lasse aus der Stille einen Sprachrhythmus mit den Silben TA KE NA TI NA KE NA entstehen. In diesem ganzen Sprachfluß ist das TA die einzige Silbe mit einer Betonung. Lasse diesen Fluß eine Zeitlang auf Dich wirken, und versuche dann in ein Klatschen zu kommen, das mit TA beginnend jede dritte Silbe betont. Achte darauf, daß sich die Betonung Deines Sprachrhythmus dabei nicht verändert.

Stimme	TÁ	KE	NA	TI	NA	KE	NA	TÁ	KE	NA	TI	NA	KE	NA	TÁ	KE	NA	TI	NA	KE	NA	TÁ . . .
Klatschen	○	·	·	○	·	·	○	·	·	○	·	·	○	·	·	○	·	·	○	·	·	○

Wenn Dir das Schwierigkeiten bereitet, versuche erst einmal, längere Zeit den Fluß von TA KE NA TI NA KE NA ohne Klatschen zu sprechen. Baue dann, wie Du es von den Übungssequenzen her kennst, ein Klatschen nach dem anderen auf. Achte darauf, daß Dein Klatschen erst nach drei Zyklen von TA KE NA TI NA KE NA wieder mit dem TA zusammenfällt.

Sobald Dir das Verhältnis von Stimme und Klatschen keine Schwierigkeiten bereitet, kannst Du mit der Übung beginnen:

Komme mit dem Pulsieren von GA MA LA in Deinem eigenen Zeitmaß in die Bewegung des Grundschrittes, und fülle die Zwischenräume Deiner Schritte mit den sieben Unterteilungsschlägen von TA KE NA TI NA KE NA. Achte darauf, daß dabei das Setzen der Schritte stets auf die Silbe TA fällt. Gib jeder Silbe des Rhythmuswortes den gleichen Raum, und achte darauf, daß der Fluß Deines Sprachrhythmus gleichmäßig ist. Probiere nun, Schritt für Schritt die Betonungen des Klatschens einzuführen, die Du schon kennst: Mit TA beginnend klatschst Du auf jede dritte Silbe. Sobald alle Schläge hörbar sind, erlebst Du das Pulsationsverhältnis von 3 : 7.

Stimme	TA	KE	NA	TI	NA	KE	NA	TA	KE	NA	TI	NA	KE	NA	TA	KE	NA	TI	NA	KE	NA	TA . . .
Klatschen	○	·	·	○	·	·	○	·	·	○	·	·	○	·	·	○	·	·	○	·	·	○
Schritte	GA							MA							LA							GA . . .

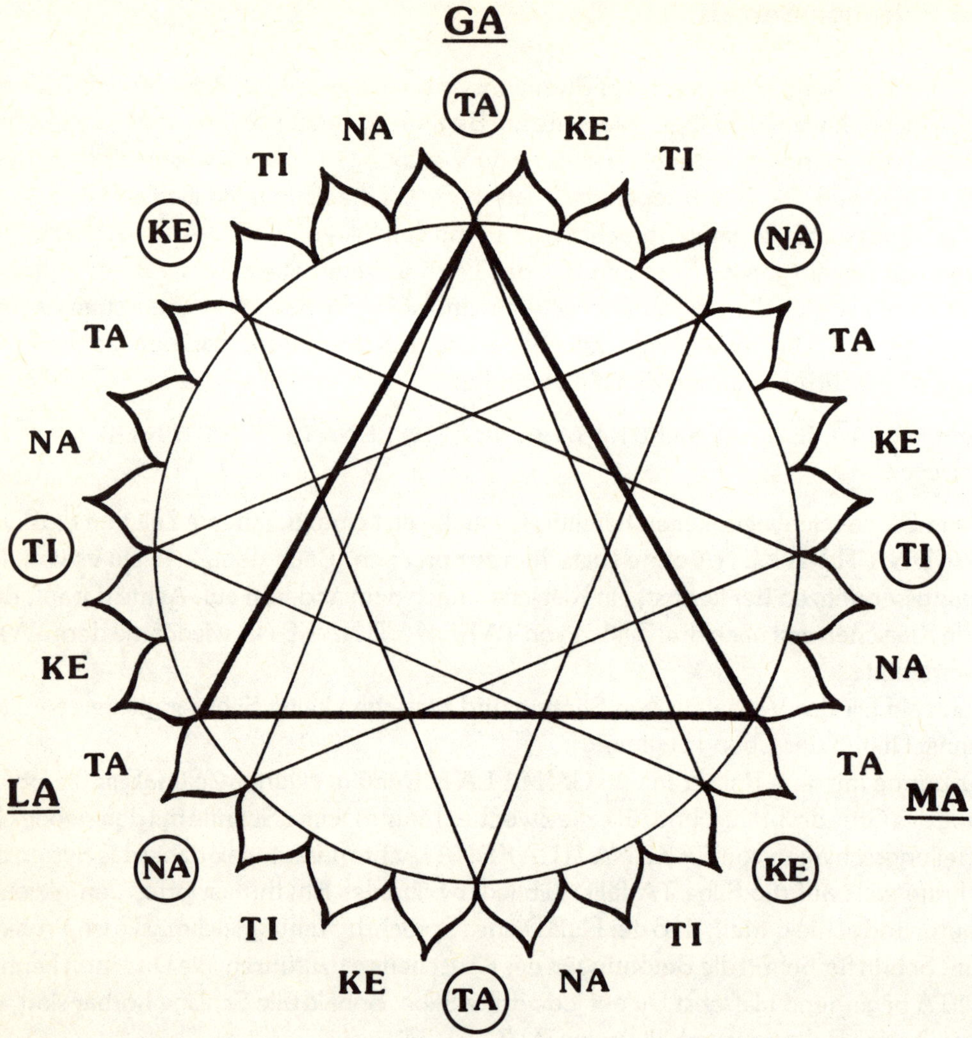
GA
TA
KE
TI
NA
TA
KE
TI
NA
TA
MA
KE
TI
NA
TA
KE
TI
NA
TA
LA
KE
TI
NA
TA
KE
TI
NA

Das Pulsationsverhältnis 3 : 8

T 30

Wenn drei Schläge und acht Schläge in einem gemeinsamen Rhythmuskreis hörbar werden, so wird dabei noch ein anderes Pulsationsverhältnis lebendig, das wir in einer Übung bereits erfahren haben: Es ist das Verhältnis von drei und vier. Die Erfahrung dieses Pulsationsverhältnisses ist der Ausgangspunkt der folgenden Übung. Von ihr aus ist der Schritt zum Pulsationsverhältnis 3 : 8 das einfache Verdoppeln des Klatschens. Das Klatschen dieser Doubletime jedoch wird durch das Verhältnis zu den drei Schlägen des Grundschrittes zu einem neuen Erlebnis. In der folgenden Übung werden die vier Unterteilungsschläge zwischen den Grundschritten zu acht Unterteilungsschlägen. Wenn Dir der dabei entstehende Sprachrhythmus auf der Basis des Pulsierens von GA MA LA zu schnell ist, dann lasse eine langsamere Pulsation in Deinem Inneren entstehen, und nimm diese als Deinen Ausgangspunkt für die Übung.

Sobald Du in der Bewegung des Grundschrittes von GA MA LA bist, unterteile mit den Silben TA KE TI NA TA KE TI NA jeden Schritt in acht Unterteilungsschläge. Achte darauf, daß Deine Stimme dabei entspannt und gleichmäßig fließt. Wenn Du in diesem Fluß bist, klatsche mit TA beginnend auf jede dritte Silbe. Klatsche zu Beginn nur so viel Schläge, daß Dein Grundschritt nicht ins Wanken kommt. Sobald sich der Kreis Deines Klatschens schließt, erlebst Du das Pulsationsverhältnis 3 : 8.

Stimme	TA	KE	TI	NA	TA	KE	TI	NA	TA	KE	TI	NA	TA	KE	TI	NA	TA	KE	TI	NA	TA	KE	TI	NA	TA . . .
Klatschen	○	·	·	○	·	·	○	·	·	○	·	·	○	·	·	○	·	·	○	·	·	○	·	·	○
Schritte	GA								MA								LA								TA . . .

Lasse schließlich den Sprachrhythmus immer leiser werden, bis Du ihn nur noch mit Deiner inneren Stimme sprichst. Versuche, ob es Dir gelingt, zusammen mit Deinen Schritten die drei Silben GA MA LA mitzusprechen. Erst jetzt wird die Unterschiedlichkeit der beiden Pulsationen deutlich spürbar.

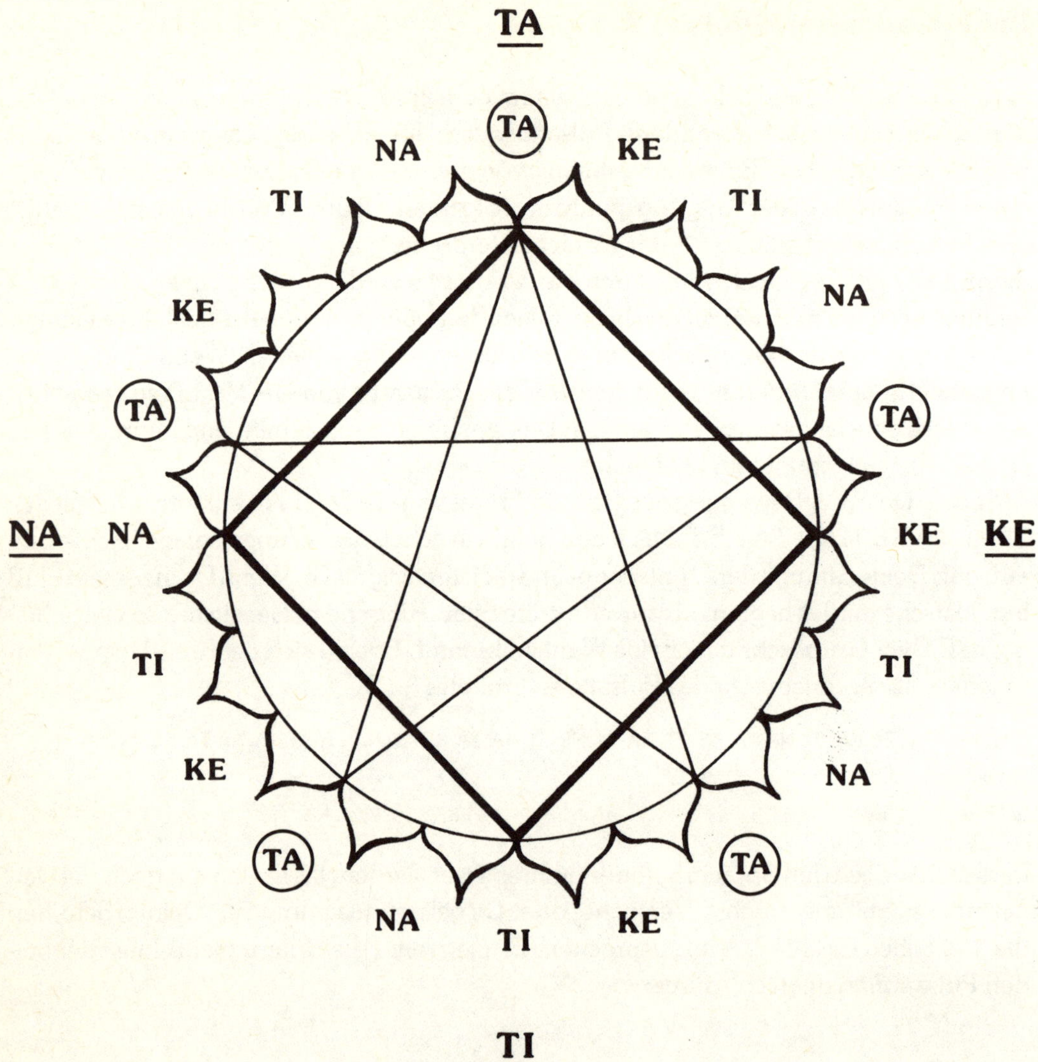
TA
TA
NA
KE
TI
TI
KE
NA
TA
TA
NA
NA
KE
KE
TI
TI
KE
NA
TA
TA
NA
KE
TI
TI

Das Pulsationsverhältnis 4 : 5

Die Basis, auf der Du die Energie dieses Pulsationsverhältnisses erfahren kannst, ist das Pulsieren von TA KE TI NA. T 31

Komme in Deinem eigenen Zeitmaß in die Bewegung des Grundschrittes und verkörpere Dir so den Fluß der vierschlägigen Einheiten. Unterteile jetzt die Zwischenräume der Schritte mit den Silben TA KE NA TI NA in fünf Unterteilungsschläge:

Stimme	TA	KE	NA	TI	NA	TA	KE	NA	TI	NA	TA	KE	NA	TI	NA	TA	KE	NA	TI	NA	TA . . .
Schritte	TA					KE					TI					NA					TA . . .

Stets fällt das Setzen der Schritte mit einem TA des Sprachrhythmus zusammen. Sobald Deine Schritte mit der Stimme im Fluß sind, versuche auf der gleichen Sprachpulsation statt viermal TA KE NA TI NA, fünfmal TA KE TI NA zu sprechen. Beginne dabei auf dem TA Deines Grundschrittes.

Stimme	TA	KE	TI	NA	TA	KE	TI	NA	TA	KE	TI	NA	TA	KE	TI	NA	TA	KE	TI	NA	TA . . .
Schritte	TA					KE					TI					NA					TA . . .

Laß Dir für diesen Wechsel Zeit, und achte darauf, daß sich Dein Grundschritt dabei nicht verändert. Wenn Du nun auf jedem TA klatschst, werden die beiden unterschiedlichen Pulsationen spürbar: Die fünf Schläge Deines Klatschens pulsieren mit den vier Schlägen des Grundschrittes im gleichen Rhythmuskreis.

Stimme	TA	KE	TI	NA	TA	KE	TI	NA	TA	KE	TI	NA	TA	KE	TI	NA	TA	KE	TI	NA	TA . . .
Klatschen	○	·	·	·	○	·	·	·	○	·	·	·	○	·	·	·	○	·	·	·	○
Schritte	TA					KE					TI					NA					TA . . .

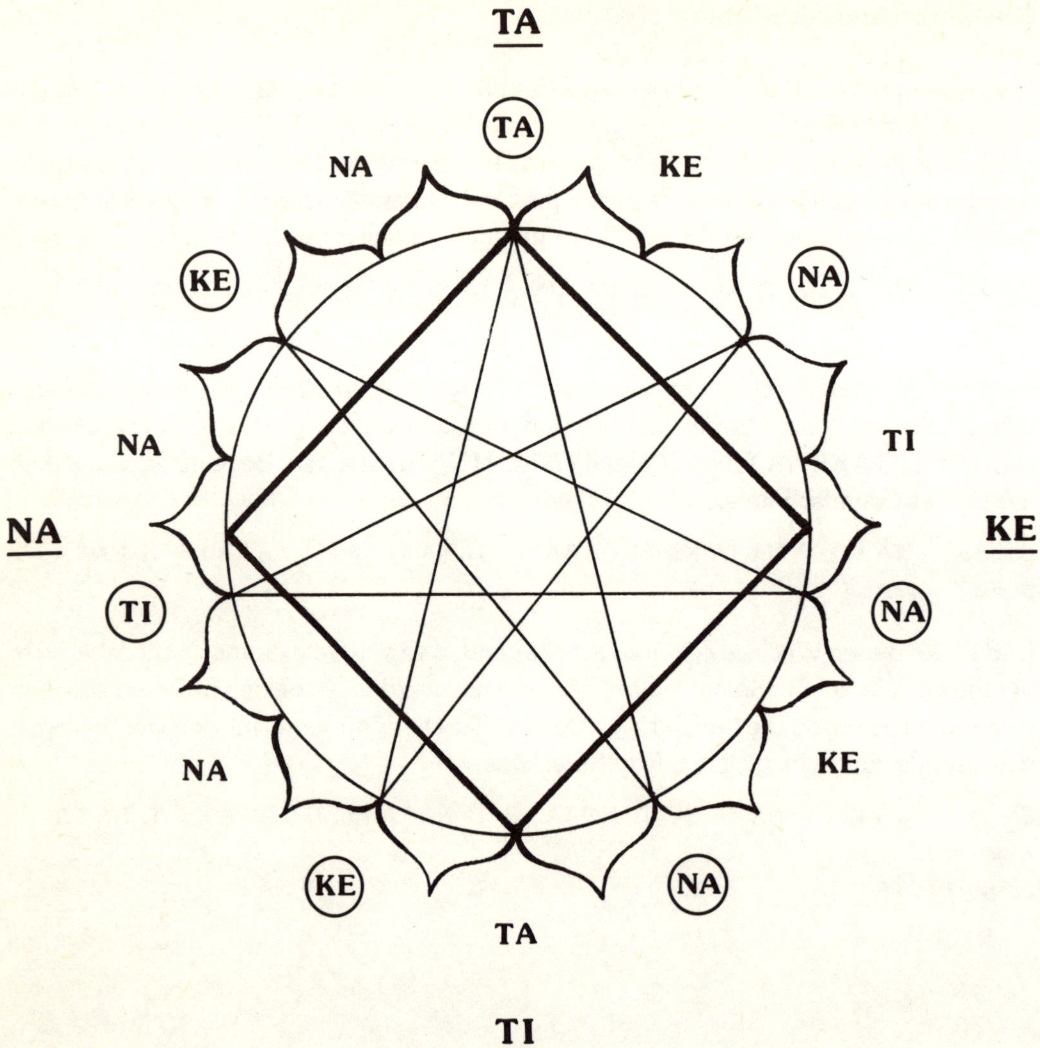
TA
TA
NA
KE
KE
NA
NA
TI
NA
KE
TI
NA
NA
KE
KE
NA
TA
TI

Das Pulsationsverhältnis 4 : 7

T 32

Laß Dich bei dieser Übung vom Pulsieren des TA KE TI NA tragen, und komm in Deinem eigenen Zeitmaß in die Bewegung des Grundschrittes. Laß im Sprachrhythmus nur das TA und das TI hörbar werden, und richte Deine Aufmerksamkeit auf das Durchfühlen des Zeitraumes zwischen TA und TI. Sobald Du die Ausdehnung dieses Zeitraumes spüren kannst, fülle ihn mit sieben Unterteilungsschlägen: Sprich in ihm die Silben TA KE NA TI NA KE NA, denen Du allen die gleich Dauer gibst. Sobald Dir das mühelos möglich ist, dehne den Sprachrhythmus auf den Zwischenraum von TI und TA aus. Dein Sprachrhythmus und Deine Schritte pulsieren jetzt folgendermaßen zusammen:

Stimme	TA KE NA TI‸NA KE NA TA KE NA TI‸NA KE NA TA . . .
Schritte	TA KE TI NA TA . . .

Das KE und das NA Deiner Schritte fallen dabei stets auf einen Offbeat des Sprachrhythmus. Wenn Du nun mit dem Klatschen jede zweite Silbe des Sprachrhythmus betonst, pulsiert Dein Klatschen mit den Schritten im Verhältnis 4 : 7.

Stimme	TA KE NA TI NA KE NA TA KE NA TI NA KE NA TA . . .
Klatschen	○ · ○ · ○ · ○ · ○ · ○ · ○ · ○
Schritte	TA KE TI NA TA . . .

Laß dann Deinen Sprachrhythmus immer leiser werden und sprich ihn mit der inneren Stimme weiter. Achte darauf, daß sich dabei weder Dein Klatschen noch Deine Schritte verändern. Wenn Dir das mühelos möglich ist, laß einen neuen Sprachrhythmus entstehen, indem Du zusammen mit den sieben Schlägen des Klatschens die Silben TA KE NA TI NA KE NA sprichst.

Versuche schließlich, ebenso die Silben TA KE TI NA mit dem Setzen Deiner Schritte mitzusprechen. Dabei wird spürbar, wie unterschiedlich die Rhythmusenergien in diesem Pulsationsverhältnis sind.

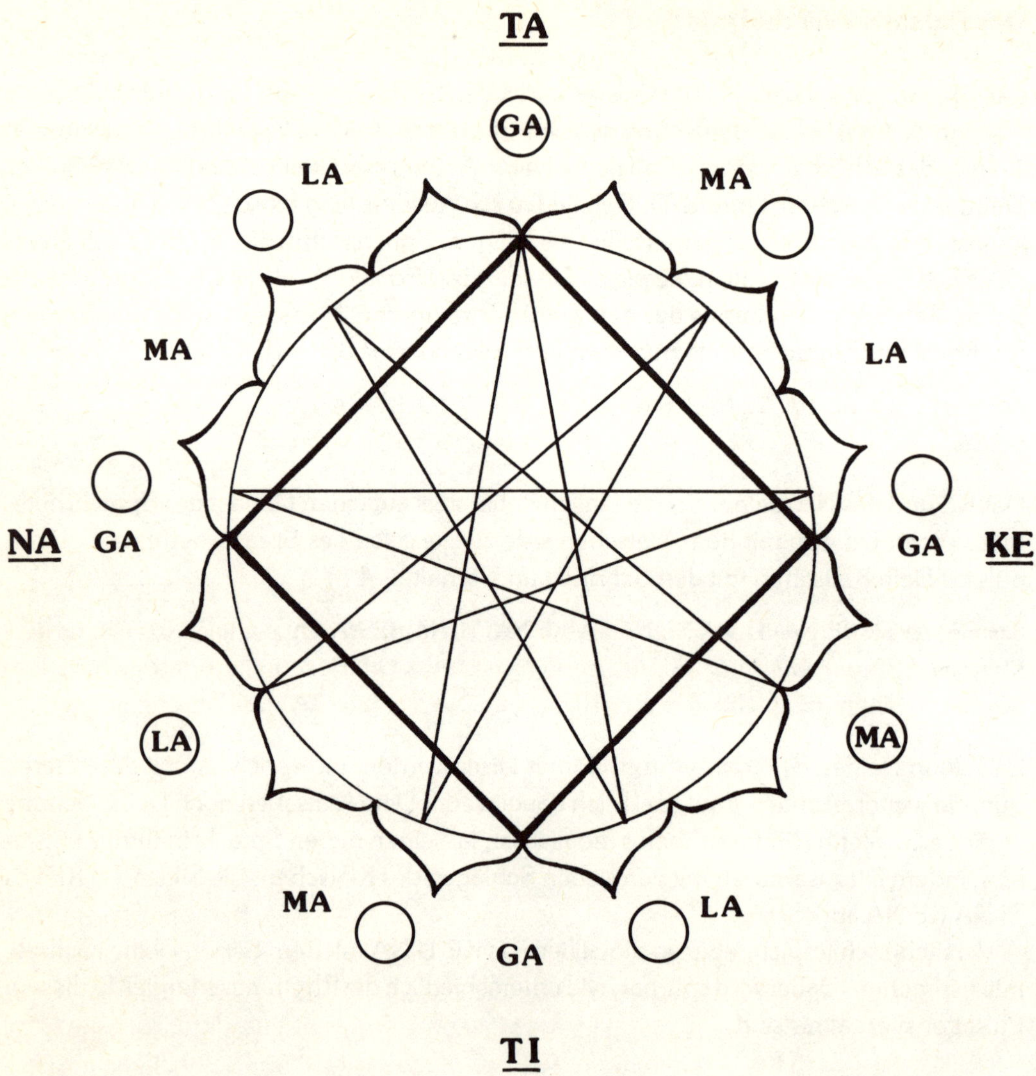
TA
GA
LA
MA
MA
LA
NA
GA
GA
KE
LA
MA
MA
LA
GA
TI

Das Pulsationsverhältnis 4 : 9

Zu der Erfahrung dieses Pulsationsverhältnisses, in dem ebenfalls sehr unterschiedliche Rhythmusenergien miteinanderwirken, führt Dich wieder eine Vorübung, die Du bereits kennst. Es ist dies die Vorübung des Pulsationsverhältnisses 2 : 9, in der Du erfährst, wie Stimme und Klatschen im Verhältnis 2 : 3 miteinander pulsieren. T 33

Stimme	GA · · GA · · GA · · GA · · GA · · GA . . .
Klatschen	○ · ○ · ○ · ○ · ○ · ○ · ○ · ○ ·

Wieder ist die Stimmpulsation Deine Grundpulsation. Laß auf ihr, sobald Du Dich dafür bereit fühlst, die drei Silben GA MA LA hörbar werden, und achte darauf, daß sich Dein Klatschen nicht verändert. Es entsteht dabei folgendes Verhältnis zwischen Stimme und Klatschen:

Stimme	GA · · MA · · LA · · GA · · MA · · LA · · GA . . .
Klatschen	○ · ○ · ○ · ○ · ○ · ○ · ○ · ○ · ○ · ○

Komme nun in Deinem eigenen Zeitmaß in den Grundschritt von TA KE TI NA, teile jeden Deiner Schritte mit den Silben GA MA LA in drei Unterteilungsschläge. Versuche nun zu Deinem Sprachrhythmus so zu klatschen, wie Du es in der Vorübung erfahren hast. Dadurch entstehen im Zyklus eines Grundschrittes 18 Schläge Deines Klatschens.

Stimme	GA · · MA · · LA · · GA · · MA · · LA · · GA · · MA · · LA · · GA · · MA · · LA · · GA . . .
Klatschen 1	○ · ○ · ○ · ○ · ○ · ○ · ○ · ○ · ○ · ○ · ○ · ○ · ○ · ○ · ○ · ○ · ○ · ○ · ○
Klatschen 2	○ · · · ○ · · · ○ · · · ○ · · · ○ · · · ○ · · · ○ · · · ○ · · · ○ · · · ○
Schritte	TA · · · · · · · · KE · · · · · · · · TI · · · · · · · · NA · · · · · · · · TA . . .

Nimm Dir Zeit und laß das Klatschen, zusammen mit Deinem Sprachrhythmus und Deinem Grundschritt, auf Dich wirken. Erst wenn Du Dich dabei sicher fühlst, versuche jeden zweiten Schlag Deines Klatschens wegzulassen. Es kann Dir dabei eine Hilfe sein, wenn Du zuerst jeden zweiten Schlag leiser klatschst, bevor Du ihn ganz wegläßt. So kannst Du schließlich die vier Schläge Deines Grundschrittes zusammen mit den neun Schlägen Deines Klatschens erleben. In Deinem Körper pulsieren 4 und 9 Schläge in einem gemeinsamen Rhythmuskreis.

Laß auch diesmal Deinen Sprachrhythmus immer leiser werden, und sprich schließlich nur die vier Silben TA KE TI NA zusammen mit dem Setzen Deiner Schritte.

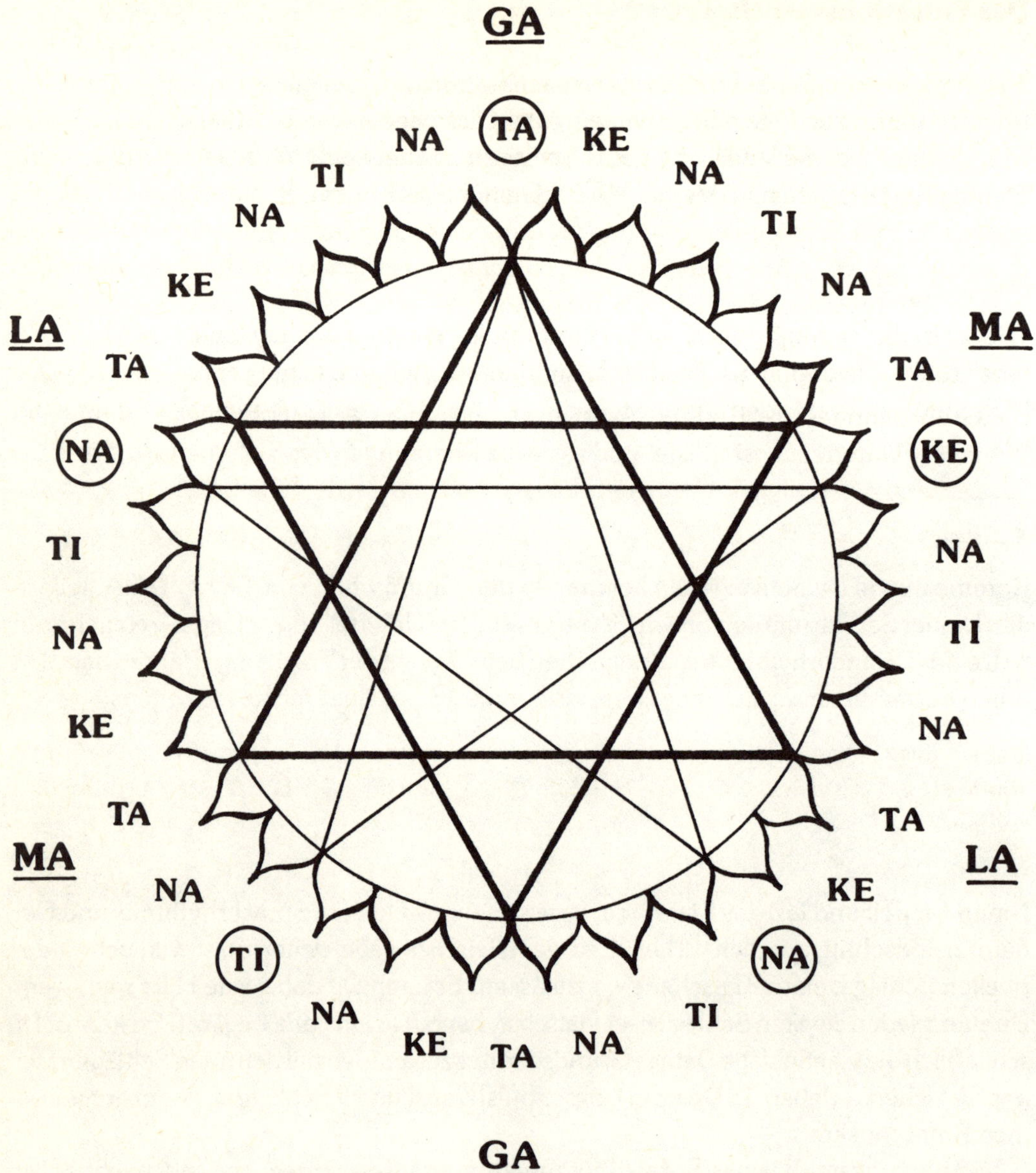
GA
TA
NA
KE
TI
NA
NA
TI
KE
NA
LA
MA
TA
TA
NA
KE
TI
NA
NA
TI
KE
NA
TA
TA
MA
LA
NA
KE
TI
NA
NA
TI
KE
TA
NA
GA

Das Pulsationsverhältnis 6 : 5

T 34

Wenn Klatschen und Schritte sich erst nach sechs Schlägen wieder in einem gemeinsamen Berührungspunkt treffen, dann entsteht auf der Basis des Grundschrittes von GA MA LA ein Rhythmuskreis von sechs Schlägen. Bisher hast Du das GA MA LA Deiner rechten Körperhälfte und das GA MA LA Deiner linken Körperhälfte als zwei Rhythmuskreise von drei Schlägen empfunden. In den beiden folgenden Pulsationsverhältnissen verbindet das Klatschen die beiden dreischlägigen Rhythmuskreise zu einem doppelt so langen Rhythmuskreis von sechs Schlägen.

Ausgangspunkt für die folgende Übung ist die Erfahrung des Pulsationsverhältnisses 3 : 5, welches Du schon von den Übungssequenzen kennst. Sobald Du in der Bewegung des Grundschrittes von GA MA LA bist, unterteile jeden Deiner Schritte mit TA KE NA TI NA in fünf Unterteilungsschläge, und setze die Betonungen des Klatschens so, wie Du es bereits kennst: Mit dem TA beginnend, klatschst Du auf jede dritte Silbe:

Stimme TA KE NA TI NA TA KE NA TI NA TA KE NA TI NA TA KE NA TI NA TA KE NA TI NA TA KE NA TI NA TA ...
Klatschen ○ · · ○ · · ○ · · ○ · · ○ · · ○ · · ○ · · ○ · · ○ · · ○ · · ○
Schritte GA MA LA GA MA LA GA ...

Dadurch, daß Du jede zweite Betonung des Klatschens wegläßt, erweitert sich das Pulsationsverhältnis 3 : 5. Die fünf Schläge Deines Klatschens pulsieren jetzt mit den sechs Schlägen in Deinen Grundschritten in einem doppelt so großen, gemeinsamem Rhythmuskreis.

Stimme TA KE NA TI NA TA KE NA TI NA TA KE NA TI NA TA KE NA TI NA TA KE NA TI NA TA KE NA TI NA TA ...
Klatschen ○ · · · · · ○ · · · · · ○ · · · · · ○ · · · · · ○ · · · · · ○
Schritte GA MA LA GA MA LA GA ...

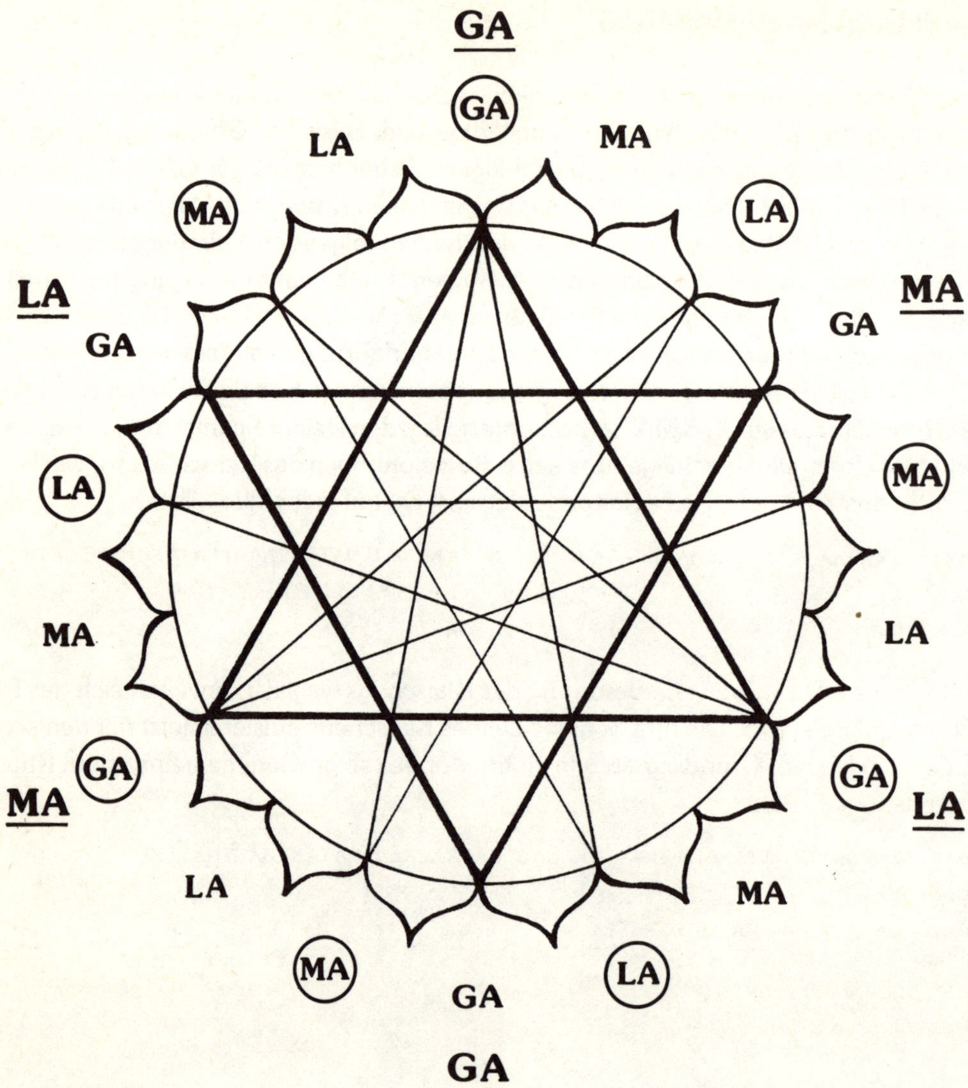
GA
GA
MA
LA
MA
GA
MA
LA
GA
LA
MA
LA
GA
GA
MA
LA
MA
GA
MA
LA
GA
LA
MA
LA

Das Pulsationsverhältnis 6 : 9

Beginne die Übung dieses Pulsationsverhältnisses wieder mit dem Grundschritt von GA MA LA und unterteile jeden der sechs Schritte mit dem Sprachrhythmus GA MA LA in drei Unterteilungsschläge. T 35

Stimme	GA	MA	LA	GA	MA	LA	GA	MA	LA	GA	MA	LA	GA	MA	LA	GA	MA	LA	GA
Schritte	GA			MA			LA			GA			MA			LA			GA

Klatsche nun auf jede zweite Silbe Deines Sprachrhythmus. So pulsieren die neun Schläge Deines Klatschens mit den sechs Schlägen Deines Grundschrittes in einem gemeinsamen Rhythmuskreis.

Stimme	GA	MA	LA	GA	MA	LA	GA	MA	LA	GA	MA	LA	GA	MA	LA	GA	MA	LA	GA
Klatschen	○	·	○	·	○	·	○	·	○	·	○	·	○	·	○	·	○	·	○
Schritte	GA			MA			LA			GA			MA			LA			GA

Die Rhythmusenergie von neun wird für Dich noch deutlicher spürbar, wenn Du *auf die Schläge Deines Klatschens* folgenden Sprachrhythmus sprichst:

Stimme	TA		KI		GA		MA		LA		TA		KE		TI		NA		TA
Klatschen	○	·	○	·	○	·	○	·	○	·	○	·	○	·	○	·	○	·	○
Schritte	GA			MA			LA			GA			MA			LA			GA

Mit dem Sprachrhythmus TA KI GA MA LA TA KE TI NA addierst Du eine Einheit von zwei Schlägen (TA KI), eine Einheit von drei Schlägen (GA MA LA) und eine von vier Schlägen (TA KE TI NA) zu einem Zyklus von neun Schlägen. Diese Aneinanderreihung unterschiedlich langer Einheiten bringt in den gleichmäßigen Betonungsfluß, den die Pulsation Deines Klatschens ursprünglich hatte, eine elementare Strukturierung: Mit der ersten Silbe jeder Einheit setzt sich eine leichte Betonung. Durch diese Gestaltung wird die Spannung zwischen den beiden Pulsationsebenen deutlicher spürbar.

Kapitel VI

Die Zusammensetzung der Rhythmuselemente

Einheit – Zyklus – Rhythmuskreis

Wir haben mit der Reise unserer rhythmischen Wahrnehmung beim Einfachsten begonnen. In verschiedenen Übungen haben wir den Beat, den Offbeat, die zweischlägige und die dreischlägige Einheit als elementarste Bausteine der Rhythmik erfahren. Die Übungen der Rhythmusenergien jedoch haben bereits gezeigt, daß das Kennenlernen dieser vier Grundelemente nur dem Öffnen eines ersten Tores gleicht, hinter dem die vielfältigen Zusammensetzungen und Erweiterungen dieser Grundelemente nach und nach erkennbar werden.

Sobald in einer ungegliederten Pulsation verschieden starke Betonungen entstehen, reagiert unser Bewußtsein. Wir versuchen das entstehende Muster unterschiedlich schwerer Schläge zu be-greifen. Findet sich darin eine wiederkehrende Regelmäßigkeit, dann werden für uns Einheiten zusammengehöriger Schläge fühlbar.

Auf diesem Weg, die Gliederungsmöglichkeiten einer einfachen Pulsation zu erfahren, haben uns stets drei Begriffe begleitet: *Einheit, Zyklus* und *Rhythmuskreis.* Hinter diesen Begriffen stehen rhythmische Gestaltungsarchetypen, deren verschiedene Aspekte unser Körper direkt verstehen kann. Das ihnen Gemeinsame ist, daß sie durch Betonungsunterschiede erfahrbar werden lassen, was in einem rhythmischen Geschehen zusammengehörig und aufeinander bezogen ist. Jeder dieser Begriffe verkörpert jedoch einen anderen Aspekt der wiederkehrenden Regelmäßigkeit, die uns die Orientierung im Fluß des Rhythmus ermöglicht.

Durch eine unterschiedliche Schwere von Schlägen wird spürbar, daß eine bestimmte Anzahl von Schlägen zusammengehört. Diese Zusammengehörigkeit macht das Wesen der *Einheit* aus.

In einem *Zyklus* hingegen wird der Aspekt des immer Wiederkehrenden deutlich. Der erste Schlag ist in ihm der Bezugspunkt, mit dem der Zyklus beginnt und mit dem er zugleich endet. Einem Zyklus kann nichts anderes folgen als der Zyklus selbst.

Eine Einheit kann zugleich ein Zyklus sein. Wenn sich das Betonungsmuster einer dreischlägigen Einheit 
in dieser Weise ständig wiederholt, dann ist diese Einheit von drei Schlägen zugleich auch ein *dreischlägiger Zyklus*.

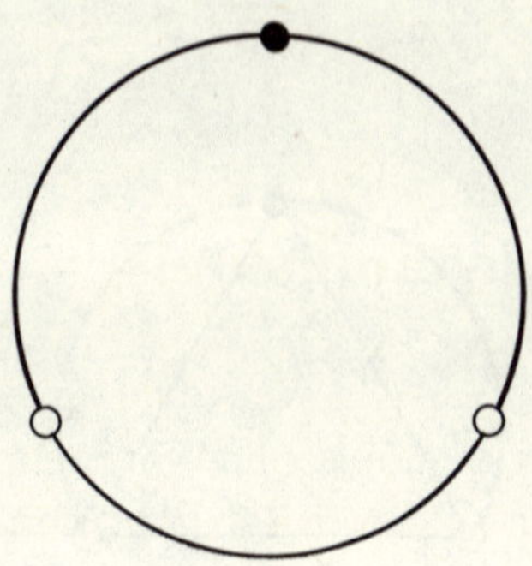

Folgt der dreischlägigen Einheit jedoch eine zweischlägige, dann entsteht eine Abfolge *ungleich großer Einheiten*. Die dreischlägige Einheit hat ihren zyklischen Charakter verloren, denn Zweier- und Dreiereinheit sind jetzt Elemente eines größeren Ganzen. Durch die ständige Aufeinanderfolge von Dreiereinheit und Zweiereinheit entsteht ein *Zyklus von fünf Schlägen.* Dies wird durch das Betonungsmuster spürbar: Die beiden ersten Schläge der Einheit haben nicht mehr die gleiche Schwere. Der erste Schlag der Dreiereinheit ist der betonteste Schlag des ganzen Zyklus, da mit ihm nicht nur die Dreiereinheit, sondern auch der ganze Zyklus beginnt.

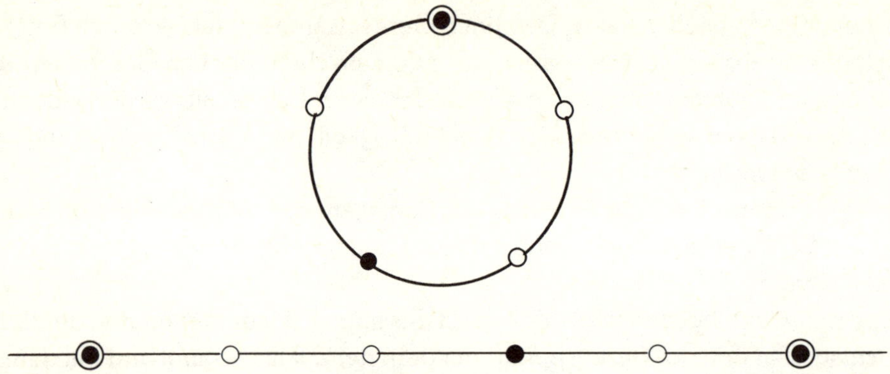

Wenn zu diesem Zyklus von fünf Schlägen noch ein anderer Zyklus dazukommt, der den gleichen Anfangs- und Endpunkt hat, dann schwingen beide Zyklen in einem *gemeinsamen Rhythmuskreis*. Dies ist beispielsweise der Fall, wenn zu dem fünfschlägigen Zyklus ein dreischlägiger dazukommt, dessen erster Schlag mit dem ersten Schlag des Fünferzyklus zusammenfällt.

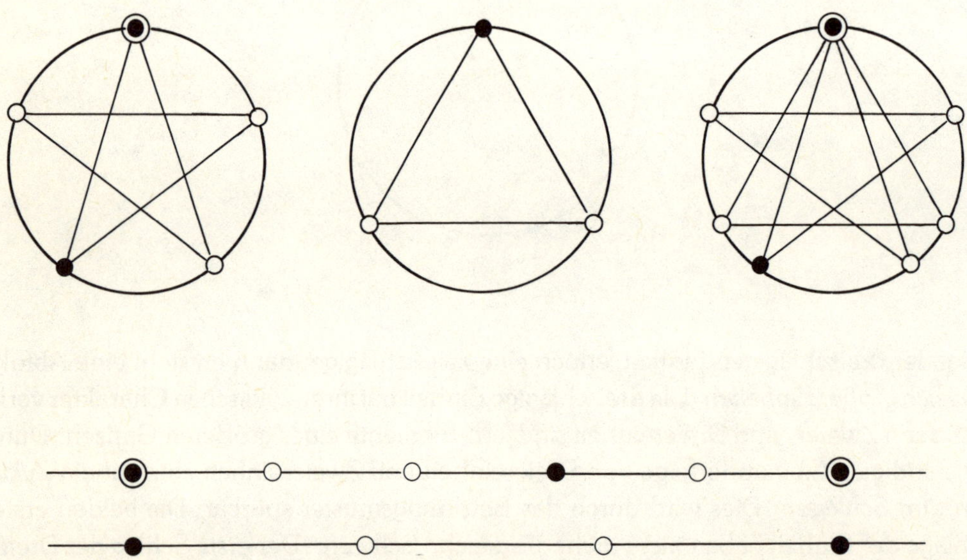

Surdo

Pandeiro

Gefäß Bu

Hun und Chi, Blasinstrumente

Pyonjong, Glockenspiel

Tsching

Tänzerinnen in der Zeremonie des Munmyochereak.

Buk / Tänzerin   Die Kraft des Trommelns — die Entspanntheit des Körpers und des Geistes

Buk / Mönch

Die mächtige Buk, getragen von der Schildkröte: Symbol für ein weises und langes Leben.

Im folgenden Tonbeispiel hörst Du zuerst einen Zyklus von drei Schlägen. Er wird auf der koreanischen Trommel *Tschanggo* gespielt. Später kommt eine zweischlägige Einheit dazu, und es formt sich ein Zyklus von fünf Schlägen. Aus T 36

GA MA LA GA MA LA GA MA LA GA MA LA GA MA LA GA . . . wird

GA MA LA TA KI GA MA LA TA KI GA MA LA TA KI GA . . .

Versuche beim Sprechen dieser Sprachrhythmen die Gliederung zu spüren und achte darauf, welche Variationen die Trommel in diesen Zyklen spielt. Schließlich wird auf einer Glocke auch der dreischlägige Zyklus hörbar, der mit den fünf Schlägen der Trommel im gemeinsamen Rhythmuskreis schwingt.

Divisive und additive Zyklen

Zyklen entstehen durch die Überlagerung zweier Pulsationen, die in einem bestimmten Verhältnis miteinander schwingen. Betonungen entstehen dabei durch das Zusammentreffen von Schlägen, die beiden Pulsationen gemeinsam sind. In einem zweischlägigen Zyklus schwingt eine Grundpulsation mit einer halb so schnellen Pulsation:

Grundpulsation
halb so schnelle Pulsation
entstehendes Betonungsmuster

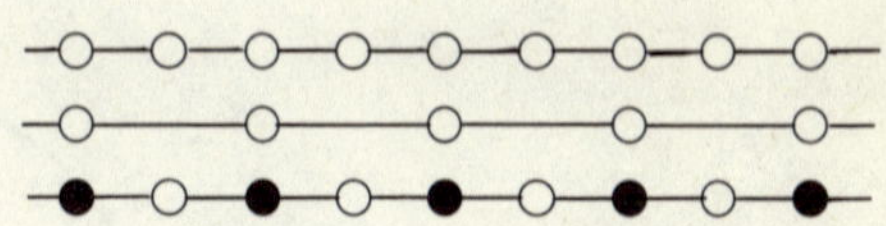

Beim dreischlägigen Zyklus entsteht das Betonungsmuster durch die Überlagerung einer Grundpulsation mit einer dreimal so langsamen Pulsation:

Grundpulsation
dreimal so langsame Pulsation
entstehendes Betonungsmuster

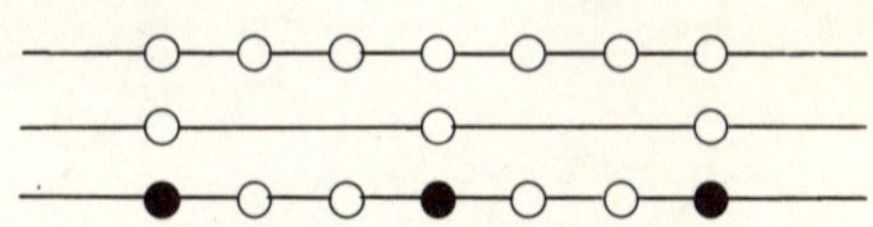

Im Betonungsmuster dieser beiden Zyklen folgen stets *gleiche Teile* aufeinander.

Der vierschlägige Zyklus hat als erster eine neue Schattierung in seinem Betonungsverlauf. Mit der Grundpulsation und der viermal so langsamen Pulsation beginnt auch die *halb so schnelle* zu schwingen. Diese dritte Pulsation ist sozusagen eine *Resonanzpuls-*

tion. Ihr Mitschwingen wird durch den »Schwingungsknoten« des dritten Schlages ermöglicht.

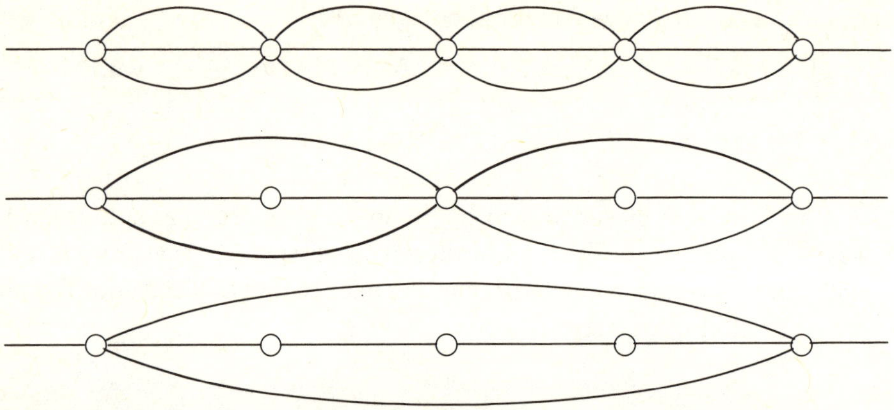

Wir fühlen uns erinnert an die Schwingungsarchetypen von Obertönen und die akustischen Phänomene von Resonanzsaiten. Tatsächlich ist es auch so: Dieselben Gesetzmäßigkeiten, die im Bereich der Töne gelten, stimmen ebenso für die Erscheinungsformen von Rhythmen.

Das Betonungsmuster des vierschlägigen Zyklus entsteht aus der Summe aller drei Pulsationen. Der dritte Schlag ist dadurch schwerer als der zweite und der vierte. Die größte Schwere hat wieder der erste Schlag, in dem sich alle drei Pulsationen treffen.

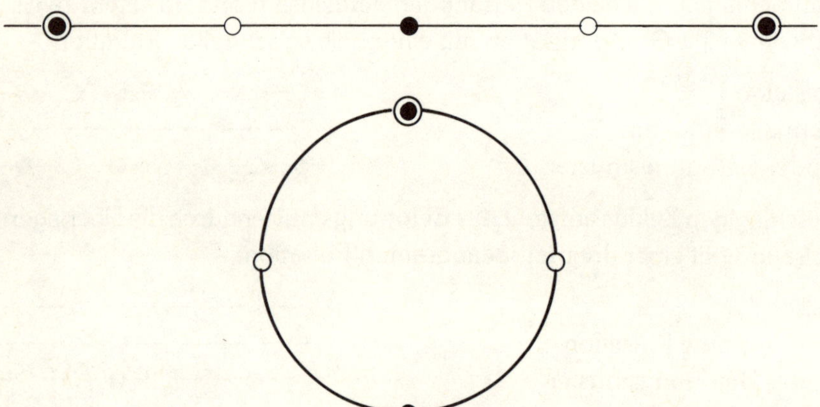

Die am dritten Schlag entstehende Betonung teilt den Zyklus wieder in gleiche Teile. Die Betonungsmuster von Zyklen, die durch Überlagerung von Pulsationen entstehen, teilen diese Zyklen immer in *gleiche Teile*. Wir nennen solche Zyklen daher *divisive Zyklen*.

Auch beim Zusammentreffen von Längen und Kürzen mit einer Pulsation entstehen unterschiedliche Betonungen, die die Pulsation gliedern. Dadurch wird für uns die Aufeinanderfolge zweier *ungleich großer Teile* spürbar. Wir fühlen, daß die Betonungen den dabei entstehenden Zyklus asymmetrisch gestalten. Die elementarste Aufeinanderfolge von Länge und Kürze gestaltet einen dreischlägigen Zyklus in zwei unterschiedlichen Formen:

TA KI TIT TA KI TIT TA KI TIT TA KI TIT TA KI TIT TA . . . oder

TIT TA KI TIT TA KI TIT TA KI TIT TA KI TIT TA KI TIT . . .

Versuche in einer einfachen Übung den Unterschied dieser beiden Gestaltungen zu spüren: Komme in einen ruhigen Gehfluß und teile jeden Deiner Schritte mit GA MA LA in drei Unterteilungsschläge. Ändere dann die Silben Deines Sprachrhythmus von GA MA LA auf TA KI TIT TA KI TIT . . . und klatsche die Betonungen, die durch Länge und Kürze entstehen: Ü 17

(TA) KI (TIT) (TA) KI (TIT) (TA) KI (TIT) (TA) KI (TIT) (TA) KI

Ändere dann den Sprachrhythmus auf TIT TA KI TIT TA KI . . . und achte darauf, wie die Betonungen von Länge und Kürze den Dreierzyklus jetzt anders gestalten.

In dieser Art der Gliederung gibt es einerseits die Möglichkeit, die Anzahl der Schläge auszuweiten, über die sich Länge und Kürze ausdehnen. Dadurch entsteht die Abfolge ungleich großer *Einheiten.* Andererseits können auch eine größere Anzahl solcher Teile aneinandergefügt werden. Da eine solche Aneinanderreihung von Längen und Kürzen den Ablauf eines größeren Zyklus durch asymmetrische Betonungen gestaltet und die Aufeinanderfolge ungleich langer Teile stets zu spüren bleibt, nennen wir solche Zyklen *additive Zyklen.*

Im folgenden Tonbeispiel kannst du hören, wie ein additiver und ein divisiver Zyklus von jeweils neun Schlägen miteinander klingen. Sie werden auf zwei afrikanischen Doppelglocken *(Kangogis)* gespielt. Die erste Glocke spielt im additiven Zyklus auf den ersten Schlag jeder Einheit. Die Abfolge einer zweischlägigen, einer dreischlägigen und einer vierschlägigen Einheit ergibt einen neunschlägigen Zyklus. T 37

(TA) KI (GA) MA LA (TA) KE TI NA (TA) KI (GA) MA LA (TA) KE TI NA (TA) . . .

Die zweite Glocke spielt in einem neunschlägigen, divisiven Zyklus das erste GA auf der tieferen Glocke, die beiden anderen GA auf der höheren.

(GA) MA LA (GA) MA LA (GA) MA LA (GA) MA LA (GA) MA LA (GA) MA LA (GA) . . .

Ü 18 Versuche beide Glockenparts mitzuklatschen und die unterschiedliche Bewegung zu fühlen. Die beiden später dazukommenden Trommeln verstärken die unterschiedlichen Rhythmusenergien der beiden Zyklen.

Sie beginnen mit den Klängen koreanischer und japanischer Reibeschalen. Es wurden in dieser Einleitung keinerlei elektronische Effekte benutzt, die Klänge verschiedener Klanginstrumente wurden linear aufgenommen.

Achte darauf, wie sich aus dem Klangteppich die Rhythmusfiguren der einzelnen Glocken der Reihe nach entwickeln. Im zweiten Teil des Tonbeispiels kannst Du das Zusammenklingen mehrerer additiver Gestaltungen auf verschiedenen Glocken und Gongs in der Komposition *Nada-bindu* hören.

Glocke 1	○	·	○	·	·	○	·	·	·	○	·	○	·	·	○	·	·	·	○
Glocke 2	○	·	·	·	○	·	·	○	·	○	·	·	·	○	·	·	○	·	○
Tsching	○	·	○	·	·	·	○	·	○	○	·	○	·	·	·	○	·	○	○
Glocke 3	·	○	○	·	○	○	·	○	○	·	○	○	·	·	·	○	○	·	·
Glocke 4	·	·	·	·	·	·	·	·	·	·	·	·	○	·	·	·	·	·	·

Sowohl die additive als auch die divisive Form eines Zyklus hat zwei Aspekte: einen *spürbaren* und einen *hörbaren*.

Der spürbare Aspekt eines Zyklus entspricht dem gegliederten Immanenzpuls. Er ist die Wirkung der soeben besprochenen Betonungsmuster auf unser Inneres. Der hörbare Aspekt eines Zyklus ist das, was jemand auf der Basis des gegliederten Immanenzpulses auf seinem Instrument spielt. Beide Aspekte zusammen machen die Ganzheit eines Rhythmuserlebnisses aus.

Es kann durchaus sein, daß die beiden Aspekte eines Zyklus identisch sind. Dies ist der Fall, wenn die Gestaltung eines Rhythmus genau dem Betonungsverlauf des Zyklus entspricht. Meist jedoch löst sich ein Musiker in seiner Rhythmusgestaltung vom Betonungsmuster und geht im Rahmen des Zyklus seine eigenen Wege. Stets aber bleibt für ihn sowie für jemand, der den Rhythmus hört oder dazu tanzt, der gegliederte Immanenzpuls spürbar. Je höher das rhythmische Körperbewußtsein eines Musikers entwickelt ist, desto weiter kann er sich in seiner Gestaltung vom gegliederten Immanenzpuls entfernen, ohne ihn dabei zu verlieren.

Die Erweiterung des rhythmischen Körperbewußtseins geht Hand in Hand mit der Fähigkeit, auch die Bewegung komplexer Betonungsmuster als Basis einer Gestaltung fühlen zu können. Im Erleben dieser Betonungsmuster begegnen wir den gleichen Schwingungsarchetypen, die unser ganzes Sein durchwirken.

Wenn die Betonungsmuster komplexer Zyklen nach und nach als gegliederter Immanenzpuls in uns spürbar werden, dann befinden wir uns in einem Bewußtseinsprozeß, der nicht nur unsere Wahrnehmung erweitert, sondern gleichfalls eine Basis unseres rhythmischen Ausdrucksvermögens schafft.

Der Immanenzpuls in seiner gegliederten und seiner ungegliederten Form ist unsere Verbindung zu den rhythmischen Urkräften der Welt. In ihm sind wir geborgen und können das Spiel unseres Gestaltens beginnen.

Wir können die beiden Aspekte von Zyklen noch erweitern: Der spürbare Aspekt ist der universelle, überpersönliche Teil eines Rhythmuserlebnisses. Der hörbare Aspekt unserer Gestaltung ist der Teil, in dem wir uns mit unserem Ego ausdrücken.

Im kreativen Akt der Rhythmusgestaltung können wir die beiden Aspekte zu einer Ganzheit verbinden. Beim Spielen der Trommel oder eines anderen Instrumentes haben wir die Möglichkeit, uns aus dem Verhaftetsein im Ego zu lösen und mit unserem Seinsgrund in Verbindung zu treten. Musik, die in einem solchen Bewußtseinszustand gespielt wird, berührt das Innere aller Menschen, die diese Musik hören.

Wenn wir uns aber beim Spielen zu sehr mit unserer Gestaltung identifizieren oder unsere Rhythmusgestaltung mit dem Denken zu formen versuchen, entfernen wir uns dabei vom Fühlen des Immanenzpulses. An diesem Punkt wird uns klar, welche Kraft der Urgrund des Rhythmus hat: Nach einigem Hinundherschwanken fallen wir unweigerlich aus dem Rhythmus. Wir finden uns in einem Zustand der Orientierungslosigkeit wieder, und die Elemente unserer Gestaltung ergeben keinen Sinn mehr. Das Erlebnis, aus dem Rhythmus zu fallen, zeigt uns, daß Rhythmus nicht machbar ist. Nur wenn wir mit dem spürbaren Aspekt eines Zyklus in Kontakt sind, steht die Aktivität des Gestaltens mit der rhythmischen Bewegung in uns in keinem Widerspruch. In diesem Zustand ist es uns möglich, auch einen längeren Zyklus differenziert zu gestalten, ohne dabei denken zu müssen.

Die rhythmische Wirklichkeit von Zahlen in den Strukturen von Zyklen

Wir sind es gewohnt, die Zahlen, die uns im täglichen Leben begegnen, hauptsächlich in ihrer *Quantität* wahrzunehmen. Fünf Äpfel sind mehr als drei Äpfel, das haben die meisten von uns schon in der Schule gelernt. Und das ist natürlich auch nicht falsch. Aber es ist bloß eine Seite des Ganzen. In unserer Zeit ist es tatsächlich selten geworden, daß uns jemand oder etwas an die unterschiedlichen *Qualitäten* von Zahlen erinnert. Dennoch gibt es ihre Wirk-lichkeit in unserem Leben.

Erinnern wir uns an den Klang einer schwingenden Saite am Monochord. Mit dem Grundton, der der *Ein-heit* entspricht, schwingt zugleich der erste Oberton mit: die Oktave. Dieser anders klingende Ton entsteht aus der Einheit in der Gestalt der »Zwei«, der in zwei gleiche Teile geteilten Saite. Ebenso erklingt die Quinte als Einheit in der Gestalt der Drei und die Terz als Einheit in der Gestalt der Fünf.

Wir sehen, daß verschiedene Zahlen im Bereich der Töne tatsächlich unterschiedliche Tonqualitäten bedeuten. Im Bereich des Rhythmus ist dies nicht anders: Die Qualität der Zahlen steht mit der Wirkung, die Rhythmen auf uns haben, in einem direkten Zusammenhang. Im Aufbau von Zyklen finden wir dieselben Strukturen wieder, die die Zahlen auch in anderen Bereichen symbolisieren.

Von diesem Gesichtspunkt aus werden wir im folgenden die divisiven und additiven Strukturen verschiedener Zyklen kennenlernen. Die darin anklingenden Querverbindungen sollten jedoch nicht für ausschließlich oder absolut genommen werden. Sie beschreiben lediglich Tendenzen und Möglichkeiten, die den Zyklen innewohnen. Als solche sollen sie eine Anregung sein, sich selbst intensiver mit dem wirk-lichen Kern verschiedener Zyklen auseinanderzusetzen.

1

Die Eins ist rhythmisch nicht erfahrbar. Denn in der Wiederholung der Eins entsteht bereits die Zwei, die Polarität von Beat und Offbeat. Der rhythmische Zustand der Eins ist die *Zeitlosigkeit*.

Es gibt zahlreiche Wege der Meditation, die uns ermöglichen, der absoluten Ruhe dieser Zeitlosigkeit und dem Erleben der ständigen Gegenwart näherzukommen. Den Anfang eines solchen Weges zeigte mir Kim Suk Jul, der koreanische Schamane.

In der Zeit meines Koreaaufenthaltes besuchte ich ihn regelmäßig. Wir saßen manchmal ganze Nächte, und er spielte Rhythmen auf seiner *Tschanggo*, in denen ich anfangs nicht einmal etwas Wiederkehrendes erkennen konnte. Öfters aber nahm er mich auch zu den zahlreichen Zeremonien mit, zu denen er gerufen wurde.

An einem Abend saßen wir vor seinem Haus, nachdem er mir den ganzen Nachmittag lang nur eine Schlagfolge auf der Tschanggo gezeigt hatte:

KI KI TOK KI KI TOK KI KI TOK KI KI TOK . . .

Sie hatte sich verinnerlicht, und ich konnte ihre Bewegung in mir fühlen, während ich das Dunklerwerden des Himmels und der umliegenden Hügel genoß. Ich spürte seit langer Zeit wieder eine tiefe Ruhe in mir und freute mich auf das gemeinsame Essen, welches jeder Trommelstunde unausbleiblich folgte. Kim Suk Jul war bereits ins Haus gegangen, und ich wartete darauf, daß er mich gleich rufen würde.

Statt dessen aber kam er mit einer Schale zurück, die ebenso aussah wie eine feingearbeitete koreanische Reisschale; als er sie mir reichte, sah ich, daß sie leer war. Kim Suk Jul merkte, daß ich die ganze Situation nicht so recht verstand, und lachte. Er legte die Schale in meine linke Hand, gab mir in die rechte einen Holzstab, der an beiden Enden mit Leder überzogen war, und bat mich, die Augen zu schließen.

»Spürst Du noch die innere Bewegung des Schlages, den ich Dir heute gezeigt habe?« fragte er mich.

»Ja, ich kann sie spüren«, antwortete ich und war erstaunt, daß er von meiner inneren Bewegung wußte.

»Dann schaue, ob es Dir gelingt, diese Bewegung nach außen strömen zu lassen. Spüre den Kreis der Schale in Deiner linken Hand, und fühle, ob sich Deine innere Bewegung ausdrücken kann, indem Du mit dem Stab um diesen Kreis in eine fließende Bewegung kommst.«

Kaum hatte er diese Anweisungen gegeben, da spürte ich das Strömen von Wärme in meinem rechten Arm, und ich suchte mit dem Stab den Kreis der Schale, der in meiner linken Hand lag. Aber mit geschlossenen Augen hatte ich große Mühe, seine Form zu spüren. Der Kreis schien gar kein Kreis mehr zu sein, und ich verlor ständig den Kontakt zu ihm. Erst nach längerer Zeit fühlte ich, wie meine rechte Hand mit dem Stab vom Kreis der Schale geführt wurde und der Fluß meiner Bewegung nach und nach gleichmäßiger wurde.

Zugleich aber bemerkte ich, wie die Schale in meiner linken Hand allmählich zu vibrieren begann und wie ein wunderschöner, eigenartig zarter Ton entstand, der dennoch meine ganze Umgebung zu füllen schien. Ich konnte das Vibrieren der Schale in meinem ganzen linken Arm spüren, aber auch der Stab schien mitzuschwingen. Die Bewegung meines Kreisens beschleunigte sich, denn ich wollte den Ton noch intensiver werden lassen.

Da war der Ton plötzlich verschwunden. Überrascht öffnete ich die Augen: Mein Stab glitt ruckhaft um den oberen Rand der Schale. Da fühlte ich auch, wie krampfhaft meine Finger den Stab umklammerten.

Kim Suk Jul lachte. »Schließ die Augen und versuche wieder in einen Fluß zu kommen«, sagte er. »Setze in Deiner Vorstellung einen Punkt auf den Kreis, den Du beim Spielen spürst«, fuhr er fort, »und versuche diesen Punkt in möglichst gleichen Zeiträumen immer wieder zu durchlaufen. Du näherst Dich ihm, berührst ihn und verläßt ihn wieder. Und vor allem, kümmere Dich nicht mehr um den Ton.«

Es tauchten die Assoziationen einer Pulsation in mir auf — das Gestalten gleicher Zeiträume — das Gefühl, daß in dem gleichmäßigen Fluß der Punkt von selbst immer wiederkehrt. Es entstand eine Leichtigkeit in mir, und ich fand schnell wieder in ein ruhiges Fließen.

»Wenn du magst, laß den Punkt jetzt sein«, hörte ich wieder die Stimme Kim Suk Juls. »Löse ihn auf. Du brauchst ihn nicht mehr.«

Ich spürte Widerstände in mir, dieser Anweisung zu folgen. Er war doch mein einziger Bezugspunkt, gerade den wollte ich nicht aufgeben.

»Löse ihn auf, genieße einfach das Strömen«, hörte ich wieder seine Stimme. Tatsächlich verschwanden in mir allmählich alle Vorstellungen von Kreis, Punkt, Erreichen und Verlassen. Für einige Momente fühlte ich, daß es nichts mehr zu erreichen und nichts mehr zu verlassen gibt. Ich war in meiner Bewegung dort, wo ich eben gerade war, und wieder bildete sich dieser wundervolle Ton, der ebensoviel ruhige Bewegung in sich hörbar werden ließ, wie ich in mir fühlte.

Da nahm mir Kim Suk Jul die Schale aus der Hand und lachte schallend. Sein Lachen ging mir durch und durch und brachte mich schlagartig in die Welt zurück, die mich umgab. Es war bereits dunkel geworden, und aus dem Inneren des Hauses drang ein warmer Lichtschein. »Unser Essen wird kalt«, sagte er noch immer lachend und führte mich ins Haus.

Als wir uns Stunden später verabschiedeten, gab mir Kim Suk Jul wortlos die Schale. Ich verstand, was er damit meinte. Seit diesem Tag versuche ich durch Spielen dieser Schale dem Zustand diesen ruhigen Fließens näherzukommen — dem Punkt, in dem Aktivität und Passivität einander berühren. Dabei erfahre ich immer wieder, daß es auf diesem Weg des absichtslosen Klangs kein Ziel zu geben scheint.

Wenn jemand, der diesen Weg geht, beim Spielen irgendwann wirklich in den Zustand der Ein-heit eintaucht und sich mit der Bewegung des Stabes ständig in der Gegenwart befindet, dann kann es sein, daß er auch nur für zwei Minuten den Zustand der Zeitlosigkeit erlebt; für den Meditierenden ist es gleichwohl ein Erlebnis der Ewigkeit — der Zustand der Ewigkeit, in dem er sich zwei Minuten lang befunden hat.

Die Eins symbolisiert die Ein-heit und den Anfang einer Entwicklung. Die Eins bedeutet die Sonne, als Einheit und Ursprung für die Geburt unseres Planeten.

2

Die Zwei ist das Symbol der Polarität, in der wir unsere Welt wahrnehmen. Die Zwei stellt die Ent-zwei-ung der Eins dar. Zwei entsteht, wenn Bewegung in die Eins kommt, wenn sich die Eins wiederholt. Die Zwei bedeutet das ständige Suchen zwischen zwei Extremen.

Wenn wir die rhythmische Polarität von Schwer und Leicht im Fluß von Zweiereinheiten spüren, dann wird in uns eine innere Bewegung lebendig, die gleichfalls zwischen zwei Polen pendelt: Wir fühlen ein Auf und Ab, ein Hin und Her. Musik, die den Fluß elementarer Zweiereinheiten zur Basis hat, setzt uns mit der gesamten Gefühlspalette in Verbindung, die aus dem Wirken der Polarität entsteht: vitale Lebensfreude und Ausgelassenheit einerseits, Aggression und Egozentrik andererseits.

Wenn es uns gelingt, im Hören und Spielen von Musik den Beat und den Offbeat, das Schwer und das Leicht als zwei Aspekte des Einen zu erleben, dann verstärkt sich der Fluß unseres Lebensstromes, und wir öffnen uns der Wahrnehmung, daß das wundersame Spiel der Polarität auch in unserer Umwelt *einen* Ursprung hat.

Verlieren wir uns jedoch im Fühlen des Beat alleine und nimmt ihn unser rhythmisches Körperbewußtsein als dominantes Rhythmuselement wahr, dann kommt der andere Aspekt der Zwei zum Tragen: die Ent-zweiung. Wir erleben uns in der Überbetonung des Beat als wichtiger und stärker gegenüber dem, was uns umgibt. Wir sind damit auf dem Weg zu vergessen, daß alles *einen Ursprung* hat.

3

Wir erleben in der Drei den Zustand der Eins, nachdem sie durch ihre Entzweiung gegangen ist. Die beiden Pole finden durch ein dazukommendes, drittes Element eine neue Verbindung.

Die Drei bedeutet Harmonie, Ausgeglichenheit und Stabilität. Im Bereich der geometrischen Figuren begegnet sie uns im gleichseitigen Dreieck, in dem jeder Punkt vom anderen gleich weit entfernt ist. Dies ist bei keiner anderen Figur der Fall.

Im Leben begegnet uns die Drei in den drei Aspekten eines Ganzen: Der Raum stellt sich in Länge, Breite und Höhe dar, die Zeit in Vergangenheit, Gegenwart und Zukunft. Selbst unser Leben hat diese drei Aspekt von Geburt, Leben und Tod. Es sind die drei Dimensionen eines elementaren Bereiches. Hinter ihrem Sein erahnen wir weitere Dimensionen, die darüber hinausgehen. Mit der Dreiheit begrenzt sich der Bereich des Elementaren.

Ebenso ist es beim Rhythmus: Die Einheit von drei Schlägen ist die größte elementare Einheit. Die Rhythmusenergien von zwei und drei, die in der Musik auch *binär* und *ternär* genannt werden, kehren in Vergrößerungen und Verkleinerungen in fast allen Rhythmen wieder.

Die Abfolge von dreischlägigen Einheiten bewirkt in uns den inneren Fluß einer drehenden Bewegung, die beispielsweise beim Walzer nach außen sichtbar wird. Musik, die auf der Rhythmusenergie der Drei beruht, hat die Tendenz, uns kraftvoll und ruhig mit den Kräften unseres Inneren in Verbindung zu bringen. So ist auch die Dreizeitigkeit im Atemrhythmus ein Ausdruck von Introvertiertheit. Sie ist unser Atemrhythmus beim Schlafen und im Ruhezustand.

Mit der Drei beginnt eine Reihe zusammengehöriger Rhythmusenergien. Dreischlägige, sechsschlägige, neunschlägige und zwölfschlägige Zyklen haben eine gemeinsame Tendenz des inneren Bewegungsflusses, den sie in uns auslösen. Es ist eine Reihe von Rhythmusenergien, in denen die Drei in immer neuen Aspekten wirksam wird.

4

Die Vier ist in allen Kulturen ein Symbol für Materie und Grobstofflichkeit. Als Figur begegnet sie uns in der Form des Quadrats. Aus der Linie, die zwei Punkte verbindet, ist mit dem Quadrat eine Figur entstanden, bei der in beiden Dimensionen zwei Linien einander gegenüberstehen.

Ebenso erleben wir auch die innere Struktur eines vierschlägigen Zyklus: Wir spüren in seinem Ablauf zwei stärkere Betonungen und zwei weniger starke. Diese folgen jedoch nicht aufeinander, sondern stehen voneinander getrennt:

Wir spüren, daß die Eins und die Drei sowie die Zwei und die Vier miteinander in Beziehung stehen. Die Betonung des dritten Schlages ist eine Reaktion auf die Schwere des ersten Schlages.

Der vierschlägige Zyklus ist der erste divisive Zyklus, in dem sich durch die Betonung des dritten Schlages eine symmetrische Teilung des ganzen Zyklus ergibt. Das »Zerfallen« des Zyklus in zwei halb so große Zyklen wird jedoch durch die unterschiedliche Schwere des ersten und des dritten Schlages verhindert.

Wir werden im folgenden noch weiteren *ungeteilten* divisiven Zyklen begegnen, die im Betonungsverlauf ebenso elementar sind wie der Zweier- und Dreierzyklus. Die Rhythmusenergien dieser Zyklen aber gehen über den Bereich des Elementaren hinaus.

Die innere Bewegung, die ein vierschlägiger Zyklus in uns auslöst, ist eine Verbindung des Auf und Ab mit dem Hin und Her. So entsteht ein Kreuz, das sich auch in den Handbewegungen eines Dirigenten wiederfindet. Das Kreuz ist gleichermaßen wie das Quadrat seit Anbeginn der Menschheit ein Symbol für Materie.

5

Die Fünf ist nach der Drei die nächste Primzahl. Sie ist nur durch sich selbst teilbar. Dies begegnet uns im Aufbau eines fünfschlägigen, divisiven Zyklus wieder: Die einzige Pulsation, die in ihm mit der Grundpulsation mitschwingt, ist eine fünfmal so langsame Pulsation:

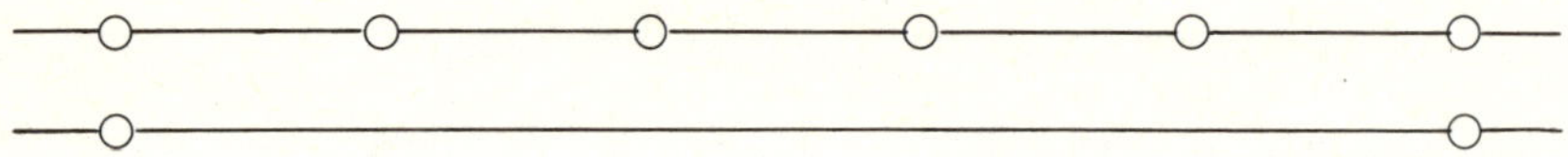

Durch das Fehlen von Resonanzpulsationen entstehen im Verlauf eines fünfschlägigen Zyklus keine weiteren Betonungen. Sein Betonungsmuster ist ebenso elementar wie das der Dreiereinheit. In der Mitte des Zyklus befindet sich nicht der Schwingungsknoten eines Beat, sondern ein Offbeat.

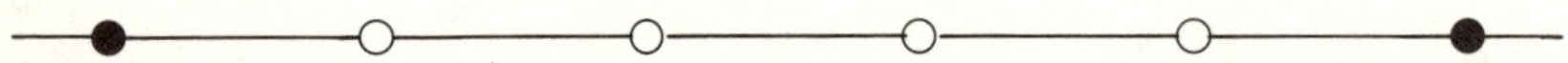

Wir können den Fluß eines Fünferzyklus, in dem lauter gleichbetonte Schläge aufeinanderfolgen, mit dem Sprachrhythmus
TA KE NA TI NA TA KE NA TI NA TA KE NA TI NA . . . darstellen.

Ü 19 Komme in einen langsamen Gehfluß und fülle die Zwischenräume Deiner Schritte mit den Silben TA KE NA TI NA. Achte darauf, daß jede Silbe den gleichen Raum, die gleiche Ausdehnung hat. Versuche, ob Du dabei die fließende, balancierende Tendenz spüren kannst, die ein fünfschlägiger Zyklus in seiner divisiven Form hat.

Im additiven Bereich beginnt mit dem fünfschlägigen Zyklus eine neue Dimension: In ihr bilden das erste Mal zwei aufeinanderfolgende *Einheiten* in ihrem Abwechseln einen Zyklus. Das Hintereinander der beiden konträren Rhythmusenergien von Zweiereinheit und Dreiereinheit wird in der Wirkung des additiven fünfschlägigen Zyklus spürbar. Von ihm geht Unruhe und Spannung, aber auch Aufladung und Kraft aus.

Sämtliche Betonungsmuster, die sich in einem fünfschlägigen Zyklus aus Länge und Kürze ergeben, führen stets zur Aufeinanderfolge von Zweiereinheit und Dreiereinheit oder zur Umkehrung dieser Abfolge.

Durch die Betonung von

TA KI TIT TA KI TA KI TIT TA KI . . . entsteht

GA MA LA TA KI GA MA LA TA KI GA MA LA TA KI . . .

Aus der Strukturierung durch Länge und Kürze von:

TIT TA KI TA KI TIT TA KI TA KI TIT TA KI TA KI TIT . . . entsteht

GA MA LA TA KI GA MA LA TA KI GA MA LA TA KI . . .

Die Aufeinanderfolge von

TA KI TA KI TIT TA KI TA KI TIT TA . . . läßt

TA KI GA MA LA TA KI GA MA LA TA KI GA MA LA TA . . . spürbar werden.

Das TIT ist eben nicht eine eigene Einheit, sondern setzt bloß eine Betonung innerhalb einer Einheit.

Mit der wachsenden Anzahl von Schlägen werden die Möglichkeiten additiver Gestaltung immer vielfältiger. Im folgenden werden wir uns daher auf additive Grundformen der verschiedenen Zyklen beschränken.

Es ist ein uraltes Bestreben des Menschen, die im Leben ständig wiederkehrenden Urbilder und die Wirkkräfte dahinter in Symbole und Bilder zu fassen. Aus einem solchen Wissen um die Zusammenhänge von Symbolen und Wirklichkeit ist auch die Weisheit des *Tarot* entstanden. Im Tarot ist der Weg, den ein Mensch durch verschiedene Bewußtseinsstufen geht, in 22 symbolischen Bildern auf einzelnen Karten dargestellt. Jede dieser Karten hat eine Zahl, die mit dem Inhalt und dem Symbolgehalt des jeweiligen Bildes in direktem Zusammenhang steht.

6

Die Karte, der die Zahl sechs zugeordnet ist, heißt im Tarot »Scheideweg«. Sie zeigt den Menschen an einer Weggabelung; jeder der Wege führt in ein anderes Reich, führt zu einer anderen Energie, und der Mensch hat die Möglichkeit, einen der beiden Wege zu wählen.

Beim Wahrnehmen eines sechsschlägigen, divisiven Zyklus stehen wir ebenso in der Mitte zwischen zwei Möglichkeiten: Es entstehen bei der Überlagerung der Grundpulsation mit der sechsmal so langsamen *zwei verschiedene Resonanzpulsationen*. Durch diese ergeben sich zwei verschiedene Formen des Sechserzyklus, in denen jeweils eine andere Rhythmusenergie zu spüren ist. Die Überlagerung von

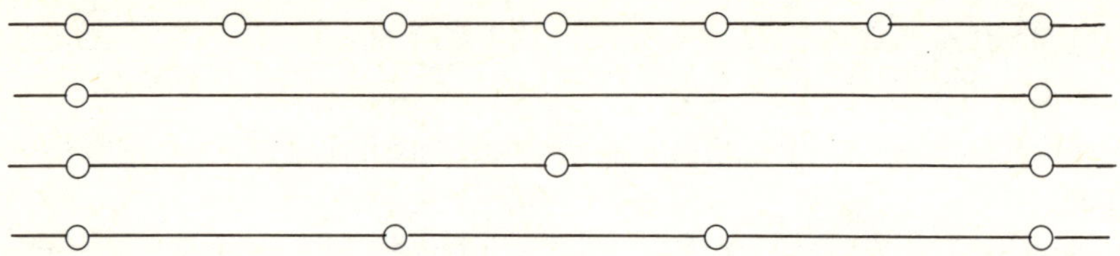

läßt einerseits einen Betonungsverlauf entstehen, in dem die Drei intensiver spürbar wird:

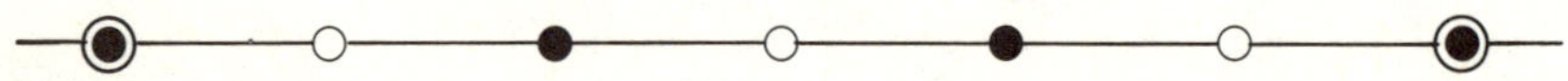

Es kann aber auch ein Betonungsverlauf entstehen, in dem die Zwei die dominantere Rhythmusenergie ist:

Wir können also im sechsschlägigen, divisiven Zyklus diese beiden Betonungsmuster entstehen lassen, je nachdem, welcher Resonanzpulsation wir mehr Gewicht geben, je nachdem, für welche Rhythmusenergie wir uns entscheiden. An den Zeichnungen jedoch sehen wir bereits, daß die Entscheidung für das eine auch immer das andere beinhaltet. Es taucht in anderer Form wieder auf: Setzen sich im sechsschlägigen Zyklus *zwei* Betonungen, so sind es jeweils *drei* Schläge, die sie zusammenfassen:

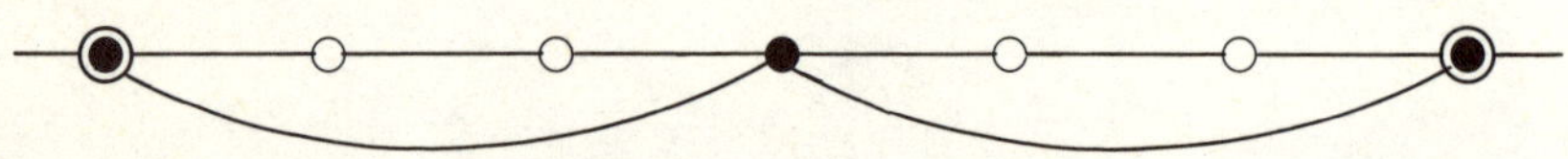

Im anderen Betonungsmuster ist es genau umgekehrt:

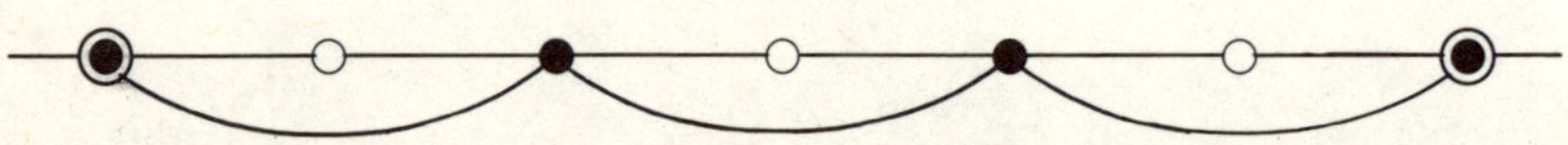

Der erste Schlag hat wieder die größte Schwere und läßt uns so die Gesamtheit des Zyklus fühlen. Er verhindert, daß die weiteren Betonungen den Zyklus in kleine Teile zerfallen lassen.

Daß die Rhythmusenergien von zwei und drei im sechsschlägigen Zyklus in dieser Form miteinander verwoben sind, ist ein Phänomen, welches einen direkten Bezug zu unserem täglichen Leben hat: Die freie Entscheidung für einen Weg kann nicht mit der Nichtbeachtung des anderen verbunden sein. Erst wenn wir die beiden Welten, zu denen die verschiedenen Wege führen, in ihrem Zusammenklang kennen, dann wissen wir, daß ihre Unterschiedlichkeit nur ein Aspekt von ihnen ist und daß die konträren Welten auch miteinander sein können. Mit einem solchen inneren Wissen sind wir nicht mehr im ausschließlichen Entweder-Oder verhaftet, sondern wir können eine Entscheidung treffen, die nur für hier und jetzt gilt. Dann ist es aber auch möglich, daß wir morgen bereits den anderen Weg erforschen wollen.

Das gleiche erfahren wir auch bei der Entwicklung des rhythmischen Körperbewußtseins. Am Anfang ist es für unseren Körper ungewohnt, die Drei im Grundschritt von GA MA LA zu spüren und zugleich die Zwei zu klatschen. Viele Workshopteilnehmer haben nach den ersten Übungen erzählt, daß ihr Körper während der Übung forderte: »Laß mich dies machen oder jenes, aber bitte nicht beides zusammen.« Für jeden dieser Menschen aber gab es im Laufe des Workshops einen Punkt, an dem beides *zugleich* sein durfte, an dem die Gegensätzlichkeit ihren ausschließlichen Charakter verloren hatte. Mit einem solchen Rhythmusbewußtsein können wir uns nun frei entscheiden, welche Rhythmusenergie wir im sechsschlägigen Zyklus dominanter gestalten wollen.

Auch in der inneren Bewegung, die ein Abfolge von sechsschlägigen Zyklen bewirkt, finden wir beide Rhythmusenergien wieder: Die Drehung der Drei verbindet sich mit dem Hin und Her der Zwei.

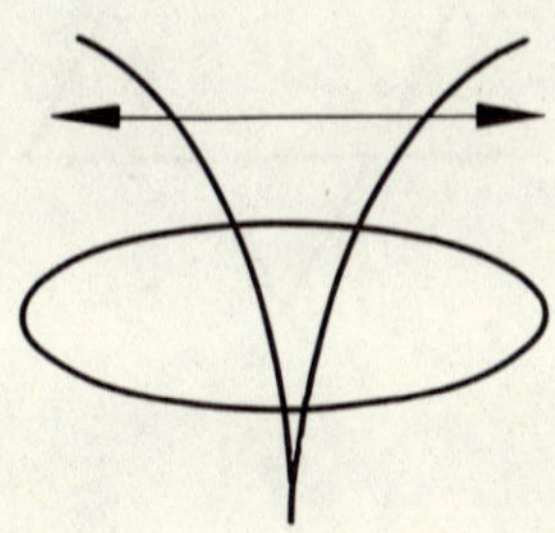

Bei den additiven Formen des sechsschlägigen Zyklus begegnen wir wieder einer neuen Gestaltungsmöglichkeit: Zwei gleich große Einheiten, die den gesamten Zyklus symmetrisch teilen, sind durch Längen und Kürzen unterschiedlich gestaltet.

Aus der Aufeinanderfolge von:

TIT TA KI TA KI TIT TIT . . .

entstehen zwei Einheiten von GA MA LA, die verschieden gestaltet sind:

GA MA LA GA MA LA GA MA LA GA MA LA GA . . .

Es ist also in der additiven Gestaltung ohne weiteres möglich, daß zwei oder mehrere gleich große Einheiten aufeinanderfolgen, wenn diese unterschiedlich gestaltet sind.

In anderen additiven Gestaltungen begegnet uns der sechsschlägige Zyklus als Aufeinanderfolge von zweischlägiger und vierschlägiger Einheit:

TA KI TA KE TI NA TA KI TA KE TI NA TA . . . oder

TA KE TI NA TA KI TA KE TI NA TA KI TA . . .

Da die beiden Einheiten aber durch das Setzen von Länge und Kürze entstanden sind, setzt sich hier in der Vierereinheit auch keine weitere Betonung; sie existiert in diesem Zusammenhang als ungeteilte Einheit.

Als Figur begegnet uns die Sechs in der Form von zwei ineinandergefügten Dreiecken: Das eine zeigt nach oben, das andere nach unten. Diese Figur läßt sich als das Zusammensein der Polaritäten *Yin* und *Yang* verstehen. Das aufwärtsweisende Dreieck ist ein Symbol für das *Lingam*, die männliche Energie, das abwärtsweisende Dreieck ein Symbol für die *Yoni,* die weibliche Energie. Auch hier finden wir das Ineinander zweier polarer Energien, die zusammen ein gemeinsames Ganzes ergeben: den Sechsstern.

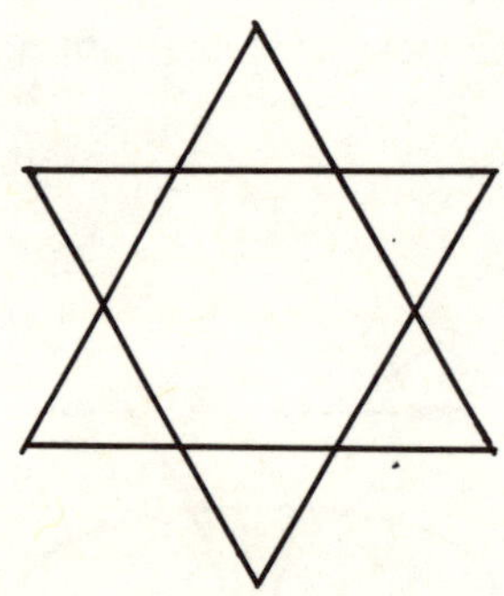

7

Die Sieben ist wieder eine Primzahl. Und wie wir es bei den anderen Primzahlen bisher erfahren haben, so ist es auch hier: Ein siebenschlägiger, divisiver Zyklus hat keine Resonanzpulsationen. Mit der Grundpulsation schwingt nur die siebenmal so langsame Pulsation, die Länge des gesamten Zyklus.

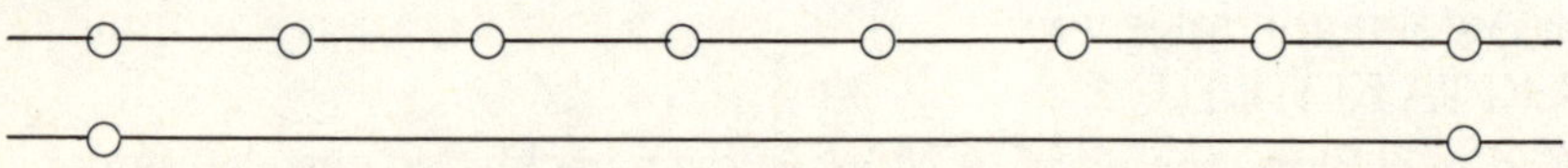

Daher sind im Betonungsverlauf eines siebenschlägigen, divisiven Zyklus auch alle Schläge gleich betont. Wir können den Zyklus in der divisiven Form mit dem Sprachrhythmus TA KE NA TI NA KE NA . . . darstellen.

Bei der additiven Gestaltung des siebenschlägigen Zyklus ergibt eine zweigliedrige Zusammensetzung, bei der eine Länge einer Kürze folgt, das Hintereinander einer Dreiereinheit und einer Vierereinheit:

GA MA LA TA KE TI NA GA MA LA TA KE TI NA GA . . .

Folgt die Kürze der Länge, so ergibt sich die Umkehrung:

TA KE TI NA GA MA LA TA KE TI NA GA MA LA TA . . .

In beiden Fällen steht die Rhythmusenergie der Drei *neben* der Rhythmusenergie der Vier.

Wir haben die Drei bereits als Symbol für die Energie kennengelernt, die die Welt der Materie belebt. Die Vier hingegen bedeutet Materie und Grobstofflichkeit. In dieser additiven Form der Sieben sind die Drei und die Vier nicht in einem gemeinsamen Wirken ineinander verwoben, sondern sie stehen *nebeneinander.* Auch dieses Verhältnis der Zahlensymbole findet sich wieder im Tarot:

Wir sehen einen Menschen, der an einem Bein aufgehängt ist. Mit dem Kopf nach unten befindet er sich zwischen Himmel und Erde. Seine Beine bilden ein Kreuz und symbolisieren die Materie. Arme und Kopf aber bilden ein Dreieck, das den Geist darstellt.

Diese Karte heißt »Prüfung«, weil in dieser Lage des Menschen die Materie den Geist prüft. Geist und Materie stehen in einem Spannungsverhältnis. Das Gesicht des Aufgehängten jedoch ist entspannt und ruhig. Der Mensch auf dieser Bewußtseinsstufe weiß bereits, daß die hier einander gegenüberstehenden Polaritäten von Geist und Materie letztlich ein Gemeinsames sind. Das ruhige Alleinsein in der Prüfung läutert den Menschen und läßt ihn schließlich den Zustand wahrnehmen, in dem die Drei und die Vier ein Gemeinsames bilden.

Die Zahl, die diesen Zustand symbolisiert, ist die Zwölf. Denn drei mal vier und vier mal drei sind zwölf. Auch die Tarotkarte »Prüfung« ist der Zahl zwölf zugeordnet. Sie läßt uns ahnen, daß wir im Bewältigen der Spannung, die das Nebeneinander von drei und vier entstehen läßt, offen werden für das Ineinander von drei und vier.

Ein siebenschlägiger, additiver Zyklus und ein zwölfschlägiger, divisiver Zyklus sind aufgrund der Wirkung, die sie auf uns haben, konträre Zyklusformen. Ein erstes Spüren ihrer
T 38 Unterschiedlichkeit kann Dir das folgende Tonbeispiel vermitteln. Lasse die beiden indischen Rhythmen *Rupaktal* und *Chautal* auf Dich wirken, ohne vorerst ihre Struktur durchschauen zu wollen. Mit dem *Rupaktal* hörst du im Zusammenklang von Flöte und Tabla einen siebenschlägigen, additiven Zyklus mit der Struktur:

GA MA LA TA KI TA KI GA MA LA TA KI TA KI GA . . .

oder in indischer Trommelsprache:

TI TI NA DHI NA DHI NA TI TI NA DHI NA DHI NA TI . . .

Chautal hingegen ist ein indischer Rhythmus auf der Basis eines zwölfschlägigen, divisiven Zyklus. Du wirst diese beiden Rhythmen noch näher kennenlernen.

Was beim ersten Hören vielleicht nicht allzu unterschiedlich erscheint, wird mit der intensiven, aktiven Beschäftigung zur Wahrnehmung zweier konträrer Rhythmuswelten. Wir müssen uns die unterschiedliche Energie der beiden Rhythmen erst langsam erschließen, ebenso wie wir im Grundschritt von TA KE TI NA die zyklische Wiederkehr von vier Schlägen körperlich immer klarer und deutlicher spüren können.

Es ist in der Tat nicht einfach, einen siebenschlägigen Zyklus mit der Struktur

GA MA LA TA KE TI NA oder GA MA LA TA KI TA KI

so zu gestalten, daß die aufeinanderfolgenden Einheiten nicht in in einzelne Teile zerfallen. Das Fließen des Zusammengehörigen trotz der Spannung und Unruhe hörbar werden zu lassen ist für den Musiker, der auf dieser Struktur Rhythmus gestaltet, eine Prüfung, die dem Zustand des Menschen auf der Tarotkarte ähnlich ist.

Das freilich weiß auch die in Jahrtausenden gewachsene Trommelkultur Indiens. Sie setzt im *Rupaktal* ein zusätzliches Gestaltungselement, das die Spannung noch deutlicher zum Ausdruck bringt. Im Fluß von

⊕	I	II
TI TI NA	DHI NA	DHI NA

sind die ersten drei Schläge des Rhythmus völlig unbetont. Erst mit dem vierten Schlag läßt der Trommler die Betonung seiner Baßtrommel hörbar werden. Durch die Leichtigkeit des ersten Schlages scheint dieser nicht mehr der Beginn des Zyklus zu sein. Unsere Empfindung setzt den Anfang des Rhythmuskreises vielmehr auf den vierten Schlag — dort, wo die Betonung des Baßklanges der Tabla einsetzt. Durch die Melodiebögen der Flöte jedoch bleibt der tatsächliche Beginn des Zyklus für uns stets spürbar. Wo wir die größte Betonung erwarten, kommt die geringste; wir strecken unsere Hände aus und greifen ins Leere. Dies läßt uns die Spannung dieses Zyklus verstärkt spüren, und eine solche Strukturierung finden wir in keinem anderen indischen Rhythmus.

Erinnern wir uns an die drei Möglichkeiten des Klatschens beim »Talageben«: *Sam* ist der betonteste Schlag, *Tali* bezeichnet mit leiserem Klatschen den Beginn der Einheiten. *Khali* ist der erste Schlag, mit dem eine unbetonte Einheit beginnt, und wird durch einen Wink mit der Hand verdeutlicht. (Falls Du einiges vergessen hast, kannst Du es in Kapitel IV im Abschnitt »Die Stimme gestaltet — das Klatschen gliedert« nachlesen.)

Höre Dir jetzt das Tonbeispiel nochmals an, und versuche nun den Tala zu geben. Achte darauf, wie auf dem ersten Schlag *Sam* und *Khali* zusammenfallen.

8

Mit der Acht begegnen wir der Vergrößerung der Vier. Die Acht stellt sozusagen die Vier auf einer anderen Oktave dar. In einem achtschlägigen Zyklus entstehen ebenso wie beim sechsschlägigen Zyklus zwei Resonanzpulsationen. Das Betonungsmuster des achtschlägigen Zyklus entsteht durch die Überlagerung folgender Pulsationen

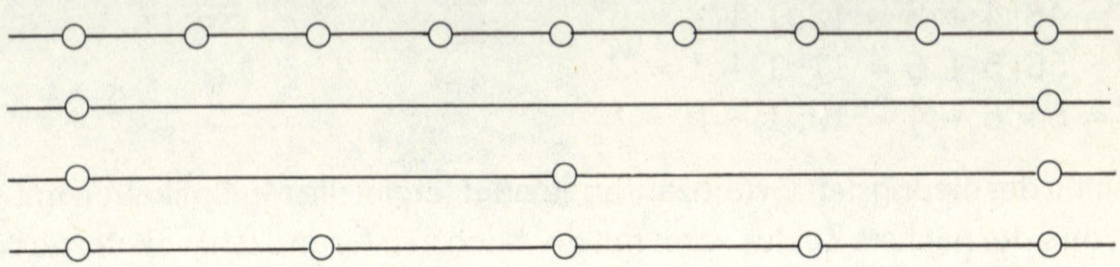

Die beiden Resonanzpulsationen bewirken jedoch im achtschlägigen Zyklus keine unterschiedlichen Rhythmusenergien wie im sechsschlägigen, sondern es ergibt sich ein Betonungsverlauf, in dem wir die Vergrößerung der Vier erkennen.

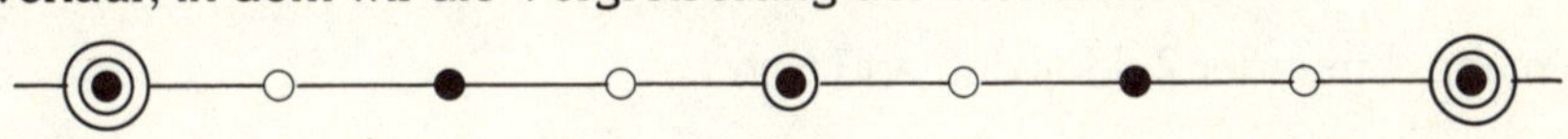

Diese Form eines achtschlägigen, divisiven Zyklus können wir mit dem Sprachrhythmus TA KE NA TI NA KE TI NA darstellen.

Die additive Gestaltung eines achtschlägigen Zyklus läßt vielfältige Formen zu. Aufgrund der geraden Struktur der Acht wird die Asymmetrie der additiven Gestaltung deutlich spürbar.

Ü 20 Versuche die Sprachrhythmen der folgenden additiven Gestaltungen zu sprechen und klatsche dabei stets den Betonungsfluß von Länge und Kürze:

TA KI GA MA LA TA KI TIT TA KI GA MA LA TA KI TIT TA . . .
GA MA LA TA KI GA MA LA GA MA LA TA KI GA MA LA GA . . .

Versuche weitere additive Formen von achtschlägigen Zyklen selbst zu finden. Konstruiere diese additiven Gestaltungen nicht, sondern versuche mit den Elementen Länge und Kürze zu spielen wie mit Bausteinen. Probiere verschiedene Gestaltungen mit Klatschen und Sprechen aus und höre Dir dabei genau zu. So kannst Du Deine Erfahrungen machen und spüren, welche Gestaltungen Du interessant findest und welche Dir weniger gefallen.

Die Zahl acht besitzt eine Eigenschaft, die uns vor Augen führt, daß das *zyklisch Wiederkehrende* auch in der Welt der Zahlen existiert: Wenn man die Acht mit der Eins multipliziert, dann ergibt das klarerweise 8. Bei der Multiplikation mit der Zwei, der Drei, der Vier, der Fünf, der Sechs, der Sieben und der Acht jedoch geschieht etwas Eigenartiges: Die Quersumme des Resultates nimmt im gleichen Maße ab, in dem die Zahlen zunehmen. 8 mal 2 = 16. Die Quersumme des Resultates bildet man, indem man die Eins zur Sechs addiert: 1 + 6 = 7. Auf diese Weise läßt sich die Vielfalt der Zahlen auf die elementare Welt der neun Grundzahlen reduzieren.

8 mal 3 = 24; 2 + 4 = 6
8 mal 4 = 32; 3 + 2 = 5
8 mal 5 = 40; 4 + 0 = 4
8 mal 6 = 48; 4 + 8 = 12; 1 + 2 = 3
8 mal 7 = 56; 5 + 6 = 11; 1 + 1 = 2
8 mal 8 = 64; 6 + 4 = 10; 1 + 0 = 1

Beim Resultat der niedrigsten Grundzahl angelangt, ergibt die Multiplikation mit der Neun die Neun, und der nächste Zyklus kann mit der höchsten Grundzahl von vorne beginnen:

8 mal 9 = 72; 7 + 2 = 9
8 mal 10 = 80; 8 + 0 = 8
8 mal 11 = 88; 8 + 8 = 16; 1 + 6 = 7

So folgt ein abnehmender Zyklus den anderen.

9

Mit der Neun endet der Bereich der Grundzahlen. An dieser Schwelle stehend hat sie in vielen Belangen eine Sonderstellung.

Im neunschlägigen, divisiven Zyklus verbinden sich *drei dreischlägige Einheiten* zu einer perfekten Symmetrie. Im gemeinsamen Schwingen einer Grundpulsation mit einer neunmal so langsamen Pulsation wird eine Resonanzpulsation spürbar:

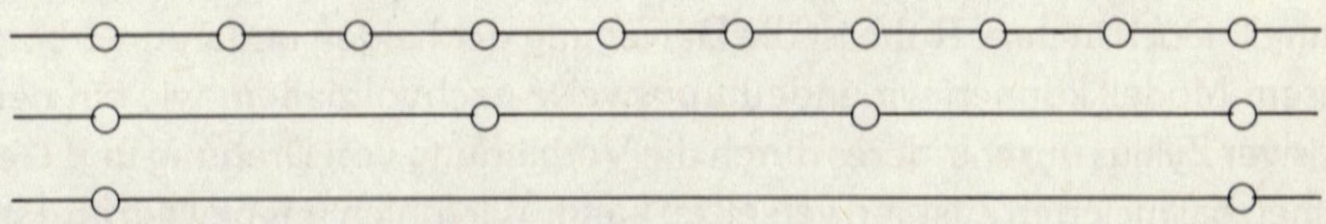

Aus der Überlagerung dieser Pulsationen ergibt sich das folgende Betonungsmuster:

Das mittlere GA MA LA erscheint darin wie der Drehpunkt einer Waage, um den die beiden anderen GA MA LA symmetrisch angeordnet sind. In diesem Betonungsmuster kannst Du die Drei in ihrer Vergrößerung erkennen.

Diese symmetrische Form von dreimal drei Schlägen läßt keine andere Teilung durch Resonanzpulsationen zu. Ihre Rhythmusenergie ist bestimmt. Dieselbe symmetrische Anordnung mit TA KI oder GA MA LA ergibt stets die Ambivalenz einer anderen Teilungsmöglichkeit:

TA KI TA KI TA KI läßt auch eine Teilung in

GA MA LA GA MA LA zu.

Dies jedoch stellt eine andere Rhythmusenergie dar. Ebenso ist es bei TA KE TI NA: Die dreigliedrige Symmetrie von TA KE TI NA läßt gleich mehrere Teilungsmöglichkeiten zu:

TA KE TI NA TA KE TI NA TA KE TI NA kann auch in

GA MA LA GA MA LA GA MA LA GA MA LA oder in

TA KI TA KI TA KI TA KI TA KI TA KI geteilt werden.

Jedesmal aber erscheint der gesamte Zyklus dabei in einem anderen Licht.

Diese Struktur eines neunschlägigen Zyklus, in der die Drei als Basiszahl so deutlich wahrzunehmen ist, hat auf uns auch entsprechende Wirkungen. Mit der Drei begann eine

Reihe zusammengehöriger Rhythmusenergien. Die innere Bewegung, die ein dreischlägiger Zyklus in uns auslöst, ist eine Drehung. Im sechsschlägigen Zyklus kommt zu dieser Drehung noch das Hin und Her dazu. Die innere Bewegung, die ein neunschlägiger Zyklus in uns auszulösen vermag, ist mit der Drehung dreier Scheiben vergleichbar, die übereinander liegen und miteinander die Bewegungsenergie austauschen können. Die oberste Scheibe dreht sich in die eine Richtung, die unterste dreht sich in die Gegenrichtung. Die mittlere Scheibe stellt die resultierende Bewegungsenergie der beiden anderen Scheiben dar. Sie steht scheinbar still, denn die beiden äußeren Scheiben drehen sich gleich schnell. Doch in ihrer Ruhe ist die Bewegung der beiden anderen verborgen.

An diesem Modell können wir andeutungsweise nachvollziehen, wie ein neunschlägiger, divisiver Zyklus unser Inneres durch die Verbindung von Drehung und Gegendrehung in einen balancierten Zustand versetzen kann. Wir fühlen uns bewegt und sind trotzdem vollkommen ruhig.

Die additive Gestaltung des neunschlägigen Zyklus kann diese Wirkung nun in verschiedener Art und Weise verändern, da zu der Symmetrie von drei Dreiereinheiten die Asymmetrie additiver Gestaltung dazukommt. Eine solche Verbindung eines divisiven und eines additiven, neunschlägigen Zyklus haben wir bereits kennengelernt.

Ü 21 In der folgenden Übung kannst Du das Zusammenklingen zweier additiver, neunschlägiger Zyklen erfahren. Suche Dir jemanden, mit dem Du die Übung gerne zusammen machen möchtest. Setze Dich dann gegenüber von Deinem Partner und wähle Dir einen der folgenden beiden Sprachrhythmen aus:

TA KE TI NA GA MA LA TA KI TA KE TI NA GA MA LA TA KI TA . . .

TA KI TA KE TI NA TA KI TIT TA KI TA KE TI NA TA KI TIT TA . . .

Dein Partner nimmt den anderen Sprachrhythmus, und ihr versucht mit den beiden verschiedenen Sprachrhythmen in einen Dialog zu kommen. Achtet dabei darauf, daß die beiden Sprachrhythmen so zusammenklingen, wie Du es oben sehen kannst.

Achte auch darauf, ob Du die Abfolge der Silben, die Dein Partner spricht, zusammen mit Deinem Sprachfluß wahrnehmen kannst. Sobald ihr im Fluß seid, versucht Schritt für Schritt den Betonungsfluß von Länge und Kürze zu klatschen:

(TA) KE TI NA (GA) MA LA (TA) KI (TA) KE TI NA (GA) MA LA (TA) KI (TA) . . .

(TA) KI (TA) KE TI NA (TA) KI (TIT) (TA) KI (TA) KE TI NA (TA) KI (TIT) (TA) . . .

Achte auf das Zusammenklingen der beiden Gestaltungen und fühle, wie Du Dich immer wieder mit Deinem Partner am ersten Schlag des Zyklus triffst.

In der Zahlenwelt hat die Neun ebenfalls eine außerordentliche Stellung; sie verbindet zwei scheinbar widersprechende Eigenschaften: Addieren wir die Neun zu einer beliebigen Zahl, so ändert sich die ursprüngliche Quersumme der Zahl nicht. Die Neun löst sich sozusagen in der anderen Zahl auf:

7 + 5 = 12; die Quersumme davon ist 3.
12 + 9 = 21. Auch davon ist die Quersumme 3.

Dies gilt, wie gesagt, für jede beliebige Zahl:

74 + 23 = 97; 7 + 9 = 16; 1 + 6 = 7
97 + 9 = 106; 1 + 6 = 7

Andererseits ergibt jede Zahl, die mit 9 multipliziert wird, in der Quersumme des Ergebnisses 9:

1 mal 9 = 9
2 mal 9 = 18; 1 + 8 = 9
3 mal 9 = 27; 2 + 7 = 9
9 mal 9 = 81; 8 + 1 = 9
15 mal 9 = 135; 1 + 3 + 5 = 9
762 mal 9 = 6858; 6 + 8 + 5 + 8 = 27; 2 + 7 = 9

Diese merkwürdige Verbindung von Selbstauflösung und der Fähigkeit, alles andere mit seiner Energie zu erfüllen, finden wir nur in der Zahl neun. In der Zahlenlehre symbolisiert die Neun Weisheit und Abgeklärtheit.

Dies läßt uns bewußt werden, daß in den Zahlen ein Eigenleben von Tendenzen und Eigenschaften verborgen liegt, welches weit über mathematische Spielerei hinausgeht. Wir finden das, was Zahlen symbolisieren, im Aufbau von Zyklen wieder. In ihnen wird die Wirk-lichkeit der Zahlen zur spürbaren Realität.

10

In der Zehn tritt die Eins mit der Null in Verbindung, die das Allumfassende symbolisiert. Mit der Zehn hat sich der Weg durch die Energiestufen der Grundzahlen geschlossen und vollendet. Die Null bedeutet auch den grenzenlosen Raum, das absolute Nichts, aus dem alles entsteht und in das sich alles wieder zurückzieht. In der Zehn verbindet sich die zeugende Urkraft der Eins mit der gebärenden Urkraft der Null. Die Zehn symbolisiert daher auch die Schöpfung selbst.

Solange wir aber in der Polarität der Schöpfung verhaftet sind, stellt sich die Zehn für uns gespalten dar: Unsere linke Hand hat fünf Finger und die rechte ebenfalls. Erst die beiden Körperhälften zusammen ergeben die Zehn.

Einen ähnlichen Aufbau können wir auch in einem zehnschlägigen, divisiven Zyklus erkennen. Es entstehen im zehnschlägigen Zyklus zwei Resonanzpulsationen:

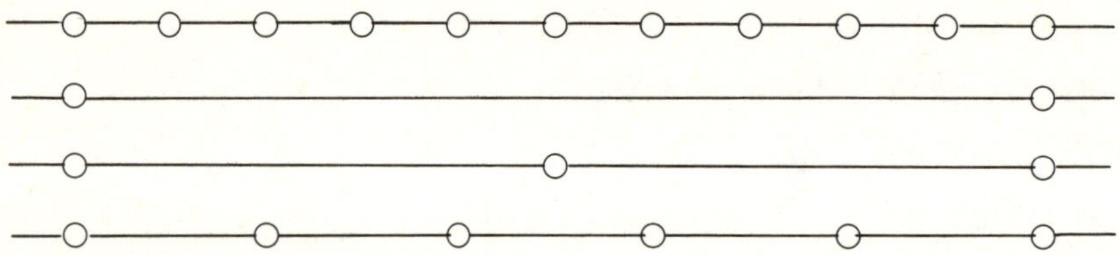

Dadurch ergeben sich zwei verschiedene Formen des Betonungsmusters. Die eine faßt zweimal fünf Schläge zusammen:

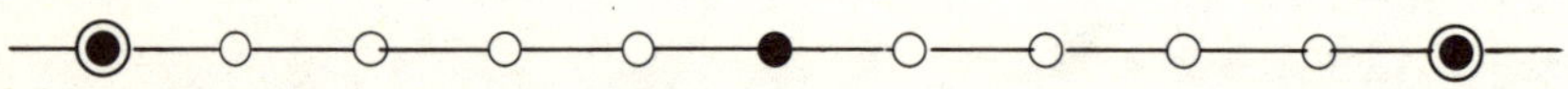

Bei der anderen teilt sich der zehnschlägige Zyklus in fünfmal zwei Schläge:

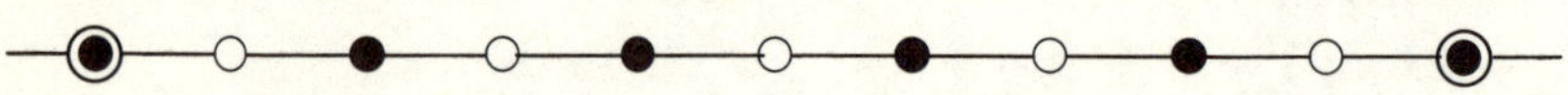

Auch im Rhythmus erleben wir die Zehn nicht ungeteilt. Im zehnschlägigen Zyklus begegnen uns die Grundelemente zwei und fünf ebenfalls als Teile der Zehn, als zwei unterschiedliche Seiten eines gemeinsamen Ganzen.

Ein zehnschlägiger Zyklus läßt vielfältige Formen additiver Gestaltung zu. Dennoch orientieren sich die meisten ethnischen Rhythmen, die eine zehnschlägige, additive Struktur haben, an den Grundelementen zwei und fünf.

Der am meisten gespielte zehnschlägige Rhythmus in indischer Musik heißt *Jhaptal*. In ihm verschmelzen zwei fünfschlägige zum zehnschlägigen Zyklus. Seine Struktur können wir mit dem Sprachrhythmus:

TA KI GA MA LA TA KI GA MA LA . . . hörbar werden lassen.

In der Tablasprache heißt dies:

DHI NA DHI DHI NA TI NA DHI DHI NA . . .

Die beiden additiven, fünfschlägigen Zyklen verschmelzen miteinander zu einem zehnschlägigen, indem der Tablaspieler auf der zweiten Zweiereinheit, also auf dem sechsten und siebten Schlag, *Khali* spielt. Er läßt auf diesen beiden Schlägen die Betonung der Baßtrommel weg.

Versuche im folgenden Tonbeispiel, in dem Du Tablakompositionen im Rhythmus des *Jhaptal* hörst, die Struktur von *Sam, Tali* und *Khali* mitzuklatschen: T 39

+	II	○	III	+
DHI NA	DHI DHI NA	TI NA	DHI DHI NA	DHI . . .

Nach einer kurzen Einleitung spielt der Tablist diese Grundform des Rhythmus einmal, um dann verschiedene Rhythmuskompositionen zu gestalten. Versuche die oben genannten Silben mitzusprechen und achte darauf, ob Du auch während der Rhythmuskompositionen dabeibleiben kannst. Nach jeder Komposition kehrt der Tablist wieder zu dieser Grundform des DHI NA DHI DHI NA TI NA DHI DHI NA . . . zurück.

Die gleichbleibende, sich immer wiederholende Melodie, die Du in diesem Trommelstück hörst, heißt *Lahara*. Durch sie ist es für Dich leichter, die Grundpulsation zu fühlen, die dem zehnschlägigen Zyklus zugrunde liegt.

Der in Korea am meisten gespielte zehnschlägige Rhythmus hat dieselbe Strukturierung: Der Betonungsverlauf des *Tau pau lim Che* ergibt sich aus dem folgenden Sprachrhythmus:

(GA) MA LA (TA) KI (TIT)(TA) KI (TA) KI (GA) MA LA (TA) KI (TIT)(TA) KI (TA) KI (GA) . . .

Versuche zuerst durch Sprechen und Klatschen diese Struktur zu spüren. Achte darauf, wie dabei die beiden fünfschlägigen Einheiten durch die unterschiedliche Betonung der zweiten dreischlägigen Einheit zum zehnschlägigen Zyklus verschmelzen.

Höre Dir dann das folgende Tonbeispiel an, und klatsche die Struktur des Rhythmus dabei mit. So wird das Spiel der Trommel mit Dir in Beziehung treten. T 40

Nachdem wir das Tor der Zehn durchschritten haben, liegt eine Welt von immer komplexer werdenden Zyklen vor uns. Wie umfassend diese Zyklen jedoch auch sein mögen, stets begegnen wir in ihnen den Rhythmusenergien der elementaren Zyklen, die den Grundzahlen zugeordnet sind. Wenn unser rhythmisches Körperbewußtsein die Energien dieser grundlegenden Zyklen kennt, wird es uns ohne Mühe gelingen, auch die komplexeren Zusammensetzungen längerer Zyklen zu verstehen und die ihnen eigene Rhythmusenergie zu spüren.

Am Ende unseres Weges durch die rhythmische Wirklichkeit von Zahlen steht die Zwölf. In ihr verschmilzt die Drei mit der Vier zu einem Ganzen. Die Zwölf ist durch sechs verschiedene Zahlen teilbar, also durch die Hälfte der Zahlen, die sie selber darstellt. Diese Vielschichtigkeit hat sonst keine andere Zahl.

Dieselbe Teilbarkeit finden wir auch im Aufbau eines zwölfschlägigen Zyklus wieder. Mit der Grundpulsation und der zwölfmal so langsamen Pulsation schwingen 4 (!) Resonanzpulsationen mit, die eine große Vieldeutigkeit von Rhythmusenergien zulassen.

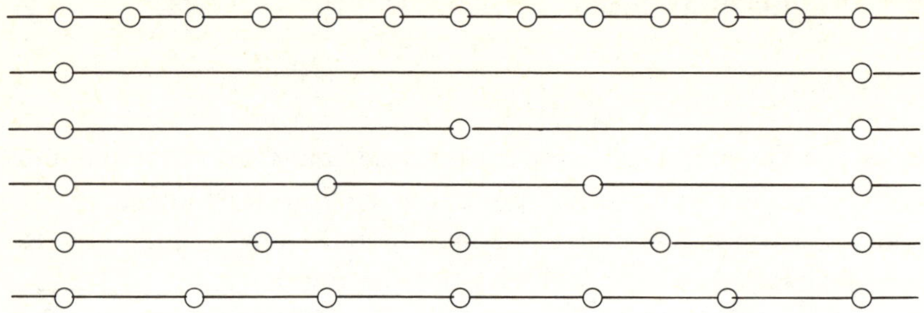

Aus der Überlagerung dieser Pulsationen können sich vier verschiedene Betonungsmuster ergeben, die alle eine andere rhythmische Energie spürbar werden lassen.

Die Zwei im zwölfschlägigen, divisiven Zyklus:

Die Drei im zwölfschlägigen, divisiven Zyklus:

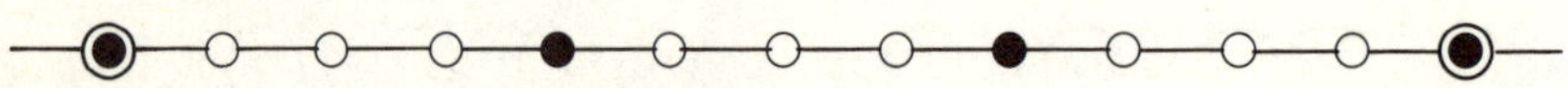

Die Vier im zwölfschlägigen, divisiven Zyklus:

Die Sechs im zwölfschlägigen, divisiven Zyklus:

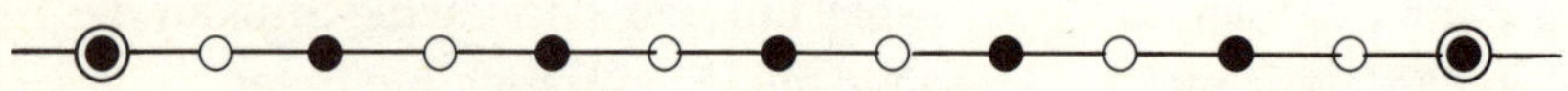

Im Rhythmuskreis eines zwölfschlägigen, divisiven Zyklus sind also viele unterschiedliche Rhythmusenergien verborgen, die ein Trommler, wenn er auf der Basis eines solchen Zyklus Rhythmus gestaltet, lebendig werden lassen kann. Durch verschiedene Betonungsmuster, die in seinem Spiel spürbar werden, ist es ihm möglich, ein und denselben Rhythmus unterschiedlich zu färben und damit den einen oder den anderen Bewegungsfluß in uns zu verstärken.

Von den vielfältigen additiven Formen, in denen ein zwölfschlägiger Zyklus uns begegnen kann, scheint mir eine Gestaltung besonders bemerkenswert: In ihr wechseln Zweiereinheit, Dreiereinheit und Viereinheit ab; es ist eine Verbindung, in der Zunehmen und Abnehmen sich ständig ablösen:

2 — 3 — 4 — 3 — 2 — 3 — 4 — 3 — 2 . . .

Du kannst diese Gestaltung mit dem folgenden Sprachrhythmus hörbar werden lassen:

TA KI GA MA LA TA KE TI NA GA MA LA TA . . .

In der folgenden Übung kannst Du diese additive Gestaltung nun auf der Basis verschiedener divisiver Zyklusformen erleben. Stets bleiben die zwölf Schläge des Zyklus dabei der Bezugspunkt des immer Wiederkehrenden. Lasse die Fußschellen, die Du am Beginn des folgenden Tonbeispiels hörst, auf Dich wirken, und komme in Deinem eigenen Zeitmaß auf derselben Pulsation in ein ruhiges Gehen. Zuerst unterteilt der Sprachrhythmus Deine Schritte mit TA KI in zwei Unterteilungsschläge: Ü 22 T 41

TA KI TA KI TA KI TA KI TA KI TA KI TA KI TA KI TA KI ...

Wechsle dann, so wie Du es im Tonbeispiel hörst, zum Sprachrhythmus der additiven Gestaltung, und achte darauf, daß sich Deine Schritte dabei nicht verändern:

(TA) KI (GA) MA LA (TA) KE TI NA (GA) MA LA (TA) ...

Klatsche dann auf den ersten Schlag einer jeden Einheit, und konzentriere Dich auf das Wahrnehmen des dabei entstehenden Körpergefühls. Deine Schritte lassen jetzt zur additiven Gestaltung des Klatschens die Rhythmusenergie der Sechs spürbar werden. Klatschen und Schritte bewegen sich im gemeinsamen Rhythmuskreis von zwölf Schlägen.

(TA) KI (GA) MA LA (TA) KE TI NA (GA) MA LA (TA) ...

TA KI TA KI TA KI TA KI TA KI TA KI TA ...

Als nächstes ändert sich die Bewegung Deiner Schritte: Auf der gleichen Sprachpulsation entsteht eine Abfolge von GA MA LA, in der Du auf jedem GA einen Schritt setzt. Deine Schritte »verlangsamen« sich dadurch, und Du gehst jetzt den zwölfschlägigen Zyklus in der Gestalt der Vier:

GA MA LA GA MA LA GA MA LA GA MA LA GA ...

So entsteht auf der gleichen Sprachpulsation die additive Gestaltung des zwölfschlägigen Zyklus mit den gleichen Betonungen des Klatschens:

(TA) KI (GA) MA LA (TA) KE TI NA (GA) MA LA (TA) ...

Deine Schritte setzen diesmal einen anderen rhythmischen Kontext. Achte darauf, wie die Verbindung von Klatschen und Gehen in Dir ein anderes Körpergefühl bewirkt:

(TA) KI (GA) MA LA (TA) KE TI NA (GA) MA LA (TA) ...

GA MA LA GA MA LA GA MA LA GA MA LA GA ...

Noch ein weiteres Mal ändert sich das Setzen Deiner Schritte: Auf der gleichen Sprachpulsation entsteht eine Abfolge von TA KE TI NA, Du setzt nun Deine Schritte zusammen mit jedem TA:

TA KE TI NA TA KE TI NA TA KE TI NA TA KE TI NA TA . . .

Dadurch werden Deine Schritte nochmals langsamer, Du gehst jetzt den zwölfschlägigen Zyklus in der Form der Drei. Wenn Du dazu wieder Sprachrhythmus und Klatschen der additiven Gestaltung kommen läßt, entsteht zwischen Klatschen und Schritten nochmals eine andere Beziehung. Der additive Zyklus Deines Klatschens bewegt sich mit der divisiven Zyklusform Deines Gehens, in der die Rhythmusenergie der Drei dominant ist, in einem gemeinsamen Rhythmuskreis:

TA KI GA MA LA TA KE TI NA GA MA LA TA . . .

TA KE TI NA TA KE TI NA TA KE TI NA TA . . .

Die Zwölf symbolisiert auch im Rhythmus das Ineinanderverwoben-Sein von Grobstofflichkeit und Energie. Die Zwölf ist das letzte Glied in der Reihe verwandter Rhythmusenergien, die mit der Drei beginnt.

Der innere Bewegungsfluß, den die Drei in uns bewirkt, ist ein Drehen in die eine oder in die andere Richtung. Die Drehebene ist waagerecht, der Fluß kreist um unsere Längsachse:

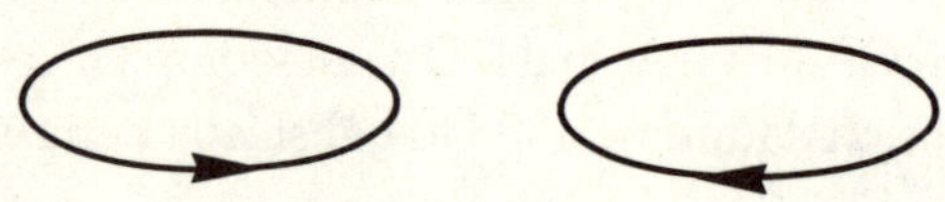

In der Sechs kommt das Hin und Her oder das Auf und Ab der Zwei dazu. Es ergibt sich daraus eine Vielfalt:

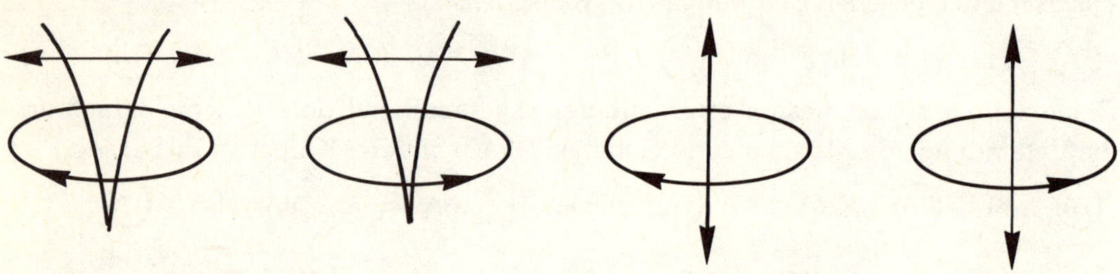

Im neunschlägigen Zyklus balancieren zwei entgegengesetzte Drehbewegungen einander. Wie bei der Drei liegt auch bei der Neun die Drehebene waagerecht:

In der inneren Strömung, die ein zwölfschlägiger Zyklus auslösen kann, verbindet sich die Drehung der Drei mit der kreuzförmigen Bewegung der Vier.

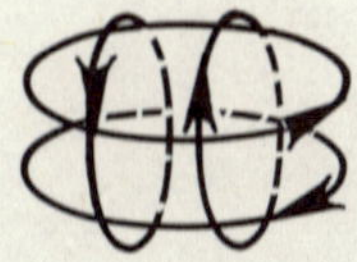

In der Horizontalen und in der Vertikalen balancieren die beiden Drehbewegungen einander.

Wie schon eingangs erwähnt, sind diese inneren Strömungen als Wirkungstendenzen zu verstehen, die von den Urformen dieser Zyklen ausgehen. Ihre tatsächliche Wirkung hängt von der Gestaltung des Zyklus, dem Tempo, von den verwendeten Instrumenten und schließlich vom gesamten musikalischen Kontext ab.

Nicht zuletzt aber bestimmt die Offenheit des einzelnen, mit welcher Intensität er die Wirkung von Zyklen wahrnehmen kann. Es ist jedoch nicht nur die innere Bereitschaft, offen zu sein, die ich damit meine. Es geht dabei auch um den Zustand einer körperlichen Offenheit für diese rhythmischen Energien, der erst dann eintritt, wenn über lange Zeit ein Rhythmus unverändert auf uns wirkt; wenn wir die Zeit vergessen, weil uns der Immanenzpuls mühelos trägt.

Dies geschieht oft in den Zeremonien, in denen Rhythmus und Musik als heilende Kräfte eingesetzt werden. Das Innere eines Menschen braucht Zeit, bis es in seiner Gesamtheit mit dem Immanenzpuls mitschwingen kann. Haben wir aber diesen Zustand erreicht, dann sind wir offen für jede kleinste Änderung im rhythmischen Geschehen. In diesem Zustand hören wir den Rhythmus nicht mehr, wir sind vielmehr der Rhythmus selbst. Alles was im Rhythmus geschieht, passiert auch mit uns.

Das Wissen über die inneren Strömungen, die Zyklen in uns auslösen, habe ich in den Zeremonien des koreanischen *Kut* und des brasilianischen *Candomble* erfahren. Es ist erstaunlich, daß in zwei so unterschiedlichen Kulturen die Rhythmen gleicher Zyklen auf die Menschen dieselbe Wirkung haben. Was beim ersten Hinhören unterschiedlich, ja gegensätzlich erschien, erwies sich schließlich als das gleiche. In zahlreichen Rhythmusworkshops habe ich inzwischen erfahren, daß auch in Europa das Wissen um diese inneren Bewegungsarchetypen seine Gültigkeit hat.

Kapitel VII

Die Formen rhythmischer Gestaltung

Lange bevor Du an diesen Punkt des Buches gekommen bist, hast Du bereits begonnen, Rhythmen zu gestalten. Es war stets ein Gestalten mit den Klangmöglichkeiten Deines Körpers. Dabei konnte sich Dein rhythmisches Körperbewußtsein zusammen mit Deinem spielerischen Gestaltungswillen entwickeln.

Der Übergang vom Be-greifen rhythmischer Energien zum Gestalten ist fließend. Denn die rhythmische Urmaterie ist die Pulsation, und bereits das Formen von Zweiereinheiten ist elementarste Gestaltung. In diesem Basisbereich rhythmischer Gestaltung finden wir stets gleiche Zwischenräume zwischen den Betonungen, wie dies bei divisiven Zyklen, Pulsationsverhältnissen unterschiedlicher Qualität und bei den Offbeat-, Doubletime-Offbeat- und Trebletime-Offbeatebenen der Fall ist. Bereits durch das Betonungsmuster eines additiven Zyklus entsteht eine Gestaltung, die über den elementaren Bereich hinausgeht. Spielen wir die ersten Schläge jeder Einheit in dem neunschlägigen, additiven Zyklus: TA KI GA MA LA TA KE TI NA . . . auf einer Glocke, dann hören wir eine einfache *Rhythmusfigur.* Mit dem Formen rhythmischer Figuren beginnt also der Bereich komplexerer Rhythmusgestaltung.

Zugleich aber mit diesem Schritt in das Formen von Rhythmusfiguren begegnen wir der Vielfalt von Rhythmusinstrumenten. Durch die vielschichtige Palette ihrer Klänge bekommen die Gestaltungen, die wir bisher mit dem Klatschen versucht haben, eine neue Dimension. Im folgenden werden wir eine Auswahl aus der endlosen Zahl der Rhythmusinstrumente zusammen mit ihren Möglichkeiten und rhythmischen Funktionen kennenlernen.

Die Rhythmusfigur

Wenn wir mehrere Rhythmusfiguren hören, fällt uns bald eine Gemeinsamkeit auf: Sie haben alle eine »Melodie«, mit der wir sie darstellen und wiedererkennen können. Die am häufigsten darin vorkommenden »Töne« sind die Gegensätze von gedämpft- und offenklingend sowie von hoch und tief. Aus diesen eher bescheiden erscheinenden Tonmöglichkeiten läßt sich jedoch eine unglaubliche Vielfalt an Melodien gestalten. Denn gedämpft und offen, tief und hoch klingt auf verschiedenen Instrumenten unterschiedlich.

Die einfache Abfolge von gedämpft — offen — gedämpft . . . läßt eine gegliederte Pulsation hörbar werden, in der zwei Schläge zusammengehören. Diese einfachste Form einer Melodie, die selbst noch keine Rhythmusfigur ist, bildet die Basis des Samba. In diesem Rhythmus ist es die Baßtrommel, die die charakteristische Grundbewegung entstehen läßt: Der erste Schlag wird gedämpft gespielt, der zweite dagegen offen. Wenn wir den gedämpften Schlag mit der Silbe TAK und den Klang des offenen Schlages mit der Silbe DUM ausdrücken, dann entsteht die Abfolge:

. . . . . TAK · · · DUM · · · TAK · · · DUM · · · TAK . . .

Durch eine einfache Erweiterung dieser gegliederten Pulsation entsteht eine einfache Rhythmusfigur:

. . . KA TAK · · GU DUM · · KA TAK · · GU DUM · · KA TAK . . .
. . . . . TAK · · · DUM · · · TAK · · · DUM · · · TAK . . .

Im folgenden Tonbeispiel hörst Du diese Rhythmusfigur gemeinsam mit dem *Surdo*. Die Rhythmusfigur, die auf einer brasilianischen Trommel, *Atabaque* (sprich: Atabaki) genannt, gespielt wird, würde bald eintönig klingen, wenn sie nicht variiert wird. Achte darauf, wie auch im ständigen Variieren die ursprüngliche Form der Rhythmusfigur stets zu hören ist. T 42

Diese Rhythmusfigur wird durch ihre Variation lebendig. Die Melodien vieler Rhythmusfiguren sind solche Grundformen, die zum Spielerischen einladen und die in ihrer unvariierten Form nach einiger Zeit stumpfsinnig klingen würden. Das Spielen solcher Rhythmusfiguren jedoch setzt voraus, daß wir in unserem Inneren die Vielschichtigkeit mehrerer rhythmischer Bewegungen spüren können. Denn zum ursprünglichen Betonungsverlauf des Zyklus kommt nun noch die Melodie der Rhythmusfigur, die in unserem Inneren klingt. Dies erst ermöglicht, daß die Variationen spielend entstehen können und daß die Grundmelodie beim Spielen ständig präsent ist.

Auf meinen Reisen durch die Länder der dritten Welt habe ich zahlreiche Trommler gehört, die im Laufe ihrer Rhythmusimprovisation nur wenige Töne der ursprünglichen Rhythmusfigur, mit der sie begonnen hatten, spielten. Dennoch war die Grundform der ursprünglichen Figur deutlich in ihrer Gesamtheit zu hören. Einer dieser Trommler ist mein Freund Djalma Correa, ein Meistertrommler afro-brasilianischer Rhythmen. Als ich ihn nach einem gemeinsamen Konzert in Rio de Janeiro fragte, wie er es gelernt habe, schwierige Rhythmusfiguren mit einer solchen Leichtigkeit zu variieren, gab er mir zur Antwort: »Ich spiele eine Figur so lange in ihrer Grundform, bis sie sich von selbst variiert.«

Die Guidelines – rhythmische Führungslinien

In den meisten Rhythmen gibt es aber auch Rhythmusfiguren, die ihre ursprüngliche Form nie verändern. Ihre Funktion ist es, die Musiker durch die oftmals komplexen Strukturen eines Rhythmus zu führen. Daher heißen diese Rhythmusfiguren auch *Führungslinien* oder *Guidelines*. Sie bilden den Bezugspunkt des Gleichbleibenden in der Variation des rhythmischen Geschehens. Durch sie wird ein Zyklus in einer einfach gestalteten Form hörbar. Guidelines finden wir in den Rhythmen aller Kulturen.

Da Guidelines unveränderliche Figuren sind, werden sie auch auf Instrumenten gespielt, die wenige Improvisationsmöglichkeiten bieten, dafür aber eine klare und durchdringende Rhythmuslinie zeichnen können. In Afrika und Lateinamerika sind das Glocken, Doppelglocken und Klanghölzer. In Asien werden Guidelines auf verschiedenen Gongs und Zimbeln gespielt. Das Klatschen ist die Urform eines Guideline-Instrumentes. Als solches finden wir es in allen Kulturkreisen. Mit den verschiedenen Guidelines werden wir auch die Instrumente näher kennenlernen, auf denen sie gespielt werden.

Die erste Guideline ist eine der wichtigsten Figuren in afrikanischer Musik. Ihre Melodie, die auf der Doppelglocke *Kangogi* gespielt wird, strukturiert auf zwölf Pulsen die folgende Rhythmusfigur:

(TIN) · (GO) · (GO) (GO) · (GO) · (GO) · (GO) | (TIN)

TIN entspricht dem Klang der tiefen Glocke, GO entspricht dem Klang der hohen Glocke (siehe Bildteil).

Zuerst stellt sich die Frage: Wo setzen wir in dieser Melodie unsere Schritte? Auf die Basis welches Zyklus stellen wir diese Guideline? Nach einem Probieren bemerken wir: Es gibt mehrere Möglichkeiten, diese Guideline zu erleben. Sie kann ebenso die Rhythmusfigur eines zweischlägigen wie eines dreischlägigen Zyklus sein. Ihr kann aber auch ein vierschlägiger oder ein sechsschlägiger Zyklus zugrunde liegen.

(TIN) · (GO) · (GO)(GO) · (GO) · (GO) · (GO) | (TIN)

TA · · · · · KI · · · · · | TA

GA · · · MA · · · LA · · · | GA

TA · · KE · · TI · · NA · · | TA

GA · MA · LA · GA · MA · LA · | GA

In der folgenden Übung kannst Du diese Guideline zuerst auf der Basis von TA KE TI NA und dann auf der Basis von GA MA LA erfahren. Achte darauf, welchen Unterschied Du dabei wahrnimmst. Ü 23

Komme in deinem eigenen Zeitmaß in die Bewegung des Grundschrittes von TA KE TI NA. Sobald Du den vierschlägigen Zyklus spüren kannst, unterteile jeden Deiner Schritte mit den Silben GA MA LA in drei Unterteilungsschläge. Jetzt kannst Du die Guideline hörbar werden lassen, indem Du die Betonungen Deines Klatschens folgendermaßen setzt:

(GA) MA (LA) GA (MA) (LA) GA (MA) LA (GA) MA (LA) (GA) . . .
TA KE TI NA TA . . .

Du erlebst die Guideline jetzt auf der Basis eines vierschlägigen Zyklus. Die rhythmische Gestalt der Guideline wird noch deutlicher spürbar, wenn Du den Sprachrhythmus von GA MA LA allmählich in die Stille führst und dafür die Melodie der Glocke gemeinsam mit Deinem Klatschen mitsprichst:

(TIN) · (GO) · (GO) (GO) · (GO) · (GO) · (GO) (TIN) . . .

Nach einiger Zeit werden Deine Schritte immer kleiner, und du kommst schließlich in Deinem eigenen Zeitmaß zum Stehen. Deine Stimme und Dein Klatschen jedoch pulsieren gemeinsam unverändert weiter.

Sobald Du Dich dafür bereit fühlst, lasse zu Deinem Klatschen einen neuen Sprachrhythmus mit den beiden Silben TA KI folgendermaßen entstehen:

○ · ○ · ○ ○ · ○ · ○ · ○ ○
TA KI TA KI TA KI TA KI TA KI TA KI TA . . .

Indem Du jetzt auf *jedes* TA einen Schritt setzt, kommst Du schließlich in die Bewegung des Grundschrittes von GA MA LA:

Stimme	TA	KI	TA	KI	TA	KI	TA	KI	TA	KI	TA	KI	TA	. . .
Klatschen	○	·	○	·	○	○	·	○	·	○	·	○	○	
Schritte	GA		MA		LA		GA		MA		LA		GA	. . .

So spürst Du die Rhythmusfigur auf der Basis eines sechsschlägigen Zyklus. Versuche zu fühlen, welchen Unterschied Du zu vorhin wahrnimmst.

T 43 Nimm das folgende Tonbeispiel als Grundlage für die nächste Erfahrung. Du erlebst in ihm den Wechsel des Grundschrittes in umgekehrter Reihenfolge: Zuerst wird hörbar, wie
Ü 24 die Guideline in einem sechsschlägigen Zyklus klingt. Indem Du dabei in die Bewegung des Grundschrittes von GA MA LA kommst, kannst Du den Wechsel zum vierschlägigen Zyklus deutlich spüren. Achte darauf, wie Dein Körper bei diesem Wechsel reagiert.

Lasse Dich ganz vom rhythmischen Geschehen des Tonbeispiels führen: du kommst in die Bewegung des Grundschrittes und folgst dem Sprachrhythmus von TA KI. Du klatschst die Guideline mit und wechselst auf den Sprachrhythmus von GA MA LA. An diesem Punkt wechseln die Fußschellen und der *Surdo* zusammen in einem vierschlägigen Zyklus. Versuche dem zu folgen und setze mit jedem GA einen Schritt im vierschlägigen Zyklus von TA KE TI NA.

Im weiteren Verlauf des Tonbeispieles hörst Du, wie ein Moktak die Guideline auf die Basis verschiedener Zyklen stellt. Zuerst erscheint die Guideline ungeteilt. Dann aber werden durch die Schläge des Moktak verschiedene Zyklen spürbar: Hintereinander hörst Du einen zweischlägigen, einen dreischlägigen, einen vierschlägigen, einen sechsschlägigen, einen achtschlägigen und einen neunschlägigen Zyklus. Wie wir bereits wissen, sind die Schwingungsmuster von acht- und neunschlägigen Zyklen in der Zwölf nicht enthalten. Wenn die Guideline auf der Basis eines achtschlägigen Zyklus steht, wird das Pulsationsverhältnis von 3 : 2 spürbar. Zusammen mit einem neunschlägigen Zyklus entsteht das Pulsationsverhältnis 4 : 3. Achte darauf, wie die Guideline auf der Basis der verschiedenen Zyklen unterschiedlich klingt. Beteilige Dich am rhythmischen Geschehen, indem Du mit der Stimme die Guideline mitsprichst und zusammen mit den Schlägen des Moktak die Zyklen klatschst.

Am Ende des Tonbeispiels hörst Du in einer Komposition von mir zwei Verarbeitungen der Guideline: Zuerst ist sie in der Melodie eines Themas hörbar, im zweiten Teil hingegen in einem reinen Percussion-Arrangement. Dieses beginnt jedoch nicht mit der Guideline selbst, sondern mit dem Pulsieren eines Surdo. Was sich zu Beginn wie eine einfache Abfolge zweischlägiger Einheiten anhört, ist in Wirklichkeit ein Pulsieren in einem sechsschlägigen Zyklus:

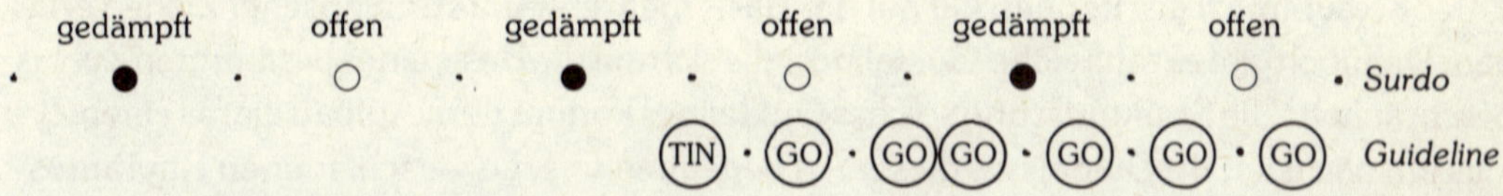

Diese Guideline ist in fast ganz Afrika Bestandteil des täglichen Musizierens. Sie bildet die Basis für viele Rhythmen, die in ritueller Musik gespielt werden. Mit den Negersklaven kam diese rhythmische Figur nach Brasilien, in die Karibik und von dort auch nach Amerika. Wir finden sie heute ebenso in den afro-brasilianischen Kulten des *Candomble* und *Macumba,* wie in der Musik der kubanischen *Santeros.*

Candomble und *Santeria* sind vielen Europäern unbekannt. Die Meister und Musiker dieser Kulte jedoch sind Musiktherapeuten im eigentlichen Sinn des Wortes: Sie wissen genau, wie rhythmische Energien in einem bestimmten Fall heilend eingesetzt werden können. Es ist kein Zufall, daß gerade diese Guideline in diesen Kulten so oft erklingt.

Auch in ethnischen Formen des Jazz finden wir diese Guideline wieder. Über den Weg des Jazz drang sie auch in das rhythmische Bewußtsein vieler Schlagzeuger und Perkussionisten und gab den vorhandenen Rhythmuskonzepten zusammen mit anderen ethnischen Einflüssen neue Impulse.

Als ich dieselbe Guideline in leicht variierter Form in Korea wiederfand, konnte ich zuerst nicht glauben, daß sich unabhängig voneinander in zwei so unterschiedlichen Kulturen die gleiche rhythmische Gestaltung der Zwölf entwickelt hatte. Auch in Korea ist die Guideline Grundlage des wichtigsten Rhythmus in schamanistischer Musik. Dieser Rhythmus heißt *Salpuri,* und das bedeutet soviel wie Reinigung. Während aber die afrikanische Form der Guideline stets auf Glocken gespielt wird, ist das Instrument der koreanischen Form die *Tsching* (siehe Bildteil). Auf ihr formt sich die Melodie der Guideline durch gedämpften und offenen Klang. Sie strukturiert auf den zwölf Pulsen die folgende Rhythmusfigur:

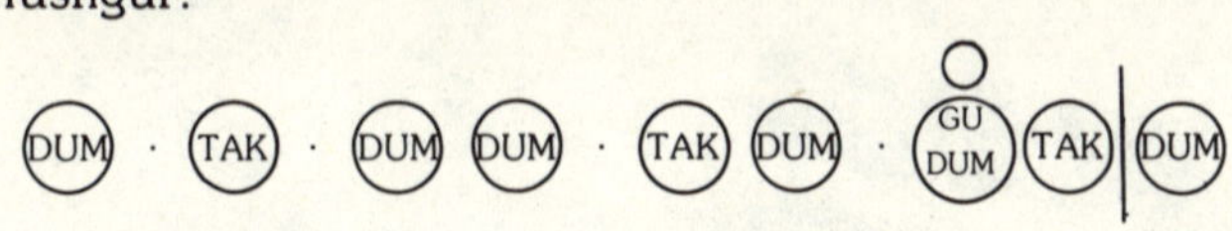

Im folgenden Tonbeispiel hörst Du diese Guideline zuerst von der *Tsching* alleine gespielt. T 44
Versuche sie zuerst mitzusprechen und dann mitzuklatschen. Setze dabei auf die gedämpften Schläge einen hohen Klang, der entsteht, wenn Du mit dem Handrücken der Ü 25
rechten Hand auf die Handfläche der linken klatschst. Die offenen Schläge klatsche mit beiden Handflächen. Achte auf die Melodie, die jetzt auch in Deinem Klatschen hörbar wird. Bleibe bei dieser Melodie, auch wenn die später dazukommende Trommel verschie-

dene Variationen spielt. Diese Guideline kannst Du in der gleichen Vielzahl von Zyklen erleben wie auch die afrikanische Guideline.

Jede Rhythmusfigur können wir auf der Basis mehrerer unterschiedlicher Zyklen erleben. Dennoch gibt es zahlreiche Guidelines, die sich auf die Basis eines bestimmten Zyklus beschränken. Die Strukturierung solcher Guidelines kommt dem Aufbau dieses einen Zyklus am nächsten. In Guidelines dieser Art begegnen uns die verschiedenen Rhythmusenergien hauptsächlich in den Unterteilungsschlägen, während die Basis des Zyklus dieselbe bleibt. Ein Musiker kann die Schläge eines Viererzyklus beispielsweise mit zwei, drei, vier oder mehreren Unterteilungsschlägen füllen oder aber auch nur die Grundschläge spielen — dies alles verändert ebenfalls die Wirkung einer Guideline. Wir erleben sie dabei in unterschiedlichen Schattierungen.

Die nächste Guideline ist eine solche Rhythmusfigur, die durch ihre Strukturierung auf die Basis eines Zyklus festgelegt ist. Einen Teil von ihr haben wir bereits in einer elementaren Verbindung von Beat, Offbeat und Doubletime-Offbeat kennengelernt. Auf der Basis von TA KE TI NA hat sich folgende Figur entwickelt:

Stimme	TA	KE	TI	NA	TA	KE	TI	NA	TA	KE	TI	NA	TA	KE	TI	NA	TA
Klatschen	○	·	·	○	·	·	○	·	○	·	·	○	·	·	○	·	○
Schritte	TA				KE				TI				NA				TA

Durch eine einfache Erweiterung dieser Rhythmusfigur entsteht eine Schlüsselfigur afrokubanischer Musik. Sie heißt »*Clave*« (sprich: Klawe), was in Spanisch soviel wie Schlüssel bedeutet. Die Grundfigur des Clave, die auf zwei Klanghölzern gespielt wird, hat folgende Form:

Stimme	TA	KE	TI	NA	TA	KE	TI	NA	TA	KE	TI	NA	TA	KE	TI	NA	TA
Klatschen	○	·	·	○	·	·	○	·	·	·	○	·	○	·	·	·	○
Schritte	TA				KE				TI				NA				TA

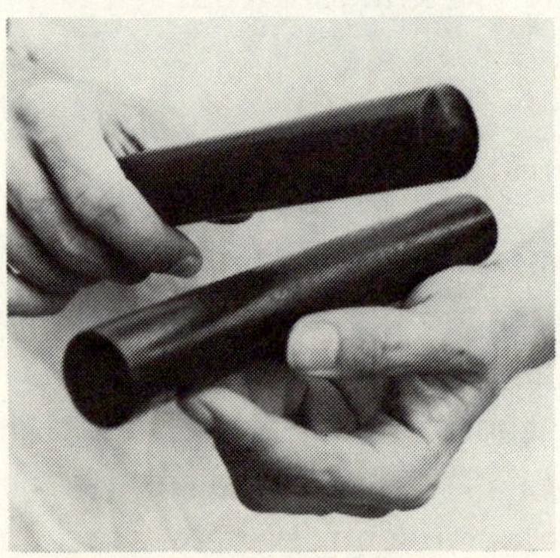

Der ursprünglichen Figur folgt ein zweiter Teil. Diese Reihenfolge von erstem und zweitem Teil ist jedoch nicht in allen Rhythmen, die die Figur des Clave zur Basis haben, gleich. Der Clave hat vier verschiedene Formen, die Du in der folgenden Übung erfahren kannst. Ü 26

Die Grundform des Clave kennst Du bereits. Durch das Vertauschen des ersten und des zweiten Teiles der Rhythmusfigur entsteht eine ganz andere Rhythmusgrundlage. In dieser Form läßt der Clave den ersten Schlag frei:

Stimme	TA	KE	TI	NA	TA	KE	TI	NA	TA	KE	TI	NA	TA	KE	TI	NA	TA
Klatschen	·	·	○	·	○	·	·	·	○	·	·	○	·	·	○	·	·
Schritte	TA				KE				TI				NA				TA

In wieder anderer Form begegnet Dir der Clave, wenn sein dritter Impuls verzögert ist. Obwohl diese einfache Variation eine minimale Veränderung der Rhythmusfigur ist, bekommt der Clave dadurch einen anderen Swing:

Stimme	TA	KE	TI	NA	TA	KE	TI	NA	TA	KE	TI	NA	TA	KE	TI	NA	TA
Klatschen	○	·	·	○	·	·	·	○	·	·	○	·	○	·	·	·	○
Schritte	TA				KE				TI				NA				TA

Auch diese Form gibt es in ihrer Umkehrung:

Stimme	TA	KE	TI	NA	TA	KE	TI	NA	TA	KE	TI	NA	TA	KE	TI	NA	TA
Klatschen	·	·	○	·	○	·	·	·	○	·	·	○	·	·	·	○	·
Schritte	TA				KE				TI				NA				TA

In diesen vier verschiedenen Formen ist der Clave Grundlage zahlreicher Rhythmen im karibischen Raum. Einen davon hörst Du im nächsten Tonbeispiel. Er heißt *Guaguanco* (sprich: Wawanko) und ist einer der ursprünglichsten Rhythmen in afro-kubanischer Musik. Du kannst am Beginn des Stückes »El Tonelero«, gespielt von den Munequitos de Matanzas, die Figur des verzögerten Clave deutlich hören. Versuche diesen Clave die ganze Zeit mitzuklatschen. Wenn Du ihn dabei verlierst, gehe wieder zum Anfang und versuche, ihn Dir mit einem einfacheren Sprachrhythmus zu verkörpern:

T 45

Ü 27

Stimme	TA	·	KE	U	TI	·	NA	NA	TA	·	KE	·	TI	·	NA	·	TA
Klatschen	○	·	·	○	·	·	·	○	·	·	○	·	○	·	·	·	○

Wie Du vielleicht dabei bemerkt hast, ist zusammen mit dem Clave noch eine zweite Rhythmusfigur hörbar, die sich nicht verändert und sich mit dem Swing des Clave ergänzt. Sie ist der Ausdruck des Clave-Feelings, in dem das Gerüst des Clave weiter ausgeführt ist. Diese Figur heißt in afro-kubanischer Musik *Cascara*. Original wird sie mit zwei Holzsticks auf einem hohlen Holzzylinder gespielt, der *Kata* heißt. Die Kataspieler sind meist die erfahrensten Musiker in einem solchen Ensemble. Mit ihrem Drive lebt oder stirbt der Rhythmus. Ich fühlte mich eigenartig berührt, als ich das erste Mal in Kuba erlebte, wie Trommler mit jahrzehntelanger Erfahrung stundenlang eine Rhythmusfigur unverändert spielen und welche Ausstrahlung von ihnen dabei ausgeht. Es war für mich, als hätten sie mir die ganze Zeit über etwas erzählt, das meine Aufmerksamkeit fesselte.

Da wurde mir klar, daß die unveränderte Wiederholung einer Rhythmusfigur gleichermaßen zu zwei Zuständen führen kann: zu Eintönigkeit und Langeweile, wenn der Musiker nur den Pattern der Rhythmusfigur spielt und keinen Weg findet, sich innerlich dabei zu beteiligen. Andererseits aber kann Faszination und innere Erregung entstehen, wenn die Energie, die in einer solchen Figur verborgen liegt, spürbar wird.

Ü 28 Versuche nun in der folgenden Übung die Melodie des *Cascara* auf der Basis von TA KE TI NA mit den beiden Silben DAK und DU hörbar werden zu lassen:

Stimme	DAK	·	DU	DAK	·	DAK	·	DU	DAK	·	DAK	·	DA	DAK	·	DU	DAK
Schritte	TA	·	·	·	KE	·	·	·	TI	·	·	·	NA	·	·	·	TA

Verbinde dann die Figur des *Clave* und die des *Cascara* folgendermaßen miteinander: Auf der Basis des Grundschrittes von TA KE TI NA klatschst Du den Clave und singst die Melodie des Cascara:

Stimme	DAK	·	DU	DAK	·	DAK	·	DU	DAK	·	DAK	·	DA	DAK	·	DU	DAK
Klatschen	○	·	·	○	·	·	·	○	·	·	○	·	○	·	·	·	○
Schritte	TA				KE				TI				NA				TA

Höre Dir dann nochmals das Tonbeispiel des *Guaguanco* an, und versuche die gleiche Übung zum Gesang und Trommeln der Kubaner. Achte darauf, wie das, was Du singst und klatschst, das rhythmische Grundgefühl dieser Musik bestimmt.

Wenn das Talageben in indischer Musik über den Rahmen des elementaren Verdeutlichens von Zyklusstrukturen hinausgeht, entstehen dabei ebenfalls Guidelines. Das Hauptinstrument, auf dem diese Guidelines gespielt werden, ist das Klatschen. Manchmal werden auch Zimbeln verwendet, die regional unterschiedlich genannt werden: *Jalra* ist ein Guidelineinstrument, das zu Musik verwendet wird. Auf dem *Talam* werden die Rhythmusstrukturen von Tänzen gespielt.

Die afrikanische Guideline konnten wir auf der Basis verschiedener Zyklen erleben. Den Clave haben wir als Gestaltung eines divisiven Zyklus kennengelernt, der das Spiel der Trommler wesentlich bestimmt. In jeder Improvisation, so frei sie auch sein mag, muß die Grundbewegung des Clave ständig spürbar sein. Anders in den Guidelines des Tala:

Sie machen additive Gestaltungen von Zyklen deutlich, der Trommler jedoch ist frei, im Zyklus dieser Guidelines seine eigenen Wege zu gehen. Die Guideline ist dabei eine Orientierung, wie er zu dem Punkt zurückkommen kann, der der wichtigste Bezugspunkt in der indischen Musik ist: zum ersten Schlag.

Im folgenden Tonbeispiel hörst Du ein *Pakhawaj*-Solo (sprich: Pakhawatsch), aufgenommen beim *Dhrupadmela* in Benares. Die Führungslinie des Klatschens läßt die Gestalt eines 18schlägigen Zyklus hörbar werden, der Trommler improvisiert über die 18 Schläge des Talas, der *Lakshmital* genannt wird. Du hörst zu Beginn in der Trommelsprache, die Du schon kennst, die einfachste Form des Rhythmus zusammen mit dem Klatschen der Guideline. Versuche beim Hören des Tonbeispiels diese Rhythmusfigur mitzuklatschen, nachdem Du Dir das Zusammenklingen von Klatschen und Stimme anhand der folgenden Darstellung verinnerlicht hast. T 46 Ü 29

Stimme	DHA	·	KE	TE	TA	KA	DHUM	MA	KI	TE	TAK	·	DHE	RI	TA	·	TA	·
Klatschen	○	·	·	·	○	·	○	·	○	·	·	·	○	○	○	·	○	·
Grundschläge	●		●		●		●		●		●		●		●		●	

Stimme	TA	·	KE	TE	TAK	·	DHE	RI	TA	·	TI	TE	KA	TA	GA	DI	GA	NA
Klatschen	·	·	○	·	○	·	○	○	○	·	○	○	·	○	·	○	○	·
Grundschläge	●		●		●		●		●		●		●		●		●	

Alle Guidelines, die wir bisher kennengelernt haben, bleiben in dem Gefüge eines Rhythmus immer unverändert. Der Bereich der Rhythmusfiguren aber, deren Form stets unvariiert erklingt, und der Bereich der Rhythmusfiguren, deren Form ein Variieren verlangt, ist freilich nicht streng voneinander abgegrenzt. Es gibt daher auch einige Führungslinien, die nicht Guidelines im engeren Sinne sind und im beschränkten Maße auch variieren können. Dies ist vor allen dann der Fall, wenn die ganze Guideline aus mehreren Teilen zusammengesetzt ist. wenn beispielsweise der Zusammenklang mehrerer Glocken eine Guideline entstehen läßt. Setzt einer der Musiker im Verlauf des Spielens aus, so verändert sich der Klang der Guideline, und wir haben die Empfindung, daß die Guideline variiert.

Im folgenden Tonbeispiel hörst Du, wie der Zusammenklang zweier Glocken die Guideline des Rhythmus *Ijexa* (sprich: Ijescha) entstehen läßt. Die Aufnahme ist beim Carnaval in Salvador/Bahia entstanden und läßt die Musik einer *Afoxe* (sprich: Afosche) lebendig werden. Die Umzüge der Afoxes sowie auch der *Maracatus* sind der ursprüngliche Ausdruck der Schwarzen im Carnaval. Eine Afoxegruppe kann bis zu einigen Hundert Musiker und Tänzer haben. Dies findet sich auch in der Struktur des Rhythmus Ijexa wieder, der einer der wichtigsten in afro-brasilianischer Musik ist: Ich habe in Salvador bis T 47 jetzt mindestens zwanzig verschiedene Glockenparts gehört, die ein Teil der Guideline sind. So erklingt auch die Guideline jedesmal in leicht variierter Form, je nachdem, wie viele Glockenfiguren in einer Afoxe gespielt werden. Das Grundfeeling, die ursprüngliche Form der Guideline jedoch, ist jedesmal dasselbe.

Ü 30 In der folgenden Übung kannst Du die Grundform der Guideline durch Klatschen hörbar werden lassen. Wenn Du die Guideline zuerst in einem langsamen Tempo probieren willst, kannst Du, nachdem Du in der Bewegung des Grundschrittes von TA KE TI NA bist, jeden Schritt mit TA KE TI NA in vier Unterteilungsschläge teilen.

Stimme	TA	KE	TI	NA	TA	KE	TI	NA	TA	KE	TI	NA	TA	KE	TI	NA	TA
Klatschen	○	·	○	·	○	·	○	·	○	○	·	○	·	○	○	·	○
Schritte	<u>TA</u>				<u>KE</u>				<u>TI</u>				<u>NA</u>				TA

Dies ist das rhythmische Gerüst der Ijexa-Guideline. Der zweite Aspekt, die Melodie, fehlt noch. In einer einfachen Ausweitung der Übung kannst Du auch sie hörbar werden lassen: Imitiere mit den beiden Silben TIN und GO den tiefen und den hohen Klang der Glocke und sprich die Abfolge der Silben zusammen mit Deinem Klatschen:

Stimme	TIN	·	TIN	·	GO	·	GO	·	TI	TIN	·	GO	·	GO	RO	·	TIN
Klatschen	○	·	○	·	○	·	○	·	○	○	·	○	·	○	○	·	○
Schritte	<u>TA</u>				<u>KE</u>				<u>TI</u>				<u>NA</u>				TA

Achte darauf, wie in der folgenden Glockenfigur, die eine Ergänzung zur Grundfigur ist, der Grundcharakter der Guideline wiederzuerkennen ist:

Stimme	·	·	TI	TI	TIN	·	GO	GO	·	TIN	·	GO	·	GO	RO	·	·
Klatschen	·	·	○	○	○	·	○	○	·	○	·	○	·	○	○	·	·
Schritte	<u>TA</u>				<u>KE</u>				<u>TI</u>				<u>NA</u>				TA

In der folgenden Darstellung kannst Du erkennen, wie die beiden Linien zusammenklingen:

	○	·	○	·					○	○	·						○
Glocke 1					○	·	○	·				○	·	○	○	·	
	·	·	○	○	○	·				○	·						·
Glocke 2							○	○	·			○	·	○	○	·	
	○	·	○	○	○				○	○	·						○
Zusammenklang					○	·	○	○				○	·	○	○	·	

Im nächsten Beispiel löst sich der unveränderliche Charakter einer Guideline noch weiter auf. Nicht die Guideline selbst jedoch erklingt dabei in variierter Form, sondern ein zweites Instrument umspielt ihre Rhythmusfigur in ständigem Variieren. Der Zusammenklang beider Instrumente läßt die an sich unveränderte Guideline in verschiedenen Schattierungen erklingen.

Das folgende Tonbeispiel ist in einer schamanistischen Zeremonie entstanden, zu der T 48
mich Kim Suk Jul mitnahm. Er erlaubte mir eines Tages, einige Teile einer Zeremonie für meine Dokumentation aufzunehmen.

Das Guidelineinstrument ist, wie schon in vorangegangenen Beispielen koreanischer Rhythmen, die *Tsching.* Sie spielt die Guideline von *Punori,* dem Hauptrhythmus der schamanistischen Musik im *Dong-Hean O Gui Kut.* Es wird Dir keine Schwierigkeiten be- Ü 31
reiten, die einfache Figur der Guideline zu klatschen:

Klatschen	○	•	●	○	●	• |	○	•	●	○	●	• |	● = gedämpfter Klang
Schritte	GA		MA		LA	|	GA		MA		LA	|	○ = offener Klang der Tsching

Das Instrument, welches die Guideline ständig umspielt und variiert, heißt *Guengari.*

Sowohl Tsching als auch Guengari existieren in derselben Form in der klassischen Musik Koreas. Die beiden Instrumente werden dort nur als Klanginstrumente verwendet und heißen *Sokum* (großes Eisen) und *Taekum* (kleines Eisen). In der Musik der Schamanen waren diese beiden Instrumente stets Guideline-Instrumente. Anders jedoch als bei Clave und Cascara, entfaltet sich die Guideline der Tsching durch das *Variieren* des Guengari. Achte beim Hören des Tonbeispiels auf das metallische Zischen des Guengari und versuche zu spüren, wie es auf Dich wirkt.

Die Klänge und Gestaltungsfunktionen von Instrumenten

Nach den Erfahrungen der letzten Tonbeispiele ist es für Dich sicher nachvollziehbar, daß der Klang einer Baßtrommel auf andere Schichten unseres Bewußtseins und andere Regionen unseres Körpers wirkt als der helle Klang des Clave. Jedes Instrument hat durch seinen Klang eine bestimmte Wirkung auf uns. Der Klang eines Instrumentes bestimmt jedoch auch seine Funktion innerhalb eines Rhythmus: Die Variationen, mit der ein Guengarispieler die Guideline der Tsching umspielt, würden auf der Schlitztrommel *Kata* verwirrend klingen und den Rhythmus bremsen. So wirkt der Klang eines bestimmten Instrumentes auch über den rhythmischen Ausdruck, der in ihm möglich ist, auf den Menschen. Wie eingangs schon erwähnt, haben *Guideline-Instrumente* zwar keine großen Improvisationsmöglichkeiten, können aber klare Rhythmusfiguren zeichnen. Ihr Klang ist meistens durchdringend.

Je weiter wir in den Bereich variierter Rhythmusfiguren kommen, um so vielfältiger werden die Instrumente und mit ihnen die Klänge und rhythmischen Gestaltungen. Bereits das Guengari hat einen Klang, der sich zum klaren Zeichnen einer rhythmischen Figur nicht mehr eignet. Eine unvariierte Guideline würde auf ihm derb und völlig unpassend klingen. Im Variieren jedoch kann es jenen Klang entfalten, der beim längeren Hören in uns den inneren Dialog verstummen läßt und damit die Offenheit für das Aufnehmen einer Rhythmusenergie schafft.

Der Bezug, den der Mensch tief in seinem Inneren zum Klang eines Instrumentes hat, wird deutlich sichtbar, wenn wir einem Kleinkind beim Spielen mit der Rassel zusehen. Es denkt dabei nicht: »Die Rassel gibt eine Geräusch, weil Steinchen drin sind.« Das Kind staunt mit offenem Munde und steht dabei in unmittelbarem Kontakt zu dem, was es hört.

Es scheint eine Zeit gegeben zu haben, in der die Menschen im Laufe ihres Erwachsenwerdens diese Fähigkeit nicht verlernt haben. Denn *Rasseln* waren in allen Kulturkreisen ursprünglich Kultgegenstände. Sie waren und sind heute noch der Ausdruck einer unsichtbaren Macht, die in ihrem Inneren zu sprechen beginnt. Es geht von ihnen auch die Faszination aus, daß Körperbewegungen durch sie hörbar werden.

In der folgenden Übung kannst Du erfahren, wie eine innere Pulsation sich in Bewegung umsetzt und dabei durch Rasseln hörbar werden kann: Ü 32

Komme in einen ruhigen Gehfluß und lasse dabei eine Pulsation entstehen. Unterteile jeden Schritt mit TA KE TI NA in vier Unterteilungsschläge. Lasse Deine Stimme nun allmählich leiser werden und fühle, wie Du das Pulsieren von TA KE TI NA schließlich in Deinem Inneren wahrnehmen kannst. Spürst Du die Bewegung, die in Dir ist? Versuche dieses innere Pulsieren nun in einer Bewegung Deiner Arme auszudrücken. Lasse Dir Zeit wahrzunehmen, wie die rhythmische Bewegung dieser in Dir schwingenden Pulsation langsam nach außen sichtbar wird. Wenn Du nun Rasseln in Deinen Händen hättest, würde Dein inneres Pulsieren hörbar werden.

Von der Vielzahl der Rasseln, die es in verschiedenen Kulturkreisen gibt, möchte ich Dir zwei vorstellen, die eine große Differenziertheit von Klängen ermöglichen. Die eine heißt *Caxixi* (sprich: Kaschischi) und ist aus Brasilien.

Die andere kommt aus Togo und heißt *Televi*.

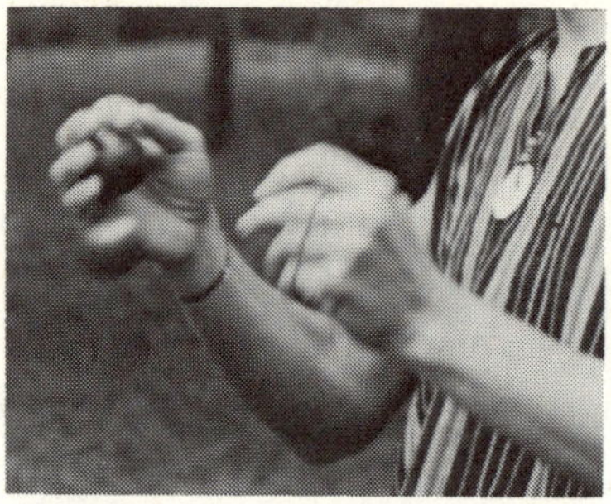

T 49 Im folgenden Tonbeispiel hörst Du zuerst die Gestaltungsmöglichkeiten der beiden Rasseln. Später kommt eine *Berimbão* und ein *Kalimba* — ein afrikanisches *Lamellophon* — dazu, die Rasseln übernehmen eine begleitende Funktion. Wie Du dabei hören kannst, haben beide Rasseln auch die Möglichkeit, Rhythmusfiguren hörbar werden zu lassen: das Caxixi durch die hell klingende Kokosnußschale am unteren Ende, das Televi durch das ständige Aufeinandertreffen der beiden Kugeln.

Mit der größeren Differenziertheit von Instrumenten erweitert sich auch die Klangmöglichkeit in den Melodien der Rhythmusfiguren. In den bisherigen Gestaltungen waren es hauptsächlich die Klänge von hoch und tief, von gedämpft und offen, die die Melodie einer Rhythmusfigur formten.

Mit der Welt der *Trommeln* eröffnet sich eine Vielfalt an klanglichen Möglichkeiten. Jede Trommel ist ein Individuum mit einer eigenen Klangwelt. Die Trommeln sind es, die innerhalb der festen Strukturen von Guidelines auf den Betonungsmustern additiver und divisiver Zyklen frei sprechen können. Aus ihren zahllosen Gestaltungsmöglichkeiten und im Zusammenklang mit anderen Trommeln und Rhythmusinstrumenten entsteht eine nie endende Vielfalt von Rhythmen.

Aber auch wenn es beim Spielen einer Trommel viele klangliche und rhythmische Gestaltungsmöglichkeiten gibt, so heißt das nicht, daß ein Trommler ständig beliebige Gestaltungsfreiheit hat. Je nachdem, welche Trommel ein Musiker spielt, ob er allein oder in einem Ensemble spielt, in dem er eine bestimmte Rolle hat, und je nachdem, was ein bestimmter Rhythmus von ihm erfordert, gibt es für einen Trommler im wesentlichen vier Ebenen der Gestaltungsfreiheit, auf denen er sich bewegen kann.

Die ungebundenste Form des Trommelns ist ein *rezitatives Sprechen mit den Klängen einer bestimmten Trommel*. Sie ist der instrumentale Ausdruck eines rezitativen Rhythmus. Das einzige, an das ein Trommler dabei gebunden ist, ist der Sinnzusammenhang innerhalb der Phrasen, die er spielt. Diese Art des Trommelns kann ein spannender Dialog zwischen mehreren Musikern sein; nach einer gewissen Zeit jedoch erschöpft sich ein solches Gespräch, und es ist an der Zeit, es zu beenden oder in einen gemeinsamen Rhythmus zu kommen.

Die größte Freiheit eines Trommlers in einem Rhythmusgefüge ist das *Improvisieren*. Dabei ist es möglich, alle existierenden Rhythmuselemente zu einer Gestaltung zu verbinden, die die grundlegende Rhythmusstruktur verläßt, sich an ihr reibt und die Betonungsmuster des Basiszyklus auf vielfältige Art und Weise umspielt. So frei jedoch eine Improvisation auch sein mag, sie wird unverständlich, sobald sie die spürbare Verbindung zur Grundpulsation und zu dem Zyklus verliert, der ihre Gestaltung trägt. Auch in der kompliziertesten Tablaimprovisation bleibt der Tala der Bezugspunkt, und das meisterhafte Spiel eines Leaddrummers in einem afrikanischen Ensemble wird durch das gleichbleibende Rhythmusgefüge getragen, welches unter seinen Improvisationen und Variationen liegt.

Beim *Variieren* ist eine bestimmte Rhythmusfigur das Zentrum des Gestaltens. Von der Melodie dieser Figur kann sich ein Trommler nur so weit entfernen, daß ihre Grundform in seinem Spiel stets zu hören ist.

Theka, Tschomsu, Tumbão – einfachste Formen einer Trommelmelodie

Die gebundenste Form im Trommeln ist das Spielen der gleichbleibenden Melodie einer Rhythmusfigur. Diese Melodie läßt eine Rhythmusfigur in ihrer reduziertesten Form erklingen. Ein Trommler spielt diese oft über lange Zeit und läßt dabei das gleichbleibende Element in einem Rhythmus dominieren. Zugleich aber ist das Spielen dieser Grundform für ihn eine wichtige Übung: Im Verinnerlichen ihrer Melodie schafft er sich die Grundlage für das Variieren und das Improvisieren.

In allen Kulturkreisen finden wir die Konzeption, daß ein bestimmter Rhythmus auf jeder Trommel eine Grundmelodie, eine auf das einfachste reduzierte Form hat. An ihr können wir einen Rhythmus erkennen. Wenn wir die Grundform einer Trommelfigur verinnerlicht haben, dann kennen wir das, was eine Guideline ergänzt, um mit ihr einen vollständigen Rhythmus zu bilden.

In indischer Musik heißt die Grundform eines Rhythmus auf der Trommel »*Theka*«. Auf unserem Rhythmusweg hast Du bereits die Thekas verschiedener Rhythmen kennengelernt: Den Theka von *Rupaktal* hast Du als

TI TI NA DHI NA DHI NA . . .

erfahren, den Theka von *Teental* als:

DHA DHIN DHIN DHA | DHA DHIN DHIN DHA | DHA TIN TIN TA | TA DHIN DHIN DHA | DHA

Wenn ein Tablaspieler einen anderen Musiker begleitet, dann spielt er tatsächlich fast ausschließlich die unveränderte Form des Theka. Sobald jedoch die Stelle kommt, an der er seine Improvisation beginnen kann, pulsieren die Silben des Theka in seinem Inneren weiter und tragen seine Improvisation. Dies ermöglicht ihm auch in längeren Zyklen, seine Gestaltungsbögen ohne Mühe formen zu können.

Eine Tatsache, die mich während meines Zusammenseins mit den koreanischen Schamanen verwirrte, war, daß sie zum gleichen Rhythmus einmal *»Tongdongi«* dann wieder *»Tschatschin Kutkori«* oder *»Tschatschin Mori«* sagten. Auch konnte mir keiner dieser Meistertrommler die Strukturen der Rhythmen erklären, die sie schon selber so lange spielten und von denen sie augenscheinlich genau wußten, welche Wirkung sie auf den Menschen haben.

Eines Tages erfuhr ich von einem befreundeten Musiker, der die Schamanen gut kannte, daß Name und Struktur eines Rhythmus für das Lernen in der schamanistischen Tradition nicht entscheidend sei. Die Rhythmen werden in ihrer Grundform durch Vorspielen vom Vater an den Sohn weitergegeben; in den zahlreichen Zeremonien hat der Lernende dann Gelegenheit zu hören, welche Variationsmöglichkeiten die einzelnen Rhythmen haben. Diese Grundform, die die Quintessenz des Rhythmus darstellt, heißt in Korea *»Tschom Su«*. Durch das Kennen des Tschom Su von verschiedenen Rhythmen war es ihnen auch möglich sofort mitzuspielen, wenn jemand einen der unzähligen Rhythmen zu trommeln begann. Es verwirrte daher auch niemanden, daß ein und derselbe Rhythmus manchmal drei verschiedene Namen hatte.

Auch in Lateinamerika finden wir eine einfachste Form eines Rhythmus. Die Brasilianer nennen sie einfach *»o base do ritmo«*, in der Karibik heißt sie *»Tumbão«*. Versuche in
Ü 33 einer einfachen Übung einen Tumbão kennenzulernen, der sich mit dem Clave zum Rhythmus des Cha Cha oder Mambo ergänzt.

Komme zuerst in die Bewegung des Grundschrittes von TA KE TI NA und unterteile mit Deiner inneren Stimme jeden Schritt mit TA KE TI NA in vier Unterteilungsschläge. Versuche dann auf diesem inneren Pulsieren die folgende Rhythmusfigur mit den beiden Silben GU und TZAK entstehen zu lassen.

Innere Stimme	TA	KE	TI	NA	TA	KE	TI	NA	TA	KE	TI	NA	TA	KE	TI	NA	TA
Stimme	·	·	TZAK	·	·	·	GU	GU	·	·	TZAK	·	·	·	GU	GU	○
Schritte	<u>TA</u>				<u>KE</u>				<u>TI</u>				<u>NA</u>				<u>TA</u>

Sobald Dir dies keine Schwierigkeiten mehr bereitet, versuche im Klatschen die Figur des Clave dazukommen zu lassen. Dabei kannst Du spüren, wie Clave und Tumbão einander ergänzen:

Stimme	·	·	TZAK	·	·	·	GU	GU	·	·	TZAK	·	·	·	GU	GU	·
Klatschen	○	·	·	○	·	·	○	·	·	·	○	·	○	·	·	·	○
Schritte	TA				KE				TI				NA				TA

Im nächsten Tonbeispiel hörst Du, wie das Zusammenspiel vieler Trommelfiguren einen sehr komplexen Rhythmus entstehen läßt, der von einer Guideline getragen wird. Die Aufnahme, in der Du eine *Comparsa* hörst, ist 1979 während des Carnaval in Santiago de Cuba entstanden. »Comparsa« heißt sowohl die Trommelgruppe, die aus ungefähr 40 Musikern besteht, wie auch der Rhythmus. Eine Comparsa spielt oftmals vier bis sechs Stunden ohne Unterbrechung und zieht dabei durch die Straßen der Stadt. In dieser Musik begegnen wir dem gleichen Blasinstrument wieder, das wir schon von den Schamanen Koreas kennen: Es ist die schalmeiartig klingende *Trompeta de china,* die in Korea *»Hojak«* heißt. In der Aufnahme kannst Du die verschiedenen Gestaltungsfunktionen von Trommeln hören: gleichbleibende Rhythmusfiguren, variierte Rhythmusfiguren und das Solieren. T 50

Die Symbolik der Trommeln

Trommeln sind nicht nur die am höchsten entwickelten Rhythmusinstrumente, sie sind auch Wesen, mit denen ein Trommler kommunizieren können muß. Im Rhythmus wird aus der Partnerschaft Trommler-Trommel eine Einheit — ein gegenseitiges Aufladen im Kreise eines Energiestromes. Nur so ist es zu erklären, daß Menschen fähig sind, über viele Stunden ohne Unterbrechung beim Trommeln im Fluß eines Rhythmus zu bleiben. In den meisten Trommeln finden wir eine Symbolik verborgen, die uns daran erinnert, daß Rhythmus aus der elementaren Urkraft des Pulsierens zwischen zwei Polen entsteht. Anhand von Beispielen einiger Trommeln verschiedener Kulturkreise wird uns dies deutlich:

Das Wesentliche in tibetischer Musik ist die Wirkung, die sie auf den Menschen hat. In ihr gibt es keine Virtuosität oder den Maßstab einer herkömmlichen Ästhetik. Ihre Klänge und Rhythmen bleiben für immer im Inneren eines Menschen, der sie gehört hat. Die Trommel, die mich in Dharamsala am meisten berührt hat, ist die *Damaru*. Sie ist aus der Schädeldecke einer Frau und eines Mannes gefertigt. Die beiden Schädeldecken sind am Scheitel aneinander befestigt und mit Menschenhaut überzogen. An zwei Schnüren hängen Knöchelchen, die beim Hinundherdrehen der Trommel zugleich auf die männliche und die weibliche Seite schlagen. Dadurch entsteht ein Klang, in der die beiden Energien vereint sind.

Dieselbe Symbolik finden wir im Aufbau der koreanischen *Tschanggo* wieder: Die beiden Schalen des Holzkorpus entsprechen den beiden Schädelhälften. Die Mitte des Korpus, der aus einem Stück gearbeitet ist, ist offen und verbindet beide Seiten. Das Anschlagen eines Felles bewirkt daher das Mitschwingen des anderen und umgekehrt. Die linke Seite der Tschanggo, die die weibliche Schädeldecke symbolisiert, heißt *»Kungpyön«*. In der schamanistischen Tradition wird sie als Tor zum Jenseits bezeichnet. Die rechte Seite dagegen wird *»Tschepyön«* genannt und bedeutet das Tor zum Diesseits. Der beim Spielen entstehende Klang stellt die Verbindung zwischen den beiden Toren her.

Erinnern wir uns an die Fähigkeit der beiden Hälften unseres Großhirns: Die linke Gehirnhälfte hat die Möglichkeit, intellektuell zu argumentieren und rationell zu erfassen, die rechte hingegen ist der intuitive Teil unseres Wachbewußtseins und der Sitz unserer künstlerischen Gestaltungsgabe. Da die Gehirnhälften jeweils mit der Körperhälfte der anderen Seite verbunden sind, drückt sich das Rationale im Spielen des Tschepyön aus, das Intuitive im Klang des Kungpyön. Welche Seite auch angeschlagen wird, stets schwingen beide Felle, und es entsteht ein Klang, in dem beide Energien vereint sind.

Auch die *Pakhawaj*, die neben der *Mridangam* die älteste Trommel Indiens ist, hat einen ähnlichen Aufbau: Wenn die linke *Bayan*-Seite angeschlagen wird, klingt stets die rechte *Dayan*-Seite mit und umgekehrt. Werden beide Felle angeschlagen, so verbindet sich der Klang beider Seiten im Holzkorpus, und das Holz beginnt kräftig mitzuresonieren. Dies bewirkt auch den mächtigen Klang dieser Trommel.

Pakhawaj heißt: »der Klang der Vogelschwinge«. Dies beschreibt sehr treffend das Gefühl, das beim Spielen aller Trommeln entsteht, die wie die Pakhawaj einen horizontalen Klangfluß haben und mit der Hand geschlagen werden. Die Schlagenergie geht bei solchen Trommeln nicht zum Boden, sondern die linke Hand schlägt nach rechts und die rechte nach links. Dieser Bewegungsvorgang läßt beim Spielen solcher Trommeln ein sehr freies Gefühl in den Armen entstehen.

Die Wirkung einer Pakhawaj auf die Immanenzrhythmen des Menschen ist symbolisch in eine Legende gefaßt: Als Shiva einen Dämonen besiegt hatte, begann er voller Freude einen mächtigen Tanz. Er tanzte so heftig, daß die Erde zu beben begann und die Menschen in Angst und Panik gerieten. Für sie schien das Ende der Welt gekommen zu sein. Ganesha jedoch sah Shiva tanzen. Er formte aus der blutigen Erde um den Dämonen einen Trommelkörper. Aus der Haut des Dämonen machte er die Felle und aus seinen Eingeweiden die Bespannung. So formte er langsam die erste Pakhawaj. Sobald er sie gebaut hatte, begann er zum Tanz des Shiva zu spielen. In seinem Spiel aber wurde er allmählich immer langsamer und Shiva, der sich auf die Trommelbegleitung eingelassen hatte, folgte dem Langsamerwerden. So gelang es Ganesha, mit der von ihm gebauten Pakhawaj Shiva zu beruhigen, und es kehrte wieder Frieden und Ruhe unter den Menschen ein.

Auch die afro-kubanische *Bata* ist eine solche Trommel. In ihr finden wir aber neben einer Verbindung der Zweiheit von links und rechts auch die Drei wieder: Sie existiert in drei Formen, die stets zusammen gespielt werden: *Iya*, die größte, ist die Mutter; *Itotele*, die mittlere, ist der Vater; und *Ogonkolo*, die kleinste, ist das Kind. In den *Batas*, den Trommeln der kubanischen *Santeria*, verbindet sich somit die Zweiheit mit der Dreiheit in einem gemeinsamen Klang. Im folgenden Tonbeispiel, welches während eines Konzertes des *Ethnic Percussion Project* in Berlin aufgenommen wurde, kannst Du hören, wie eine Trommel nach der anderen zu sprechen beginnt: zuerst die Iya, dann die Itotele und schließlich die Ogonkolo. Achte dabei wieder darauf, daß die einzelnen Trommelmelodien beim Spielen nur geringfügig variiert werden und daß die Komplexität des Rhythmus aus dem Zusammenklang der einzelnen Trommelmelodien entsteht. T 51

Eine Dreiheit findet sich auch in anderen Trommelarten wieder. Die kubanische *Conga* existiert in den drei Formen von *Quinto, Conga* und *Tumbadora*, die brasilianische *Atabaque* in *Rum, Rumpi* und *Le* (sprich: Hum, Humpi und Le). Es sind nicht nur die Größenunterschiede und die dadurch entstehenden unterschiedlichen Klänge der Trommeln, in denen sich die Dreiheit ausdrückt. Es ist vielmehr ein Aufteilen verschiedener rhythmischer Funktionen auf drei Trommler. Hinter der Einheit und der Dreiheit von Trommeln stehen zwei verschiedene Rhythmuskonzepte: Spielt ein Trommler allein, wie dies bei Pakhawaj und Tabla der Fall ist, dann entsteht die Komplexheit der Rhythmen durch das Formen großer Zeitbögen und durch die vielfältigen Kombinationen vieler unterschiedlicher Klänge. Solche Trommeln sind schwerer in ein Rhythmusensemble einzugliedern als die Conga, bei der die Gesamtheit des Rhythmus beispielsweise dadurch entsteht, daß drei Trommler durch verschiedene Rhythmusfiguren unterschiedliche Rhythmusenergien miteinander verbinden. Daß die Dreiheit auch im Reich der Trommeln Ausgeglichenheit, Stabilität und Harmonie bedeutet, sehen wir neben unzähligen anderen Beispielen auch daran, daß es selbst in einem Sambaensemble, dessen rhythmische Energie klar die Zwei ist, *drei* verschiedene Arten von *Surdos* gibt, die sich nicht in der Bauweise, sondern in der verschiedenen rhythmischen Funktion unterscheiden: Der *Chamado* ruft, er setzt den höheren, weniger betonten Schlag, der *Resposta* antwortet mit dem tiefen, betonten Schlag. Als dritter Surdo spielt der *Centrador* Rhythmusfiguren, die die beiden Pole verbinden. Klarerweise ist in einer *Bateria*, einer größeren Sambagruppe, jede Surdoart mehrfach besetzt.

Ausklang

Die Vielfalt der Trommeln ist unüberschaubar. Es scheint mir nahezu unmöglich zu sein, auch nur in einem Kulturkreis wirklich alle Trommeln zu kennen, geschweige denn, sie spielen zu können. Wenn ein Europäer den Weg auf einer Trommel beginnt, wird er sich auf eine oder eine Auswahl von mehreren beschränken müssen. Ich glaube, daß es dabei nicht wichtig ist, welche Trommel er lernt, sondern *wie* er sie lernt und welchen Bezug sie zu seinem Leben bekommt.

Den Weg einer Trommel kann ein Buch nicht vermitteln. Das Wachsen auf einem Instrument erfordert die persönliche Führung eines Menschen, der imstande ist, mit der Übertragung seines Wissens das Innere seines Schülers zu berühren. Dadurch wird der Schüler seinen Stärken und Schwächen, seinen Vorlieben und Abneigungen, den Tricks, die er sich täglich spielt, und seinen Gefühlen, der Bewegung seines Atems und seines Pulses auf viele verschiedenen Arten begegnen. Unter einer solchen Führung wird das Trommeln zu einer Möglichkeit, alte *Patterns* im täglichen Leben aufzulösen, Forderungen zu begegnen, die der Körper beim Spielen stellt, und die Fähigkeit zu entwickeln, Dinge nicht nur zu gebrauchen, sondern das Leben zu entdecken, das in ihnen verborgen ist.

Den Rhythmusweg, zu dem ich Dich eingeladen habe, bist Du nun gegangen. Es hängt von Deinem eigenen Zeitmaß ab, wie lange es brauchen wird, bis die verschiedenen Rhythmusenergien tatsächlich ein Teil Deines rhythmischen Körperbewußtseins sind. Dieser Rhythmusweg aber ist nur der erste Teil einer Entwicklung, die darüber weit hinausgeht. Der zweite Teil, bei dem ich Dich nicht mehr begleiten kann, ist das Lebendigwerdenlassen dieses Körperwissens in der Partnerschaft mit den verschiedenen Rhythmusinstrumenten.

Ich habe bisher in keinem Land erlebt, daß jemand mit dem Lernen einer Trommel begonnen hätte, bevor er nicht die einfacheren Guideline-Instrumente spielen konnte. Es gibt eine Vielzahl von Instrumenten, die sich langsam in Deinen Weg des TA KE TI NA integrieren lassen. Rhythmusinstrumente, die Du auf der Basis eines Grundschrittes kennenlernen kannst, sind Glocken, einfache Rahmentrommeln, wie beispielsweise der *Pandeiro* (siehe Bildteil) und das *Tambourim* und Rasseln. Mit ihnen kannst Du zunächst die gleichen Gestaltungen versuchen, die Du schon geklatscht hast.

Wenn Du eines Tages am Ende einer Übung die Bewegung Deines Grundschrittes immer kleiner werden läßt, bis Du schließlich stillstehst, dann horch in Dich hinein: Wenn Du jetzt spürst, daß Du Dein inneres Pulsieren deutlich genug wahrnehmen kannst, um Rhythmen zu gestalten, dann rate ich Dir, mit dem Weg einer Trommel zu beginnen.

Egal, ob Du zehn Trommeln lernst oder eine, der Weg wird immer ohne Ende und Ziel sein, der Weg selbst *ist* das Ziel. Auf der Basis deines rhythmischen Körperwissens wirst Du auch die Wesen verschiedenartiger Trommeln vereinen können. Welche Trommel Du auch spielst, sie wird einen Bezug zu Deinem täglichen Leben haben, denn Du spielst sie mit dem inneren Wissen Deiner Körperrhythmen.

Auch heute noch erscheinen mir die verschiedenen Trommeln, denen ich in zahlreichen Ländern begegnet bin, wie Steine eines Mosaiks. Bei den Versuchen, die Steine zusammenzufügen, entstanden viele klingende Bilder. Mit dem letzten Tonbeispiel möchte ich Dir eines davon zeigen. T 52

Der Rhythmus, der mit einer einfachen Rhythmusfigur beginnt, entfaltet sich nach und nach zu einer Vielfalt verschiedener Trommelklänge und Rhythmusenergien. Seine Basis ist das Pulsationsverhältnis 6 : 9, und Du kannst am letzten Mandala erkennen, wie die Rhythmusfiguren der verschiedenen Rhythmusinstrumente zusammenklingen. Vom inneren Kreis des Mandalas ausgehend, der die Basis des Rhythmus, gespielt auf zwei Congas, darstellt, hörst Du die Rhythmusfiguren auf folgenden Instrumenten: zweiter Blütenkreis — Iya und Itotele, dritter Blütenkreis — Quinto, vierter Blütenkreis — Ogonkolo, fünfter Blütenkreis — Glocke, sechster Blütenkreis — Caxixi.

Reinhard Flatischler

Geboren 1950 in Wien. Absolvent der Hochschule für Musik in Wien. Seit 1968 intensives Studium außereuropäischer Percussions- und Tanzformen. Lernte 10 Jahre Tabla, zuletzt bei Ustad Zakir Hussain Khan. Außerdem Conga, Timbales und andere Latinpercussionsinstrumente beim »Conjunto Folclorico Nacional de Cuba«; Berimbau und die meisten brasilianischen Percussionsinstrumente in verschiedenen Afoxes und Escolas de Samba in Salvador de Bahia und Rio de Janeiro. Auf Einladung des Goethe-Instituts und des Drama-Centers Korea erforschte er die schamanistische Musik Koreas und studierte eineinhalb Jahre ihre Instrumente und Rhythmen und deren psychische Wirkungen.
Reinhard Flatischler wurde vom Goethe-Institut und anderen internationalen Kulturorganisationen eingeladen, in Brasilien, Puerto Rico, USA, Japan, Korea, Hongkong und Indien Konzerte zu geben und in Workshops neue Formen und Wege von Rhythmik zu vermitteln.

In Europa arbeitet er u. a. in Therapiezentren mit seiner Rhytmustherapie, die er aus schamanistischen Elementen Koreas, Kubas und Brasiliens entwickelt hat. Als Percussionist spielte Reinhard Flatischler in vielen Musikgruppen und konzertierte mit bekannten Musikern wie: Djalma Correa, Kirk Lightsey, Dave Liebmann, Joe Nay, Hary Pepl, Lee Harper, Wiener Art Orchester, Samulnori, Sujat Khan, Philharmonisches Orchester.
Zahlreiche Rundfunk- und Fernsehauftritte auf der ganzen Welt sowie Auftritte beim Horizonte Festival Berlin 82 und 83, dem Pan Music Festival, den Wiener Festwochen u. a.

Großformat 19 x 22; über 50 Photos und Zeichnungen; 232 Seiten; 48,— DM
8 Vierfarbseiten (u. a. Erstveröffentlichung Koreanischer Zeremonien)

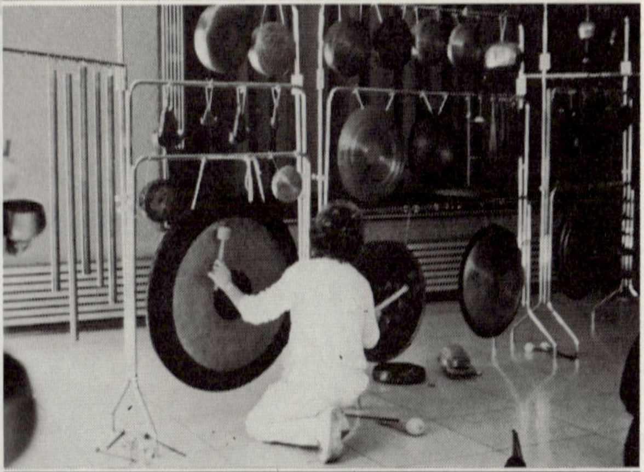

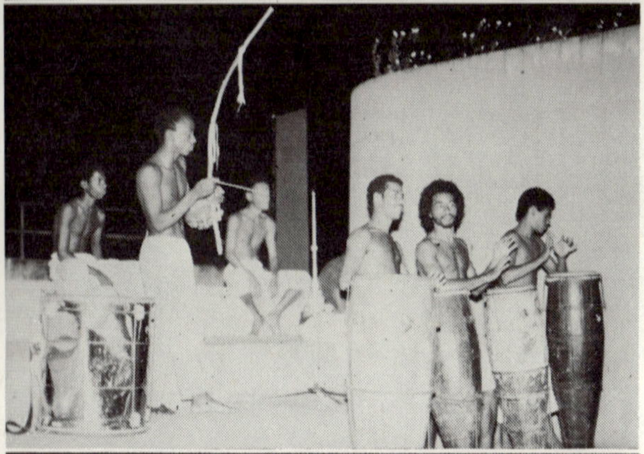

TA KE TI NA

Der rhythmische Weg zur Bewußtheit

Ein Kassettenkurs mit Reinhard Flatischler

1 Übungs- und 2 Tonbeispielkassetten

Die Übungskassette verdeutlicht klanglich die beschriebenen Übungen und führt somit direkt in die Selbsterfahrung verschiedener Rhythmuselemente.

Die 2 Tonbeispielkassetten sind nicht nur zur musikalischen Vertiefung der Rhythmusstrukturen, sondern sind zum großen Teil seltene ethnische Kulturdokumente, die Reinhard auf seinen Reisen erfahren und aufgenommen hat.

- welterste Veröffentlichung einer schamanistischen Zeremonie aus Korea
- Life-Aufnahmen vom Karneval in Santiago de Cuba; Salvador de Bahia und in Brasilien
- weitere Musikbeispiele von in Europa nicht erhältlichen Dokumentationen
- das Ethnic Percussion Project mit noch nicht veröffentlichten Kompositionen von Reinhard

Die Aufnahmen wurden in einem der besten Studios Europas: Kornhäusl Studio, Wien mit Grenzflächenmikrophonen aufgenommen. Die Überspielung erfolgt auf Professional-Cassetten mit hoher Bandlaufqualität.

Laufzeit ca. 3 x 90 Minuten!

Die drei Kassetten sind für 72.- DM (incl. Versand) nur direkt beim SYNTHESIS Verlag zu beziehen.

Versand nur mit beiligendem Verrechnungsscheck oder durch Vorauszahlung des Preises, auf das Postgirokonto: Essen 32841-432

SYNTHESIS VERLAG Siegmar Gerken
Postfach 143206, D 4300 ESSEN 14

Die Tonbeispielkassetten enthalten:

R. Flatischler

Die vergessene Macht des Rhythmus

TA KE TI NA

Der rhythmische Weg zur Bewußtheit

T 1	*38*	Hotsori	Kloster Tongdosa, Korea
T 2	*39*	Der Klang der Oktave	Reinhard Flatischler, Monochord
T 3	*43*	Munmyochereak	Konfuziustempel, Seoul, Korea
T 4a	*51*	Militärmarsch	Musikkorps der Schutzpolizei Berlin
T 4b	*51*	Venceremos	Sergio Ortega, Claudio Iturra
T 5a	*51*	Samba de roda	Brasilien
T 5b	*51*	Samba batucada	Brasilien
T 6	*57*	Gliederung einer Pulsation durch Länge und Kürze	R. F., Tschanggo, Tsching
T 7	*60*	Die Unterteilungsschläge	R.F., Schellen, Klatschen, Stimme
T 8	*62*	Der Doubletime-Offbeat	R.F., Schellen, Klatschen, Stimme
T 9	*64*	Der Trebletime-Offbeat	R.F., Schellen, Klatschen, Stimme
T 10	*69*	Das Pulsationsverhältnis 2 : 3	R.F., Schellen, Klatschen, Stimme
T 11	*72*	Das Wahrnehmen von Pulsationen unterschiedlicher Qualität	R.F., Tsching, Kangogi, Bata
T 12	*73*	Der »Resulting Pattern«	R.F., afrikanische Glocken, Conga, Bata
T 13	*74*	Der Klang verschiedener Intervalle	R.F., Monochord
T 14	*78*	Das Obertonsingen	R.F., Stimme
T 15	*83*	Der Herzschlag von Buk und O Daiko	R.F., Buk Bukspieler eines koreanisches Zenklosters Kodo, O Daiko
T 16	*93*	Bodypercussion	J.M. Bertl A. Steirer R. Flatischler
T 17	*95*	Das Talageben	R.F., Tabla
T 18	*102*	Tablabolas	R.F., Tabla
T 19	*103*	Vokalrhythmen Pakhawaj und Tabla	Arjun Shejwal, Alla Rakha
T 20	*104*	Die Klänge der Tschanggo	R.F., Tschanggo
T 21	*105*	Vokalrhythmen Tschanggo	Kim Suk Jul, Tschanggo
T 22	*106*	Gamamla	R.F., afrikanische Glocken,
T 23	*106*	Samba vocalizado	Brasilien
T 24	*106*	Sprechen durch die Trommel	Kongo
T 25	*107*	Ketschak	Bali
T 26	*145*	Das Pulsationsverhältnis 2 : 5	R.F., Gongs, Surdo
T 27	*147*	Das Pulsationsverhältnis 2 : 7	R.F., Gongs, Surdo
T 28	*149*	Das Pulsationsverhältnis 2 : 9	R.F., Gongs, Surdo
T 29	*153*	Das Pulsationsverhältnis 3 : 7	R.F., Buks, Surdo
T 30	*155*	Das Pulsationsverhältnis 3 : 8	R.F., Buks, Surdo
T 31	*157*	Das Pulsationsverhältnis 4 : 5	R.F., Pakhawaj, Jaltarang, Surdo
T 32	*159*	Das Pulsationsverhältnis 4 : 7	R.F., Pakhawaj, Jaltarang, Surdo
T 33	*161*	Das Pulsationsverhältnis 4 : 9	R.F., Pakhawaj, Jaltarang, Surdo
T 34	*163*	Das Pulsationsverhältnis 6 : 5	R.F., Monochord, Berimbão, Surdo
T 35	*165*	Das Pulsationsverhältnis 6 : 9	R.F., Monochord, Berimbão, Surdo
T 36	*169*	Einheit — Zyklus — Rhythmuskreis	R.F., Tschanggo, Glocke, Tsching
T 37	*171*	Additive und divisive Zyklen und verschiedene additive Gestaltungen in der Komposition Nada-bindu	R.F., All Percussions und Komposition W. Puschnig, Saxophon
T 38	*186*	Rupak und Chautal	R. F., Pakhawaj H. Chaurasia, Flute Z. Hussain, Tabla
T 39	*193*	Jhaptal	Amir H. Khan, Tabla
T 40	*193*	Tau pau lim Che	Samulnori, R.F.; Tschanggo, Tsching, Guengari
T 41	*195*	Ein additiver, zwölfschlägiger Zyklus auf verschiedenen Grundschritten	R.F., Schellen, Klatschen, Stimme
T 42	*199*	Die variierte Rhythmusfigur	R.F., Surdo, Atabaque
T 43	*202*	Afrikanische Guideline und Verarbeitung in der Komposition Gamala	R.F., All Percussions, Conga, Surdo Freddy Santiago, Puerto Rico, Conga J.M. Bertl, Guitar W. Puschnig, Flute
T 44	*203*	Guideline Salpuri	R.F., Tschanggo, Tsching
T 45	*205*	Guaguanco	Munequitos Matanzas, Kuba
T 46	*207*	Lakshmital	Dhrupadmela, Benares
T 47	*207*	Guideline Ijexa	Carnaval Bahia
T 48	*209*	Schamanistische Zeremonie des Dong-Hean O Gui Kut	Korea
T 49	*212*	Caxixi und Televi, Komposition Ayatara	R.F., Calimba, Berimbão, Caxixi Andi Gerber, Televi Voice: A. Simon, J.M. Bertl, A. Steirer
T 50	*215*	Comparsa	Carnaval Santiago de Cuba
T 51	*217*	Bata	Ethnic Percussion Project, Horizonte Berlin
T 52	*219*	Rhythmusmosaik — Komposition in,6 : 9	R.F., Conga, Bata, Kangogi, Caxixi

Die Übungskassette:
Seite 1: Die Sequenz von TA KE TI NA
Seite 2: Die Sequenz von GA MA LA

Workshops mit Reinhard Flatischler

Der Ausgangspunkt dieser Workshops ist die körperliche Erfahrung und das intuitive Erfassen von Rhythmusarchetypen, die in allen Rhythmuskulturen der Welt vorhanden sind und auf alle Menschen die gleichen physischen Wirkungen haben. Es gibt niemanden, der von Natur aus unrhythmisch ist. Rhythmus ist wie Meditation ein Lernprozeß, der unseren Körper mit unserem Geist in Harmonie bringt — der rhythmische Weg zur Bewußtheit.

Workshop 1

Das zentrale Thema dieses Kurses ist Selbsterfahrung durch Wirkungen von Rhythmus. Besondere Schwerpunkte werden dabei sein:

— Übungen mit Herz- und Atemrythmus.

— Erforschen der Stimme vom unhörbaren inneren Impuls bis zum Realisieren hörbarer Rhythmen und schamanistischer Gesänge, die auf Menschen aller Kulturkreise Wirkungen haben.

— »Bodypercussion«: das Erlernen des menschlichen Körpers als musikalisches Instrument. Unser Körper bringt verschiedene Rhythmen zum Klingen durch: Stampfen (mit Schellen), differenziertes Klatschen und Stimme.

— Darstellen von polyrhythmischen Verhältnissen in Tanzform. Immer werden wir uns dabei die Frage stellen: wie wirken diese Übungen auf meinen Körper, mein Bewußtsein, mein Befinden im Hier und Jetzt.

Workshop 2

Dieser Kurs arbeitet hauptsächlich an der Frage: Wie beeinflussen sich der menschliche Körper und musikalische Instrumente gegenseitig, was kann ich in dieser Partnerschaft erleben?

Die Instrumente, das sind einerseits Gongs und Klanginstrumente verschiedener alter Kulturen Asiens; andererseits die Rhythmusinstrumente verschiedener Kulturkreise, auf die wir lernen wollen, unsere Energie zu übertragen und so zu einem »Spielen« kommen, bei dem der Klang unserer inneren Vorstellungen dem hörbaren Klang entspricht. Auf den früher gemachten Erfahrungen aufbauend werden wir uns komplexeren Rhythmuszyklen wie 5, 7, 9, 10, 11 oder 12-schlägigen Perioden widmen. Welche Wirkungen haben diese ungewöhnlichen Rhythmen auf unser Nervensystem?

Offen für Teilnehmer, die schon mit Reinhard gearbeitet haben.

Workshop 3

Dieser Workshop verbindet mehrere Schwerpunkte miteinander. Am Vormittag steht die Erfahrung der Wirkungen von Rhythmusarchetypen im Mittelpunkt. Dies soll auch alle jene anregen, die selbst schon mit Gruppen arbeiten, wie selbst in einer großen Gruppe jeder im eigenen Zeitmaß seine Erfahrungen machen kann. Nachmittags besteht die Möglichkeit, das Erarbeitete in Bewegung und Tanz weiterzuführen, oder in der anderen Gruppe die Rhythmen auf Instrumente zu übertragen. Die Bewegungsgruppe wird von Heidrun Hoffmann geleitet.

Jeder Workshop schließt mit einem Plenum, in dem die Erfahrungen der Gruppen ausgetauscht werden können.

Offen für Anfänger und Fortgeschrittene.

Information:

SYNTHESIS VERLAG, Siegmar Gerken, Postfach 143206, D-4300 Essen 14

Dr. Jan Foudraine (Sw. Deva Amrito):
Bhagwan, Krishnamurti, C. G. Jung und die Psychotherapie

Amrito beschreibt seine dramatische Begegnung mit J. Krishnamurti und die sich daraus ergebenden Fragen: Was ist ein Meister? Worin besteht die Meister-Schüler-Beziehung? Welche Rolle spielen darin Hingabe, Abhängigkeit und Liebe? Schließlich fragt Amrito nach der Beziehung, die C. G. Jung und die Psychotherapie zu den östlichen Erleuchtungswegen haben.
226 Seiten, illustriert DM 26,—

Affirmationen — „Ich mag mich selbst"

Eine Affirmation ist ein positiver, schöpferischer Gedanke, um deine negativen Glaubenssysteme und Denkmuster zu verändern. Affirmation heißt das Leben bejahen und deinem Denken eine Idee über das Ziel zu geben.
28 Seiten, Büttenpapier DM 5,—

Erik Sidenbladh:
Wasserbabys — Geburt und Entwicklung in unserem Urelement

Der sanfteste Übergang vom Mutterleib in die Außenwelt ist die Geburt unter Wasser. Frühes Training im Wasser bewirkt bei den Kindern eine bessere und schnellere Koordination der Bewegungen und Körperfunktionen. Die zahlreichen, außergewöhnlichen Aufnahmen verstärken Tjarkovskijs Erfahrungen, daß das menschliche Potential besser entwickelt werden kann, wenn wir lernen, Wasser ohne Angst zu akzeptieren.
156 Seiten, durchgehend vierfarbig illustriert, geb. DM 19,80

Ulrich Sollmann (Hrsg.): **Bioenergetische Analyse**

Autoren und Themen: *A. Lowen:* Der Wille zu leben und der Wunsch zu sterben; *R. Robins:* Der rhythmische Zyklus und Widerstand; *E. Muller:* Auswirkungen des Berührens; *H. Petzold:* Der Schrei in der Therapie; *L. Rablen:* Das gespaltene Ich. Krebs und Probleme der Selbstabgrenzung; *A. Kloppstech:* Frauenarbeit mit krebskranken Frauen; *P. Boyesen:* Psychodynamische Analyse; *U. Sollmann:* Prozeßanalytische Körperarbeit in der Gruppe; *E. Svasta:* Jan Velzeboer und die Bioenergetische Analyse; *R. Steiner:* Die energetische Verbindung von Körper und Geist; *R. C. Ware:* C. G. Jung und der Körper — vernachlässigte Möglichkeiten der Therapie? etc.
252 Seiten DM 32,—

Robert St. John: **Metamorphose — Die pränatale Therapie**

Die Methode basiert auf einer überlieferten chinesischen Behandlungsweise der Füße. R. St. John entdeckte in bestimmten Bereichen der Füße Verbindungen zur vorgeburtlichen Phase, in der Energiemuster unser Sein geprägt haben. Durch eine sachgemäße Behandlung des Reflexbereiches der Wirbelsäule an Füßen, Händen und Kopf werden auf natürliche Weise Sperren und Grenzen des Bewußtseins aufgehoben und die ursprünglichen Kräfte der Psyche wieder freigesetzt.
160 Seiten, Illustrationen DM 19,80

Benjamin Hoff: **Tao Te Puh — Das Buch vom Tao und von Puh, dem Bären**

Was für ein Puh? *Was* für ein Tao? Das Tao Te Puh! . . . in dem uns enthüllt wird, daß einer der größten taoistischen Meister nicht etwa ein Chinese ist, auch kein altehrwürdiger Philosoph . . . sondern wirklich und wahrhaftig kein anderer als der absichtslos in sich ruhende, einfältige kleine Bär.
160 Seiten, illustriert DM 18,00

Dr. G. Fisch: **Chinesische Heilkunde in unserer Ernährung**

Endlich ein Ernährungsbuch, das auf energetischer Grundlage basiert, d.h. von der Energie (Schwingung) der Nahrung und deren Wirkung im Körper (und umgekehrt) ausgeht. Grundlage ist dabei die chinesische Lehre der Akupunkteure und deren Energieverständnis.
120 Seiten, illustriert DM 16,—

Ron Kurtz: **Körperzentrierte Psychotherapie — Die Hakomi-Methode**

Körper und Bewegungen eines Menschen drücken zentrale Anschauungen, Bedürfnisse, Gefühle und Besonderheiten seines Daseins aus. Psychologische Informationen formen den Körper. In Anerkennung dieser Verbindung beginnt die Methode mit der Arbeit am Körper. Besonderes Kennzeichen der Hakomi-Methode ist die genaue Anwendung der buddhistischen Prinzipien von *Innerer Achtsamkeit* — die Aufmerksamkeit wird auf das gelenkt, was jetzt genau vor sich geht — und *Gewaltlosigkeit* — wir unterstützen Abwehr und spontanes Verhalten, lassen entwickeln anstatt zu konfrontieren und zu bekämpfen.
320 Seiten, Abbildungen, geb. DM 38,—

Dr. Malcolm Brown: **Die Heilende Berührung**

Die Methode des direkten Körperkontaktes in der körperorientierten Psychotherapie

Dieses Buch führt zu theoretischer Klarheit und zum praktischen Verständnis einer Yin / Yang-Körpertherapiemethode, eingebettet in eine grundlegende, humanistische, tiefgehende Art der Behandlung. Beeinflußt durch C. G. Jung, A. Maslow, E. Neumann, C. Rogers und D. H. Lawrence entwickelte Brown seine Methode der Lösung der chronischen Muskelspannung und der Reaktivierung der natürlichen geistig / spirituellen Polaritäten der verkörperten Seele und transzendierten Psyche.

340 Seiten, 30 Abbildungen, geb. DM 39,—

Peter Mandel: **Die Energetische Terminalpunkt-Diagnose — aus der Kirlian-Fotografie**

Die E-T-D ist eine Methode, die energetische diagnostische Hinweise, therapeutische Maßnahmen und exakte Therapiekontrolle aufzeigt. Sie basiert auf den Erkenntnissen des russischen Ehepaares Kirlian und der Fotografie der Terminalpunkte, d. h. der Anfangs- und Endpunkte der klassischen Akupunktur.

Die E-T-D, von Peter Mandel entwickelt, weist die Informationsfähigkeit aller am Leben beteiligten Systeme im Energiefluß nach. Ursachen von Krankheitssymptomen werden aus einem E-T-D-Bild herausgelesen. Alle Unregelmäßigkeiten im körperlichen Geschehen lassen sich in einem Abstrahlungsbild sichtbar machen. Jede therapeutische Manipulation läßt sich in einem Abstrahlungsbild positiv oder negativ nachweisen.

220 Seiten, über 150 Fotos und Zeichnungen DM 48,—

Reinhard Flatischler: **Die Vergessene Macht des Rhythmus**

Reinhard Flatischler hat aus schamanistischen Traditionen ein System entwickelt, das mit Gesang und Sprachrhythmen, Klatschen, elementaren Tanzformen und Gesang jeden die Erfahrung der Rhythmuselemente in seinem eigenen Zeitmaß machen läßt.

Die Erfahrungen grundlegender Rhythmuselemente sind auf alle Musikinstrumente übertragbar. Sie sind in der Rhythmik jedes Kulturkreises zu finden und haben psychische Wirkungen, die für alle Menschen gleich sind. Davon ausgehend werden wir die Rhythmuswelten Afrikas, Indiens, Koreas, Brasiliens und Kubas aus ihren Elementen kennenlernen, und selbst den Stellenwert finden, den die Rhythmen dieser Kulturkreise für unser tägliches Leben in Europa haben.

228 Seiten, durchgehend Fotos und Grafiken, ethnischer Farbbildteil, Großformat,
gebunden, Hardcover mit Titelhologramm DM 48,—

Roger Hicks und Ngakpa Chögyam: **Weiter Ozean - DALAI LAMA**

Diese autorisierte Biographie ist die erste Aufzeichnung des Lebens Seiner Heiligkeit seit seiner Autobiographie „Mein Leben und mein Volk" (1962). Es ist auch die erste Darstellung der Leben der vorhergehenden dreizehn Dalai Lamas, die einem breiteren Publikum zugänglich ist.

240 Seiten, 31 z. T. bisher nicht veröffentliche Fotos DM 28,—

Gerda und Mona Lisa Boyesen: **Biodynamik des Lebens**

Die Gerda-Boyesen-Methode — Grundlage der biodynamischen Psychologie

Jeder Körper reagiert in einer Streßsituation mit Anspannung, aus der der gesunde Körper wieder zu seinem Gleichgewicht zurückfindet. Oft geschieht dies jedoch nicht: Hervorgerufene Gefühle oder Ängste werden nicht ausreichend abgebaut oder verarbeitet, und wir verharren in einem unausgeglichenen Zustand. Die Selbstregulation unseres Organismus findet nicht statt, das Ungleichgewicht manifestiert sich in den Muskeln und unseren inneren Organen; besonders dem Verdauungstrakt. Dieser ist das Hauptregulans für die Freilassung nervöser Energien und besitzt damit die Fähigkeit, Neurosen »zu verdauen« und das vitale Energiegleichgewicht im Organismus zu regeln.

Mit dieser Erkenntnis entwickelte Gerda Boyesen in ihrer klinischen Arbeit die Methode der biodynamischen Psychologie, in der sie die Freundsche Psychoanalyse und die dynamische Physiotherapie mit der Vegetotherapie und Orgontherapie W. Reichs zu einer Synthese vereinte und damit die biologische Basis der Psychodynamik legte.

Diese wichtigsten Grundlagentexte zur biodynamischen Psychologie zeigen auf, daß in allen Organismen Lebensenergie oder Bioenergie existiert. Diese sorgt nicht nur für Leben, Kraft und Lebendigkeit des Individuums sowie aller Lebewesen auf Erden, sondern führt auch zu Wohlbefinden und einem allgemein gesteigerten Lebensgefühl.

Die Gerda-Boyesen-Methode wird damit eine der wichtigsten therapeutischen Methoden der nächsten Zeit sein.

200 Seiten DM 29,80

Bodo Baginski & Shalila Sharamon: **REIKI — Universale Lebensenergie**

Reiki wird als jene Kraft definiert, die die Grundlage allen Lebens bildet. Diese universale Lebensenergie kann durch entsprechende Einstimmungen in jedem Menschen geweckt und aktiviert werden, so daß sie als heilende, ordnende und harmonisierende Kraft durch seine Hände fließt. Reiki bewirkt eine Heil-Werdung im ursprünglichen Sinn, denn es führt den Menschen zu einer Harmonie mit sich selbst und den grundlegenden Kräften des Universums zurück.

Da Reiki automatisch und aus sich heraus wirkt, ohne bewußtes Zutun oder Manipulation von seiten des Behandlers, sind für eine erfolgreiche Anwendung keinerlei medizinische Vorkenntnisse noch Diagnosen oder irgendwelche äußeren Hilfsmittel erforderlich.

Die Autoren Bodo J. Baginski und Shalila Sharamon beschreiben in diesem Buch ihre Erfahrungen mit der Reiki-Heilkunst bei Menschen, Tieren und Pflanzen. Sie schreiben über den Ursprung und die Geschichte des Reiki, seine Wirkungsweise, wie man Reiki erlernt, erläutern die verschiedenen Anwendungsmöglichkeiten und geben viele nützliche und hilfreiche Tips für die Praxis des Reiki.

Darüber hinaus enthält das vorliegende Buch ein Verzeichnis über die Hintergrundbedeutung von über 200 Krankheitssymptomen aus geistiger Sichtweise.

240 Seiten DM 28,00

Burkhard Schroeder: **AtemEkstase · Rebirthing**

lehrt Dich das Annehmen allen Seins · Einlassen auf bewußtes Atmen in seiner ursprünglichen Form · Loslassen · Auftauchen ins Leben · Reiten auf den Wellen Deiner Ekstase · Verschmelzen mit dem SEIN · Dich und diese Schöpfung zu lieben.

Rebirthing ist eine wirkungsvolle Methode zur körperlichen, emotionalen und geistigen Reinigung und ein effektiver Weg persönlichen Wachstums. Ein gewaltloser Weg, der Dich lehrt, Deiner Energie zu vertrauen, mit ihr zu fließen, loslassen, zu tun durch Nicht-Tun, Dein Atem wird Dir helfen herauszufinden wer Du bist, Dich anzunehmen und Dein Herz zu öffnen für Schönheit und Ruhe, Lebendigkeit und Lebensfreude.

128 Seiten DM 19,80

Dr. John Pierrakos: **Core Energetik**

Das Zentrum Deiner Energie

Pierrakos therapeutischer Ansatz basiert auf: 1. Der Mensch ist eine psychosomatische Einheit. 2. Die Quelle der Heilung liegt im Selbst. 3. Alles Existierende bildet eine Einheit. Über die Weiterentwicklung des Reichschen Therapieansatzes in Verbindung mit den Erkenntnissen der neuen Physik und unter Einbeziehung seiner geistig / spirituellen Erfahrung, entwickelte Pierrakos sein Konzept der Core-Energetik-Therapie, der Kraft des menschlichen Zentrums.

Die Pulsation des Lebens bleibt in diesem Buch nicht nur ein philosophisches Gebäude. Dr. Pierrakos verdeutlicht uns die Wahrnehmung der menschlichen Energiezentren (Chakren) und der verschiedenen uns umgebenden Energiefelder (Auren). Unter Angabe der Pulsationsfrequenzen und damit auch Zusammenhängen zu Tieren, Pflanzen, Mineralien, stellt er diese in einen direkten Zusammenhang zum universellen Lebensablauf. Mit seiner Erfahrung als Arzt, Körpertherapeut und den außergewöhnlichen Wahrnehmungen, entwickelte Dr. Pierrakos ein therapeutisch-medizinisches System der Diagnose und energetischen Behandlung. Dr. J. Pierrakos hat mit Dr. A. Lowen das »Institute for Bioenergetic Analysis« und die Bioenergetik mitentwickelt. Aufgrund seiner geistig-spirituellen Erfahrung gründete er sein »Institute for the New Age«. Heute forscht, lehrt und praktiziert Dr. Pierrakos weltweit mit seinem »Institute of Core Energetics«.

320 Seiten, gebunden, zahlr. 4-Farb-Abb. der Energiefelder des Menschen DM 48,—

Titel in Vorbereitung

Richard S. Heckler: **Aikido und der Neue Krieger**

Meister Uyeshiba, Begründer des Aikido, entwickelte eine Kampfart, die die innere Kraft des Menschen stärkt, ohne Rivalität und Streit. Durch die im Aikido entwickelten Methoden zeigt er eine Alternative zu unserer derzeitigen Form des erdrückenden Militarismus, bzw. eines aufopfernden Pazifismus auf. Das Elementarste an Meister Uyeshibas Aikido aber ist der spirituelle Pfad, der die Menschen lehrt, ihr Ki, ihre Energie mit dem Ki des Universums zu verbinden, um in einer Welt der Harmonie, Zentriertheit und des Mitgefühls zu leben.

Besonders in einer Zeit, in der die spirituellen Werte von der ständigen Gratwanderung der menschlichen Vernichtung oder des Überlebens überdeckt werden, wird bewußt, daß die im Aikido enthaltene Botschaft für uns von Bedeutung ist.

David V. Tansley: **RADIONICS - Energetische Diagnose & Behandlung**

Radionics ist ein System der Diagnose & Behandlung, das die menschliche Fähigkeit der übersinnlichen Wahrnehmung direkt mit einbezieht, um somit die tiefliegende Bedeutung der Krankheit in einem lebenden Organismus zu erkennen.

Diese Kunst des Heilens entwickelte sich aus einem Bereich der medizinischen Forschung von Prof. Dr. A. Abrams, der aufzeigte, daß Leben - und somit auch Krankheit - schwingende Energie ist, die somit auch energetisch behandelt werden kann. Die moderne Physik bestätigt dieses Modell seit langem.

Radionics kann in jeder Therapieform praktiziert werden. Überwiegend wird sie in Verbindung mit Homöopathie, Schüssler Salzen und der Bach-Blüten Therapie angewandt. Radionics ist ein sanfter Ansatz zur Heilung, frei von den unliebsamen Nebeneffekten der herkömmlichen medikamentösen Therapie.

David Tansley, die führende Autorität auf dem Gebiet der Radionics, beantwortet in diesem Buch u. a.: Wie arbeitet Radionics? Wie kann ein Therapeut die Diagnose stellen und die Behandlung ausführen, ohne den Patienten zu sehen? Was umfaßt eine Radionics Diagnose? Welche Krankheiten können mit dieser Methode behandelt werden?

Radionics sieht die Situation einer Krankheit energetisch. Je mehr wir das menschliche Sein als energetischen Prozeß erkennen, um so größer wird die Bedeutung, die Radionics als energetische Therapie in der kommenden Zeit einnehmen wird.